幼兒品格主題之
課程活動設計

楊淑雅、鄧蔭萍　著

楊淑雅

學歷：國立東華大學課程設計與潛能開發學系教育學博士
　　　實踐大學家庭研究與兒童發展研究所兒童發展組碩士
現任：經國管理暨健康學院幼兒保育系專任助理教授
　　　教育部幼兒園專業發展輔導人員

鄧蔭萍

學歷：美國南卡州立大學幼兒教育博士
　　　美國南卡州立大學幼兒教育碩士
現任：實踐大學家庭研究與兒童發展學系副教授
　　　美國國務院傅爾布萊特（Fulbright）於美國柏克萊大學研究
　　　　學者
　　　台北市社會局委託辦理公辦民營內湖親子館暨托嬰中心執
　　　　行長

作者簡介

夢想在於實現，實現在於行動力

我是一個幼教人，一直有一個夢想，就想為幼教人做點什麼樣的事，是「寫書」嗎？這個念頭放在我心頭已經好多年了，沒想到有這麼實現的一天，可以與我最愛的幼教人、好朋友或是家長、學生，分享我多年來所關注的「幼兒品格」，假若能透過這本書的教學經驗分享，拋磚引玉吸引更多人重視幼兒品格，那麼我也算是為幼兒教育盡上微薄之力了。

作為一個近二十年的幼教老師，最大的欣慰是看見在手中的孩子，個個快樂的學習與成長，透過在課程教學當中的美善引導，帶領孩子能擁有「預備好的能力」，我常想什麼是「預備好的能力」？是認字認很多嗎？是英文朗朗上口？還是已經會加減乘除了呢？……現在就讓我來說個故事吧！

有一個大男孩在路上巧遇他多年未見的幼兒園老師，大男孩拉著幼兒園老師細說著幼時的光景，由於父母離異所以男孩跟著阿公阿嬤住，男孩在求學的過程中，總是與小朋友打架、偷掀女生裙子、破壞東西，阿公阿嬤處理的方式就是一頓狠打，學校老師的處罰也是家常便飯。說到這，大男孩突然紅著眼對幼兒園老師說：「只有妳，沒有打過我，妳總是把我帶在身邊，我記得有一次妳帶我到學校的地下室，握著我的手，為我禱告，妳的眼淚滴在我的手上，我覺得妳好像我的媽媽喔！這件事一直到現在我都還記得……。」

這個幼兒園老師是我，這是距離十七年前的故事，我卻仍記憶猶新，好像才是昨日發生的事一樣。事實上，當時我是位新手老師，正被大男孩氣的不知所措，所以只好把他帶離現場，我對

著大男孩痛哭，是因為我無計可施，氣自己能力不足，所以禱告求主耶穌幫助我，讓我有能力去面對他及處理他闖下的問題。我唯一做到一件事，就是沒有像其他的老師或家人打他，所以他記得我，且在他的記憶想像裡，我就像愛他的媽媽一樣，我含著淚水沒有告訴大男孩真正的事實。

這件事改變了我對幼兒教育的看法，我覺得幼教人的工作是天職，是做影響人生命的大工程。雖然學校課程教學很重要，但是在課程教學的背後，到底是什麼力量可以影響孩子一輩子呢？我想那就是「真愛」。我認識許多幼教人，一生奉獻給孩子們，我在她們身上學到無怨無悔的付出，我看到也體認到什麼是「真誠」、「勇敢」、「責任」、「關愛」與無比的「耐心」，這些好的品格，都是人一生中所追求的真善美，這些幼教人身上所發出的馨香之氣，真實地影響著他們所帶領的孩子們，於是更多的「大男孩的故事」就不斷的發生。

什麼是「預備好的能力」？就是幫助孩子擁有帶著走的能力，所有知識學習是過程也是階段，唯有品格教育當做專業教育之基礎，就像搭鷹架一般，從小開始堆疊好品格，一步一腳印，讓孩子具有帶著走的能力，如此深遠的影響會使孩子一生受用無窮的，這就是「預備好的能力」。

Aristotle（384-322 B. C.）曾提出，好品格不能僅是能教，還要透過表現好品格的行為來形成習慣，這一原則今天仍然是美國品格教育所堅持的指導性原則。在十七世紀，英國哲學家 John Locke（1632-1704）就提倡教育要促進品格的發展，Locke 把品格看成是教育上最應考慮的對象，德育的優先權最高，應位於居於智育及體育之上，而英國社會學之父 Herbert Spencer（1820-1903）則認為「教育要達到形成品格的目標」；而二十世紀早期美國最有影響的哲學家和教育家杜威，更是把品格教育看作是教育的中心使命。

說了這麼多品格的重要性，有許多人問我「品格怎麼教啊？」Thomas Lickona（2004）指出孩子約佔目前全世界人口的 25%，卻是我們全

部的未來，假如要重建這個社會，我們必須培養具有高道德良知的一代，若想要教出品行良好的孩子，我們有兩項責任。第一是成人以身作則，在我們自己的生活中實踐，並讓孩子仿傚一切良好品德；第二是有計畫地培養孩子的品格發展。

　　基於這樣的概念與過去曾經在幼兒園推動品格教育之經驗，成為我就讀碩士班論文的研究主題，鄧蔭萍主任是我的指導教授，在她的引導之下，開啟了我設計幼兒品格教育課程之旅，運用了過去多年的實務經驗結合強而有力的理論背景，讓我更義無反顧的勇往直前，在歷經一年多來的努力與打拼，完成了五種品格主題的設計，每一種品格主題共有二十二個教案，五種品格主題總共有一百一十個教案，而這些教案最大的特色在於歷經幼兒教育現場的實證，透過與幼兒園老師的討論、修正與實驗，真正落實於孩子們的學習與生活當中，在這樣已營造品格的氛圍裡，讓孩子能自然而然的接收品格與產出好行為（即好品格），驚訝的是，孩子的父母感受到孩子的改變與成長，更肯定老師們的教學及付出。

　　因著一個小小的夢想，實現了行動力，感謝神，靠著那加給我們力量的，凡事都能做！感謝所有支持這本書的良師益友，謝謝大智托兒所老師們（娟娟所長、練練、秉軒媽媽及鄭老師），謝謝你們的支持與配合促成此書，謝謝我的良人詹文誌先生，不斷的催促校稿與督導，以致於此書能順利完成。真心期望透過此書，能夠有越來越多志同道合的朋友們，願意和我們一起繼續關心、共同參與「幼兒品格教育」。

楊淑雅　謹識

于汐止溫暖的家

2008/06

自從踏入幼兒教育的領域開始，就了解健全的人格發展是一個人從小就必須奠定的基礎，因此對於「幼兒品格教育」，一直是我極為關心，亦非常感興趣的課題。所以在實踐大學家兒系任教兒童發展以來，也曾經帶領大三、大四的學生，於國小推動兒童品格教育的相關課程。

然而近年來，受到網路科技、傳播媒體等影響，社會的發展與轉變更為快速，也造成道德逐漸低落的問題出現，例如犯罪年齡層不斷下降，甚至國小的校園中也出現「霸凌行為」，故品格教育的議題越來越受重視，品格教育的向下紮根也成為不可避免的趨勢。2004 年進入本系碩士班就讀的淑雅，具有十年以上的幼教現場經驗，同時也是一位關心品格教育課題的幼兒教師。當兩個對於「幼兒教育」、對於「品格教育」皆有相同志趣的人碰撞在一起，勢必產生火花，於是淑雅確定了研究方向，而我們更確定了推展幼兒品格教育的目標！

在滿懷為幼兒教育貢獻之遠大目標的熱忱之下，幼兒品格教育的課程設計和研究的旅程就這樣展開了，從相關資料的蒐集、園所的尋找、師資的培訓、課程的發展、活動的執行……我們就這樣一步一腳印，慢慢建構出幼兒品格教育課程的藍圖；過程之中當然免不了遭遇困難與挫折，然而經過不斷的討論與修正、彼此的加油和打氣，以及園所教師的配合、家人親友的支持，使我們在開創幼兒品格教育課程的旅途上，仍然獲得滿滿的快樂、滿滿的感動、滿滿的收穫。

令人高興的是，作為推動這次幼兒品格教育課程的場所，正

是我的小朋友——安安就讀的大智托兒所，中班的龍貓家。在過程中，我除了感受到園所在品格教育推動之後的氛圍改變之外，更親身體會品格教育在孩子身上所引發的化學變化：每個品格主題的口訣、兒歌，安安總是琅琅上口，並與家人分享她所學習到的品格活動；也發現安安更有毅力、更具責任感，只要是自己所負責的事務，一定盡力完成，與家人的互動也更為貼心，更懂得關懷別人，確實將品格教育的內涵落實在日常生活之中。在安安的身上，我看到幼兒品格教育的影響力，在大智的龍貓家，我體驗到幼兒品格教育的重要性，於是更堅定我們推展幼兒品格教育的決心！

　　所以在經歷完這場幼兒品格教育的旅程之後，我們決定將發展執行的品格教育活動集結成書，將我們推動幼兒品格教育的成果，分享給更多的園所、更多的老師、更多關心此議題的所有人，藉由更多人的力量，將如此美好的經驗傳遞到更多的小朋友身上。而本書的完成必須感謝大智托兒所的協助與配合，書中的內容更記錄了全園所有小朋友的成長和進步、園所內所有老師（娟娟所長、練老師、鄭老師等）的辛苦與投入，以及所有家長的接受和支持。感謝所有協助本書完成的人，也期望能夠有越來越多志同道合的朋友，和我們一同關心、共同參與「幼兒品格教育」。

鄧蔭萍

于實踐大學家兒系

2008/06

目錄

第一篇

理論篇

CHAPTER 1

幼兒品格教育現況與相關理論

壹、幼兒品格教育現況

一、社會普遍的品格比十年前差

　　一份針對中小學家長、教師、校長與中學生所進行的「品格教育大調查」報告中指出（天下雜誌，2003），發現超過八成的家長和老師認為，台灣社會普遍的品格比十年前差；對中小學整體品格教育而言，七成以上的家長與教師也都認為變差了。報告中指出最具不良示範影響的前三害，按百分比率排序依次是政治人物、新聞媒體和電視節目，而人生導師的角色已經不復存在，老師對學生價值觀的影響力逐漸式微，排名遠遠落後在電視和網路之後。調查顯示近九成的老師和家長都同意，台灣政治人物的行為和品格操守會影響社會風氣，是形成品格標準的重要示範。調查中發現學生對於作弊行為不以為恥，只有五成不到的學生認為作弊的行為是「絕對不可犯的錯誤」，其餘的學生都認為作弊無所謂，而且隨著年齡愈大，作過弊的孩子比例也愈高（何東日，2003；周慧菁，2003）。

二、十大無禮貌行為表現

　　除了作弊行為之外，台北市議員也曾對台北市國中和小學老師進行問卷調查。結果發現，八成老師認為學生比以前沒有禮貌，情節之嚴重讓市議員不得不要求市府發起禮貌運動。調查中所謂沒禮貌的行為表現包括：冷漠、不用敬語、欠缺口德、不服管教、現實、不負責任、沒有分寸、舉止失宜、自私、不尊重別人等十大項（吳寶珍，2004；劉漪晴，2004；羅瑞玉，2005）。

三、台灣心貧兒現象觀察報告

幼兒福利聯盟文教基金會調查（2004.11.17）公布「台灣心貧兒現象觀察報告」，結果發現竟有四成六的孩子覺得不快樂（46.2%）、近半數的孩子覺得生活很無聊（48.4%）、甚至有三成的孩子否定自己存在的價值（30.6%）、約四成三的孩子遇到挫折容易放棄（42.5%）、有四成的孩子覺得自己不受歡迎（40.4%）。可見目前很多孩子正處在不快樂、生活空洞、負向自我概念、挫折忍受度低、人際關係差……等心靈貧窮的狀況下。另外，台北市友緣社會福利基金會（2004.11.13）進行「93 年度幼兒品格能力研究報告」，使用分層隨機抽樣的方法，針對台北市公私立小學的五六年級學生進行問卷調查，有效問卷為九百九十五份。研究結果顯示八成五學生品格能力不足，普遍缺乏「自信」、「負責」、「正直」及「關懷」等四大能力，其中又以自信心的分數最弱，有八成二的孩子自信心不足，是社會的一大隱憂（楊惠芳，2004）。

四、九年一貫對品格教育的忽略

近幾年我國教育改革以提昇教育品質、開發幼兒潛能、讓幼兒具有帶著走的能力及終身學習為目標，偏重在認知的發展，忽略情意、態度的培養或品格的養成（王令宜、汪以仁，2003；陳埩淑，2004）。在九年一貫課程改革後，強調兒童課業能力卻忽略德育，德育被放入綜合活動中，品格教育重要性已遭明顯排擠，以致學生不重視品格教育。為提昇國民品格，政府應重視品格教育，積極培養學生品格（黃德祥、謝龍卿，2004；羅瑞玉，2005）。

台灣加入 WTO 後所受到的衝擊，使國內各級學校已面臨空前競爭壓力，學校數量的急劇增加，人口出生率的逐年下降，導致學校招生不足或經營困難的問題層出不窮，是許多教育機構共同遭遇的危機，而社會大眾普遍反映學生素質日益低落、道德觀念式微、社會治安敗壞，更是教育的一大隱憂（王令宜、汪以仁，2003）。甚至有學者直指九年一貫課程實施，國中小學道德科目不見了，成績考量德育、群育與美育納入綜合，五育跛腳，是十足的缺德課程（詹家惠，2003；簡成熙，2004；羅瑞玉，2005）。

　　李琪明（2004）指出品格教育受著泛政治化的影響，容易喪失其內在的價值與目的，又因為長久以智育為重的偏執，扭曲了全人格發展的教育精神。德育容易淪為「形式上重要，但實質上不受重視」的非主流地位，在注重升學的風氣中，對於「好學生」的界定，偏重智育而不重視其品格，故在品格教育未獲得增強的情況下，教育的根本目的未獲得重視（李素貞、蔡金玲，2004；施鐵如，2001）。

五、教育部公布「品格教育促進方案」

　　教育部於 2004 年 12 月 16 日公布「品格教育促進方案」，內容說明自解嚴後，我們的社會受到自由民主風潮的激盪而開創出多元嶄新的風貌，但卻也衍生傳統與現代、精神與物質、科技與人文，以及本土與國際等若干議題的矛盾、衝突或失調，導致原有價值系統解體與社會規範失序。教育體系中，亦因著升學主義的瀰漫，以致五育均衡發展的目標不易落實；而校園威權體制的解構，亦使得師生、行政與教師等倫理關係受到衝擊而被忽略；加之校園內外缺乏典範人格的正向引導，致使學校、家庭與社會等德育功能日漸式微，青少年道德價值混淆與偏差行為日益惡化。凡此，業已引發教育與社會各界關切，企盼在新世紀開啟之際，重建當代民主生活之倫理基礎。

　　基此，教育部特依 2003 年「全國教育發展會議」結論，成立「品格教育工作小組」，以因應社會變遷與學生身心發展變化之需求。冀藉「品格教育促進方案」之推動，以學校教育為起點，引導並協助各級學校（小學至大學）在既有基礎上，發展其具有特色且永續之品格教育校園文化，藉以強化學校全體成員對於當代核心價值之建立與認同、行為準則之確立與實踐，以及人文與道德素養之提昇；同時，藉由統整各級政府、家長、社會組織及媒體等力量，喚醒全民對於品格教育之重視，齊為優質社會紮根奠基。

六、教育界提十八歲公民應備基本能力，五年培養幼兒具備六美德

　　教育部成立的「品格教育工作小組」，規劃完成「品格教育促進方案」，預計自 2004 年 1 月 1 日起至 2008 年 12 月 31 日止實施，共實施五年。教育部

預計在這五年要培養幼兒具備六美德：關懷、尊重、責任、信賴、公平正義、誠實六大美德，並且將建立品格教育資料與評鑑指標系統。

學校若能以品格教育為專業教育之基礎，如搭鷹架一般，從小開始堆疊，一步一腳印，讓孩子具有帶著走的能力，將具深遠影響且一生受用無窮，品格教育勢在必行，而學校應及早研擬出一套品格教育實施方案，以加強學生的品格教育，使學子們獲得良善品格，進而提昇品格能力（陳密桃、陳埼淑，2003；黃德祥、洪福源，2004）。

七、品格教育在愈小的年紀實施成效最大

許多學者研究中發現，品格教育在愈小的年紀實施成效最大，因為愈小年齡可塑性愈高，隨著年齡成長，則成效受限（Houff, 1998; Jacobi, 1997），因此，學前教育是正式教育的基礎階段，是實施品格教育最合適的階段。品格教育之目的在幫助孩子表現個人特質，積極開發自己的潛能，形成正確的價值觀，從學習中建立自我了解、尊重他人及關懷社會，當孩子在幼年階段擁有好的品格，未來就能適應新環境、應付挑戰（陳密桃、陳埼淑，2003）。從小給幼童好的品格教導，長大就不會有偏差行為，幼童也容易養成好的品格，甚至有學者認為品格教育應向下延伸，認為品格教育可以從嬰兒時期開始（方能御譯，1993）。

台灣經濟猛飛，家長忙碌事業，幼兒心靈貧瘠，產生家庭結構的不穩，已造成台灣心貧兒現象。如何幫助這些失去自信、負責、正直及關懷的孩子？除非從心靈工程改造起，並以品格教育為主軸，方能使幼兒心靈從貧瘠變豐富，使孩子成為有自信、肯定自我的人。哈佛大學教育專家 Rich（2001）認為九○年代以後的孩子，需要具有學習遷移的能力適應時代；而處在二十一世紀的孩子則需要不斷地增長品格、知識和技能，應用今日所學的適應未來的變化，在任何地方都能維持優異的表現（何琦瑜、鄭一青，2004；陳埼淑，2005）。

孩子約占目前全世界人口的 25%，卻是我們全部的未來，假如要重建這個社會，我們必須培養具有高道德良知的一代，若想要教出品行良好的孩子，我們有兩項責任。第一為以身作則，在我們自己的生活中實踐，並仿效一切良好

品格；第二為有計畫地培養孩子的品格發展（曉曉譯，2004）。

　　作者發現美國的品格教育是從學前就開始紮根的，但是本國教育部所成立的「品格教育工作小組」，卻以小學至大學的學校教育為品格教育起點，讓作者憂心，難道學前教育機構不需要重視品格教育嗎？依作者多年在幼教現場的經驗，深知幼教市場充斥著滿足家長需求的生態，要紮根品格教育是不容易看得見的，但隨著社會大眾與更多的教育學者投入品格教育的研究，作者期盼學前就開始進行品格教育，且有課程計畫地培養孩子的品格發展。

貳、幼兒品格教育相關理論

一、什麼是品格教育？

（一）品格的意涵

　　品格（character）一詞來自古希臘文 "charassein"，本意是在蠟藥丸、玉石或金屬表面上刻劃，意謂著「雕刻、銘記（engrave）」，品格的意義猶如一個有特色的標誌或符號，也有「行為的典型和道德規範」的涵義，係指一般人具有長久的特質與品質（吳寶珍，2004；陳密桃、陳埩淑，2003；黃德祥、謝龍卿，2004）。

　　品格也可解釋為不計代價要行正事的內在動機（王令宜、汪以仁，2003；許惠慈、劉呈恩，2004）。Lickona（1991）認為品格是一種以符合道德規範的方式來回應外在情境的一種內在氣質，包含了三個相關部分：道德認知、道德情感及道德行為（陳淑美，1999）（圖 1.1）。好的品格包括了知善（knowing the good）、樂善（desiring the good）及行善（doing the good）三個部分（王金國、孫台鼎，2004）。

　　Wynne（1997）和 Lickona（1993）認為品格是一個人習慣的總和，個人成長過程中習慣的形塑。Lickona（1993）則認為品格必須包括道德的知、情、行等三個層面，良好品格是要能解善、欲求善而行善（黃德祥、謝龍卿，2004）。《牛津英語詞典》定義品格為「品格和心理品行的總和」（施鐵如，2001）。

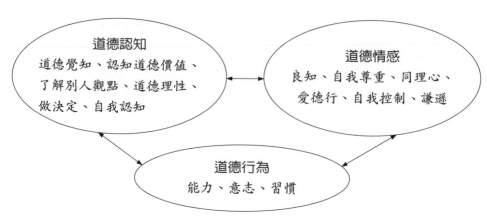

圖 1.1：良好品格成分

資料來源：Lickona, T. (1991).

（二）品格教育的意涵

　　品格教育（character education）是藉由教與學的過程，促進個人發展倫理責任和關懷感動的教育活動（李素貞、蔡金玲，2004；吳寶珍，2004），就是教導孩子追求眞、善、美的教育歷程（王令宜、汪以仁，2003）。Vessels 和 Boyd（1996）認爲品格教育是指能促進社會、個人責任及良好品格特質、道德價值教育。黃德祥（2003）曾指出所謂品格教育就是教育孩子，使之知善、期望善，以及行善，表現良好行爲，並內化成習性的歷程。

　　基本上品格教育與道德教育（moral education）、公民教育（civic education）相關領域有關，但仍有異同（Otten, 2000）。美國國家品格教育協會（National Commission on Character Education）把品格教育定義爲學校行政部門、家庭與社區成員幫助青少年培養關心、自律和負責等特質之過程（王令宜、汪以仁，2003；李介至、邱紹一，2004），而品格教育所要教導的內涵則爲態度和心志，必須包括道德的認知、情意、行爲等三個層面（黃德祥、洪福源，2004），是要促進個人發展眞、善、美的學習歷程。

（三）品格與道德、道德教育與品格教育之關係

　　一個人是否從事道德行為，有的必須受到外在的約束、監督、管制，有的則遵從其內在的道德準則。通常一個有品格的人在各種情境、各種場合，常能相當穩定地採取恆久的、普遍的道德準則節制自己的行為，而不會隨意附從環境或他人一時的影響（這是道德教育的目標），人希望自己是個有良心的人或對自己的尊嚴有所維護，也是人對自己的責任的一部分（葉紹國，2003）。

　　品格是人的道德修養程度，是一個人的品行道德與風格，品格較著重個體人格特質的價值評斷，道德乃是品格的發展與培養，因此品格與道德可說是同義字（張春興、林清山，1988）。而道德解釋包括道德是助人行為、符合社會規範、是將社會常規內在化的歷程、是同情心、羞恥感與罪惡感的激發、對是非善惡的判斷，包含個人端正的品行與符合社會規範的行為（黃建一、余作輝，1999）。

　　沈六（2002）認為品格教育不但包括公開的道德行為，而且也包括幼兒對是非與善的內在化欲求，進而引導幼兒親身實踐。Otten（2000）指出品格教育和道德教育仍有異同（引自李素貞、蔡金玲，2004）。就道德教育而言，是著重於個體與社會中的倫理議題，強調是非善惡的判斷（McClellan, 1992）。就品格教育而言，發展是全面性的，強化基本態度與價值觀的培養，進而使自我成長（Ryan, 1996）。

　　品格教育強調觀念內化的作用，而非藉由外部手段強迫孩子行為合乎道德標準，因此學校或教師應相信孩子可以對自己所做所為負責，並且激勵孩子能重視對自己與社會負責的觀念（David, Stephen, & Larry 2003）。黃德祥（2001）指出品格教育的實施策略必須包括：道德行為（moral behavior）、道德價值（moral values）、道德性格（moral character）、道德推理（moral reason）與道德情緒（moral emotion）。

　　綜合言之，品格教育是一項長期的道德教育過程，需經過持續的教學、示範、學習與實踐，以涵化個人的心性（葉紹國，2004）。不論「道德」與「品格」的意義是否相同與相異，透過教育的歷程，其最終目的都是要教導孩子道

德認知、體會道德情意，進而具體實踐（唐薇芳，2004）。

　　因此，作者試圖從道德與品格、道德教育與品格教育的整體脈絡，設計了一個關係圖（圖1.2）。作者認為品格是人的道德修養程度，透過道德行為來實踐品格，但道德與品格不盡然要強行區分，二者可互為表裡，如此才能更相得益彰。而道德教育則強調是非善惡的判斷，許多德目是藉由外部手段，強迫幼兒行為合乎道德標準，普遍的道德準則為節制自己的行為；但品格教育是一項長期的道德教育過程，包括了要有道德行為、價值、品格、推理、情緒。所以品格教育是採取全面性的發展，強調觀念內化的作用，必須透過道德認知、情感與能力來完成的。

（四）品格教育的內涵價值標準

　　黃德祥和洪福源（2004）引述 Center for the Fourth and Fifth Rs 品格教育的內涵價值，有五項標準：(1)肯定人性尊嚴；(2)促進個人的身心健康及幸福；(3)均係放諸四海皆準的善；(4)確立權利與義務的標準；(5)符合典型道德檢驗方法

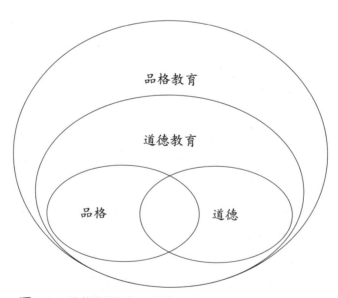

圖 1.2：品格與道德、道德教育與品格教育之關係

的「可逆性」與「普遍性」。

　　品格法庭（character courts）認爲個人品格必須符合五項標準：(1)一個善良的人，是他人尊敬與敬佩的；(2)了解對與錯之間的差異，並且總是做正確的事；(3)爲他人確立好榜樣；(4)使世界更美好；(5)根據「六個品格標準」生活（黃德祥、洪福源，2004）。

　　而「品格法庭」六個品格標準爲：(1)可信賴的：正直、誠實、可信、忠誠；(2)尊重：自律、容忍接納、非暴力、禮貌；(3)責任：負有責任、追求挑戰、自我控制；(4)公正：正義、開放性；(5)有愛心：關懷他人、慈悲；(6)公民責任：分享（黃德祥、洪福源，2004）。

（五）品格教育的目的

　　何麗君和陳正祥（2004）指出必須體察到品格教育的重要性，在態度上才能眞正地感受到品格是有價值的，才會認爲發展自己的品格、培養自己的道德，是對自己是有益的，也才會展現眞誠的態度，故此，品格教育的目的爲：

1. 品格教育是表現個人特質，積極開發潛能

　　陳埩淑（2004）指出品格是一個人的品質，是一個人的態度、言語及行爲的表現，好的品格發自內在形諸於外在，並且超越年齡、地位、經濟能力、種族、宗教、教育、性別及個性的差異。品格教育的目的在幫助孩子表現個人特質，積極開發自己的潛能，具有正確的價值觀，從學習中建立增進自我了解、尊重他人、關懷社會的能力與態度，因此，品格教育在幫助孩子知道什麼是好的，且可以表現出來（Berlowitz & Grych, 2000; Leming, 1996; Lickona, 1991）。

2. 品格教育是在建立「核心價值」

　　Lickona（1993, 2003）認爲，品格教育最重要的目的是教導孩子了解並建立其自身的「核心價值」（core value），核心價值界定了個人在民主社會中應盡的責任與義務，保障應有的權利並肯定人類的尊嚴與價值。Gibbs 和 Earley（1994）也強調，品格教育應該教導孩子一些能被所有文化認同且具有共同性、普遍性的核心價值，例如：勇敢（courage）、禮貌（courtesy）以及公正（fair-

ness）等。

　　Lickona（2003）相當重視核心價值在品格教育中的作用與地位，他甚至斷言，如不教給孩子核心價值概念，那麼品格教育終將徹底失敗。

3. 品格教育是教導人類向善的教育

　　品格教育就是一種教導人類向上向善的教育，這種向上向善的特質是普世公認的優良美德，更是引導人類良知能夠充分展現的核心價值（黃德祥、謝龍卿，2004）。Lickona（1993, 2003）認為，品格教育不但為人類社會所公認，更在人類文明中不斷地傳承，促進個人與群體向「善」（good）發展，增進人類生活福祉。

4. 品格教育是啓發良好的美德與情操

　　好的品格是一種美德（virtue），這種美德是個人或群體所共同認定並遵守的價值規範，是人類優良的特質，同時也普遍受到社會學家與宗教界人士的肯定與讚揚，更是一種發自內心的良善覺知。例如：正義（justice）與仁慈（kindness）的性格是符合道德品行的舉止與習慣，是人類與生俱來的高尚情操，學校教育的目的就是要啓發這些良好的美德與情操，讓幼兒能運用於日常生活之中並徹底實踐，讓人與人相互交往互動的社會充滿正義與仁慈等祥和氣氛，消除攻擊以及暴力的行為，讓學童們能在一個充滿溫馨與關愛的社會中成長，這也就是學校必須重視品格教育的原因（Lickona, 2003；黃德祥，2001）。

（六）品格教育的特色

　　Vessels 和 Boyd（1996）認為品格教育是指能促進社會、個人責任及良好品格特質、道德價值的教育。黃德祥和洪福源（2004）認為不管認知改變、行為習慣的養成或是價值情意的培養，品格教育應注重孩子品格的認知、情意與行為的發展。

1. 以道德價值為導向

　　品格教育以道德價值為導向，其目的均以道德價值為標準，企圖塑造個人

的行為，讓人們了解何謂對與錯。

2. 深受民主化的影響

美國向來以民主國家自居，而這種民主精神亦為世界的主流，品格教育在這樣的環境下，自然接受到民主化浪潮的影響，然而品格教育不但重視個人民主精神、民主價值的培養，更重視個人內在道德對於個人行為之影響力。

3. 與生活情境相結合

品格教育的實施非常強調與個人的生活情境相結合，以往的道德教育強調道德推理、兩難問題、價值澄清法，企圖讓幼兒能夠培養出良好的道德與品格，但事與願違，幼兒不但缺乏自我管理、自我控制的能力，更沒有承擔責任的觀念，唯有在日常生活中自然地實踐，才能培育幼兒良好的品格。

4. 致力於消除幼兒不良習慣，使行為趨於向善

由於人們的許多行為雖然不違法，但是在日常生活中卻足以構成個人困擾、惱怒的主因，因此學校的品格教育是讓所有的幼兒均能在學校快樂、安心學習。

5. 賦予父母親、社區更大的責任，以身教言教培養良善品格

教育問題是生根於家庭、形成於學校、顯現於社會，因此教育不再是學校的責任，家庭、社區更是責無旁貸，而品格教育的形塑是需經年累月的，若有父母親及社區的協助，在幼兒成長歷程中，更能及早培養出良善的品格，其中最為重要的是父母親與社區人員、學校所有人員均必須樹立良好楷模，讓幼兒於耳濡目染下，收潛移默化之效。

（七）品格教育的核心價值

Gibbs 與 Earley（1994）提出十種個人與群體必須共同建立的核心價值，做為品格教育的基礎，這些價值包括：同情（compassion）、勇敢、彬彬有禮（courtesy）、公正不阿（fairness）、誠實無欺（honesty）、仁慈善良（kindness）、忠誠（loyalty）、堅忍不拔（perseverance）、尊重（respect）、負責任（responsibility）等。

Lickona（2003）則提出十項基本的美德做爲品格教育不可或缺的根本要素。包括：智慧（wisdom）、正義（justice）、剛毅（fortitude）、克己（self-control）、大愛（love）、積極態度（positive attitude）、勤奮（hard work）、誠正（integrity）、感恩（gratitude）、謙恭（humility）等（曉曉譯，2004）。

Berger（1996）曾研究 Locust Valley 小學實施的「價值背包」，其中包含九大核心倫理價值（9 core ethical values），是該小學實施 K-12 品格教育的重要指標：⑴誠實正直（honest/integrity）；⑵相互尊重（respect）；⑶彬彬有禮（well-mannered）；⑷自我訓練（self-discipline）；⑸悲天憫人（compassion）；⑹寬容雅量（tolerance）；⑺熱愛學習（love of learning）；⑻重視教育（respect of education）；⑼負責任感（responsibility）。

Berlowitz 和 Grych（2000）認爲學前幼兒的品格發展包含自制、道德推理、誠實及社會技能。Leming（1996）和 Lickona（1991）指出孩子的品格教育應包含誠實、創意、毅力、自制、忠誠、忍耐、公平、尊重。美國培基學院（Advanced Training Institute of America）推行品格教育時，把誠實、專注、慷慨、整齊、眞誠、饒恕、德行等品格的特質，列爲教育的內容（陳密桃、陳埩淑，2003）。

作者依所閱讀的相關品格書內容，找出品格教育的核心價值，如表 1.1。

綜合上述品格項目中，作者將品格教育的核心價值分爲具體（如努力、責任、主動、毅力……）與抽象的（良知、自恃與潛能發揮、悲天憫人、榮耀……），另外，作者發現出現最多的品格核心價值爲「責任」、「尊重」與「誠實」，可見這三樣品格具有其普世性與可逆性，爲古今中外學者所重視之品格價值。

二、幼兒品格教育的相關理論

（一）華森（Watson）的行爲學派

行爲學派（Behaviorism）爲當代科學心理學的主流之一，在心理學各派理論中，號稱爲第一勢力。行爲學派由美國心理學家華森（J. B. Watson,

表 1.1：品格教育的核心價值表

書名	作譯者	品格項目
人格培養白皮書	曉曉譯（2004）	智慧、正義、剛毅、克己、大愛、積極態度、勤奮、誠正、感恩、謙恭
與孩子談美德：16 個影響人生的重要價值觀	陳麗蘭譯（2001）	同情心和同理心、合作、勇氣、決心和承諾、公平、助人、誠實和正直、幽默、獨立與自信、忠實、耐心、榮耀、靈巧、尊敬、責任、容忍
教孩子正確價值觀	枳園譯（2001）	誠實、勇敢、平和、自恃與潛能發揮、自律與節制、忠貞和貞操、忠誠與可靠性、尊敬、愛、不自私與感性、仁慈與友善、公正與憐憫
童書九九	高明美（2001）	信心、動機、努力、責任、主動、毅力、關懷、團隊合作、常識、解決問題、專注
品格的力量	劉曙光、宋景堂、劉志明譯（2003）	勞動、勇氣、自律自制、克盡職守、溫和、風度
美德書	吳美真譯（2002）	自律、憐憫、責任、友誼、工作、勇氣、毅力、誠實、忠誠、信仰
活出不平凡：現代西方十大品格典範	朱易（2003）	真愛、謙卑、勇氣、敬業、專注、善勸、謹慎、敏銳、親和、誠懇
品格決勝負：未來人才的秘密	何琦瑜、鄭一青（2004）	台北美國學校四個核心價值：誠實、尊重、責任、仁慈
MQ 百分百：開發道德智商完全手冊	安艾譯（2004）	同理心、良知、自制力、尊重、仁慈、包容力、公正感
大能力（上）	張水金譯（2001）	信心、動機、努力、責任、主動、毅力、關懷、團隊合作、常識、解決問題、專注

資料來源：作者整理。

1878-1958）於1913年所創立。行為主義學派把道德行為與其他行為視為一體，認為都是透過後天的、外在的行為制約過程而建立起來的。

利用人的好惡及趨賞避罰、趨樂避苦的心理，以增強、消弱、延宕滿足等手段使合乎規範的行為與快樂或快樂的結果（如受獎賞、受善待）相連結，使犯規不德與受懲罰的痛苦焦慮（如受責備）相連結，因而促使幼兒表現符合社會規範的行為（葉紹國，2003）。

（二）柯爾伯格（Kohlberg）的道德推理論

柯爾伯格（Kohlberg）認為促進幼兒道德價值時，不要以獎賞、懲罰、誘騙和要求的方法實施，而是把它當做一種正義的原則來了解，重點在刺激學童思考，從事道德推理，以提昇學童道德認知的序階，清楚了解普遍的正義原則（陳淑美，1999；Deroche & Willams, 1998），而孩子必須由行為塑造養成品格，柯爾伯格劃分道德發展階段，提出九歲以下的學童教法，告知訂定明確可行的規範，由外塑的方式協助孩子形成品格（陳埩淑，2004）。

另外，柯爾伯格也提到「潛在課程」的觀念，這些道德教育的潛在課程，是由深植在校內社會結構中的規範和價值觀所組成的，透過師生互助合作的關係以及幼兒在校的所有經驗對幼兒發展產生影響。

（三）班度拉（Bandura）的社會學習理論

社會學習理論原本衍生自行為學派，代表人物為班度拉（Albert Bandura, 1925-），抗拒誘惑、賞罰學習和楷模學習為基本概念，其中楷模學習又稱為觀察學習，即個體經由觀察他人的行為是否得到獎賞或處罰來決定是否要表現該種行為，有時看到他所崇拜的人，他就會模仿該人的行為（楊筱真，2005）。

班度拉用觀察學習的方法，以示範道德行為或親社會行為的方式，讓幼兒觀察、模仿以產生風行草偃的效果，而形成道德內化的過程。因此父母師長的身教、學校的環境安排，乃至公眾人物的言行、大眾媒體散播的觀念、形象都構成幼兒品格教育的要素（周曉虹譯，1995；葉紹國，2003）。

由班度拉的觀點得知，在品格的發展過程中，幼兒可以藉由觀察、模仿、

示範等引發學習楷模行爲的動機，在不斷反覆該行爲的狀況下，自然而然地習得屬於自己品格的行爲，而最終能形成道德內化。

（四）杜威（Dewey）的道德發展說

杜威（John Dewey, 1859-1952）採用民主方法與學校教育雙管齊下，培養民主社會公民應具備的品格，促進社會的發展與進步，完成民主社會的理想（張從汝，2002）。杜威的教育思想爲教育即生長、教育即生活及教育即經驗的不斷改造，教育即是生活本身，必須把教育與幼兒的生活融爲一體。學校的課程應該著眼於幼兒現在的生活經驗，教學應該從學習者現有的直接經驗開始（楊筱眞，2005）。

杜威認爲經驗與生活密不可分，經驗的內容包括經驗主體的活動與過程，也包括經驗的對象。經驗概念的重要性包括：重視生活經驗、重建主體與客體的關係、強調人與自然相互依存的親密性、具有生態學的見識，以及運用實驗科學方法提昇經驗的價值。杜威以繼續性原則與互動原則做爲教育經驗的規準，繼續性原則是不偏執一端的調和原則，除了強調學校教育經驗與生活的關聯性，還具有「生長」的規範意涵。互動原則強調兼顧幼兒身心內在需求與外在環境的安排，以參與、溝通與合作做爲教育經驗的重要內涵（林秀珍，1998）。

（五）皮亞傑（Piaget）的道德發展論

皮亞傑（Jean Paul Piaget, 1896-1980）主張認知成熟的過程促使幼兒的道德結構產生改變，從他律的階段發展到自律的階段，通常在七、八歲以前，幼兒習於他律，認爲規矩是外在的、神聖不可改的，而且毫不懷疑地接受，由於認知不成熟及自我中心主義，他們判斷是非對錯是根據外表的、物質的、客觀的後果，而不是根據行爲者主觀的意圖考量（吳寶珍，2004；葉紹國，2003）。

皮亞傑以「認知發展」爲基礎，並融入康德道德觀，發現幼兒道德判斷發展與認知發展情形相符，皆有階段性，將道德判斷分爲無律、他律、自律三個階段。其中他律階段（stage of heteromy）是指五至八歲的幼兒，此時期把權威人物所制定的規則視爲「制式的」接受規範服從規範，很少表示懷疑，他們判

斷行爲的對錯只根據行爲的後果，不能顧及行爲的動機和意向，以現實的觀點來決定行爲的善惡，是片面的尊重，不能自主的道德判斷。此階段幼兒之道德意識尚未成熟，對規範盲目、被動地遵守，仍無法做獨立自主之道德發展（沈六，2002；吳寶珍，2004）。

（六）倫理學觀點

倫理學（ethic）又稱爲道德哲學，而倫理學之所以也稱爲道德哲學，則是要爲人們日常生活中所接觸道德規定和要求建立一個基本規範（鄭嘉惠，2004）。歐陽教（1986）將西方倫理學分爲「規範倫理學」（normative ethics）和「後設倫理學」（meta-ethics），而後設倫理學並不牽涉到價值的判斷，而是以追求道德用語的精確性爲其研究範疇，規範倫理學則較偏重實際的道德規範與實踐，偏重有關德目的實踐與否，重視的是「行」的部分，規範倫理學的目的是在建立一個道德義務以及道德判斷的準則，以做爲日常生活的道德指導。

規範倫理學在傳統上分爲目的論（teleological theory）、義務論（deontological theory）與德行倫理學（virtue ethics），近來又有女性主義者提出關懷倫理學（ethics of care），目的論與義務論一直是當代的倫理學重心，此兩個學派較重視的是「道德義務」以及「道德行爲」，而德行倫理學所關注的對象和目的論、義務論不同，德行倫理學注重的是「行爲者」（agent）本身，關懷倫理學注重的是行爲者與對象之間的「關係」（relationness）。

德行倫理學最早是源自於亞里斯多德（Aristotle, 384-322 B.C.）的思想，亞里斯多德認爲德行是一種先天的氣質取向（disposition）以及經由後天的學習與習慣養成而來的性格特徵（traits of character）（林火旺，2001），因此德行必須是綜合先天的氣質以及後天的特質才得以形成的特質，這也就是「品格特質」（traits of character）。德行倫理學認爲應該以一個理想的品格範例做爲道德核心，並非是單純只求行爲的義務與道德規則，林火旺認爲有「善」的習慣必有「善」的行爲，因此培養習慣性的傾向，才是教育的主要目標。何懷宏（2003）指出所謂的德行，就是指道德原則與義務皆納入了我們的性格之中，把外在的規範變成內心的原則，成爲一個完整的、屬於自己的品格模式。

關懷倫理學首先由諾丁（Nel Noddings, 1929-）在 1984 年提出，是在西方傳統以男性觀點思考的倫理學傳統下，由女性所提出，並且成為女性主義的重要倫理學理論。關懷倫理學的核心觀念即為「關懷」，認為道德的泉源就是人的情感回應。諾丁以女性的生活經驗出發，提出「關係」為人存在的基底，關懷是人的道德基礎，從關懷關係中去認出品格的內涵，而不會單獨將品格當做是德目去要求別人（方志華，2004；鄭嘉惠，2004）。

從德行倫理學與關懷倫理學的不同觀點得知，德行倫理學的道德教育重點，就是在模仿某些有德行的人，並將之當做學習的榜樣，再轉變為一種穩定、長久的習慣，甚至是一種不加思索，便能自然地表現出符合規範的行為，這是一種靠後天學習及需靠時間與次數所產生的。而關懷倫理學提出應該讓幼兒有覺知地在真實的生活中去學習關懷，如此才能陶冶出所需要的品格，諾丁十分強調品格不是單獨存在的，它是在關係中回應人性關懷需求而產生的人性品質，因此關懷倫理學更注重在個別的差異性。

（七）孔、孟、荀教育哲學與品格教育之關係

孔子（551-479 B.C.）在教育哲學思想上強調德行，在方法論上，孔子乃特重心性內省之修養功夫，是以「中庸」或「中和」的態度，在道德論上，以善為道德最高目的，孔子先驗理性「成聖」之道德目的。孔子視教育為「化民成俗」的政治使命，孔子把「明明德」以迄「至善」為教育之歷程。強調教育於個人與社會之重要性，把修己善視為教育最終目的與最高理想，教育不但使自我得以實現，亦促進群體與社會的發展與進步（徐源暄，1995）。

孟子（372-289 B.C.）認為人有四善端：側隱、是非、羞惡、辭讓之心，只要「求其放心」便可回歸天生的善性（葉紹國，2003）。孟子認為天生自然為善，一經人手則變惡（葉紹國，2003）。孟子論「禮」，與仁義智等同排列，著重於人心內在之道德傾向，故其理論主在證明人如何成就具體的道德行為。孟子認為，窮盡人心的隱動，利用天賦才能（如思、良知、良能），培養、擴充如仁、義、禮、智般的良善之心（如四端），使之根植於內在心中，貞定固著而成為人之性，依人之性發出的行為表現必然是良善的，是為孟子「性善」

意旨：「禮」的實踐即是如此（劉振維，2001）。

荀子（313-235 B.C.）的性惡論則欲以「禮」節制人的欲望、以「樂」發抒人的情緒，使能行為合宜。荀子認為，「禮」純粹是人後天的作為，是改善先天欲望需求毫無節制所產生爭亂（人之性惡）最佳規範的方法，「養人之欲，給人之求」是其目的。荀子對人之事實的理解，認為「人生而有欲」，無法以任何方式禁制，但可透過人心中天賦之「知」、「慮」能力以制欲，若能達到「虛壹而靜」之「大清明」的狀態，即能清楚認識聖人制「禮」的完善。荀子的性惡論，皆認為人性之惡，必須經嚴格管教才能服膺公共之善（葉紹國，2003）。因此，人的學習對象就是「禮」，故言「禮者，人道之極也」。荀子所謂「化性起偽」，乃指人之性無法變更，但可透過後天規範予以貞定，這方法就是人所作為的「禮」。《禮記》一書，對於諸種儀文提出義理上的根據，正所謂「禮之所尊，尊其義也」（劉振維，2001）。

孔、孟、荀三位教育哲學家均十分強調教育的重要性，皆鉅細靡遺地提出教育方法、教育目標以及為師之道，足以做為現代教育思考方向的參考。

綜合以上學者觀點，作者認為道德發展是一種連續性的經驗，是每個人一生中連續的經驗。每個人生活中所經歷的道德情境都是不同的，往往有極大的差異性，因此在解決的途徑中，需運用智慧、慎思、明辨，能做價值澄清，這就是發展其道德與品格能力。

而德行倫理學與關懷倫理學的觀點，印證美國心理學家丹尼爾·高曼（Daniel Goleman）所說「愈來愈多的證據顯示，基本的道德觀實源自於個人的情感能力」（黃薇，2005），二者皆認為品格需靠後天的學習，及需要靠時間與次數所產生的。因此，本書中亦是強調「品格」的產出是要發自內心的一種學習動力，透過教學課程活動的設計與進行，能在日常生活中的實踐（楊淑雅、郭虹君，2003；楊淑雅，2006），從建立關係，使幼兒獲得增強的生活經驗（呂翠夏譯，1998），便能將品格自然流露其中。

CHAPTER 2

幼兒品格教育課程與實務應用

　　教育學者認為一生的學習奠基於幼兒階段，因此特別強調幼兒教育的重要，因為這段時間是幼兒良好行為發展的關鍵期（何麗君、陳正祥，2004；陳密桃、陳埩淑，2003；楊淑雅，2006）。Goodman（2000）認為品格教育的內容會隨著時代的變化而有不同的內涵，因而幼兒教育目標也會隨之修改，所以品格教育內容應視社會情境而定。本書認為幼兒品格教育的內容應與幼兒的成長密切關聯，包括：生活規範、學習態度及良好習慣，並培養孩子做正確判斷的能力。

　　黃光雄和蔡清田（2000）說明幼兒教育課程的定義，是透過有計畫的安排，選擇對幼兒有益的經驗，並以具有彈性且適合的活動或教學法，且在良好的課室氣氛與團體動力下，讓幼兒得到充分的發展與適應，以達到教育目標。

壹、幼兒品格教育課程

一、幼兒品格教育統整性課程

　　統整的概念遠溯於古希臘的柏拉圖，柏拉圖談到靈魂的和諧就有統整的概念，十八世紀末十九世紀以來，由於杜威、派克（Parker）等人的提倡逐漸受到重視（黃譯瑩，1998）。滕德政（2005）提到美國維吉尼亞州 Mesabi Range 的教師所進行的道德方案研究，稱為「雞尾酒式的品格教育」，採用的就是以統整課程的方式進行，並融合了社群意識（community）、禮節（manners）及道德決定模式（ethical decision making）。

　　實施學前品格教育時，必須要包含有認知、情意與技能三部分，最適合幼兒時期的學習（周淑惠，2002）。課程的設計上讓內容更加的生活化，在課程設計與學習模式中，讓幼兒有認知的教導，並且安排主動實踐的機會，在課程活動設計上重視品格的養成，加強行為的指導，使課程教材生活化，可以讓幼

兒在日常生活中做到，且適合去遵行（何麗君、陳正祥，2004；林俊瑩，1999；Elkind, 1998）

學前教育以幼兒全人發展（whole child development）爲目標，以統整性課程（integrated curriculum）的學習最適合，統整的層面應包括三方面，有經驗、社會及知識的統整（Beane, 1997）。Bredekamp 和 Rosegrant（1995）提出統整性課程的優點有六項：(1)凝聚幼兒的各項經驗並助其建構知識；(2)讓幼兒見識每個學科的實用性；(3)讓幼兒體認當代科際整合的需要性；(4)減少轉換時間的次數與突兀性；(5)導致有意義與精熟的學習；(6)更能體認做爲一個學科專家的意義。

在幼兒品格教育課程上，美國教育家杜威提倡要設計對幼兒有興趣、統整各領域之活動，以組織課程，並重視全人發展，實施統整性課程，並以幼兒爲學習中心，讓幼兒在教師預備的豐富環境探索、遊戲，與人、事、物互動，自主建構，已成爲許多幼教學者所共同認定（周淑惠，2002）。因此，實施統整性課程可以創造對幼兒有意義的學習，並達成培育完整幼兒目標，幼兒品格教育藉由統整性課程更能發展有助於幼兒經驗，讓全人教育的認知、情意、技能部分，得以彰顯、得以促進並得以發揮。

二、幼兒品格教育之六大課程領域

我國現行幼稚園的課程標準於 1987 年所訂定，其課程領域分爲健康、遊戲、音樂、工作、語文與常識六大類。但因爲幼稚園課程標準之公布距今已有二十年，基於社會快速變遷及教育理念之革新，有必要重新修正。

本書所設計的幼兒品格教育之六大課程領域，採用的是全人發展理念與內容，全人發展所包含的社會性（social）、情緒性（emotional）、體能性（physical）、語文性（language）、智能性（cognitive）的內容，與六大課程領域有其相關性，課程領域即以語文（language）、數學（math）、社會（social studies）、自然（science）、音樂律動（music & movement）與藝術（art）爲主軸所設計的幼兒品格教育課程（McGraw,1990）。

三、幼兒品格教育老師之六 E 與五教

（一）幼兒品格教育老師之六 E

美國「倫理與幼兒品格促進中心」（Center for the Advancement of Ethics and Character）提供幼兒品格教育全方位之實施方法，稱為「幼兒品格教育之六 E」（six E's of character education），說明老師角色重點（李琪明，2004；周慧菁，2003）：

1. 示範（Example）

幼兒品格教育應強調老師身教之重要，其雖非聖人，但仍應審慎地處理其道德生活，成為幼兒學習榜樣，以獲幼兒信賴。

2. 解說（Explanation）

言教是幼兒品格教育方式之一，藉由道德對話，能使幼兒益加了解品德之本質與精神。

3. 規勸（Exhortation）

幼兒難免會有遭受挫折或面對選擇出現徬徨之際，幼兒品格教育則可發揮規勸進而引導之功效。

4. 校風或倫理環境（Ethos or ethical environment）

班級或學校皆可視為小型社會，因此幼兒品格教育方式之一乃強調境教之重要，亦即營造學校整體道德氣氛以形塑幼兒品格。

5. 經驗（Experience）

「做中學」乃幼兒品格教育之有效途徑，藉由各種品格活動設計，可使幼兒結合道德思考與行動，由自我概念之形成而至培養與人群和諧相處。

6. 追求卓越（Expectations of excellence）

在幼兒品格方面亦應設定優質之標準努力以赴，使幼兒能知善、愛善、行善並止於至善（李琪明，2004）。

（二）幼兒品格教育老師之五教

何麗君和陳正祥（2004）指出在師資培育的過程中做好幼兒品格教育，老師必須得五教並進，五教指的就是言教、身教、境教、動教和制教五教。

「言教」是老師用言語來教育幼兒，師者所以傳道、授業、解惑也；「身教」是老師以身作則，給幼兒一個典範、一個榜樣；「境教」是老師為幼兒塑造良好的品格或是人文藝術環境，讓幼兒在耳濡目染下建立適切的價值觀，是一種潛在課程，比外顯課程的影響更為深遠；「動教」是老師在活動中進行品格教育，利用各種活動讓幼兒「動」起來，安排參觀一些社會機構，讓幼兒去體會不同的生活；「制教」也就是制度的教育，應重視制度的訂定，讓大家一同參與規章的訂定與表達意見的機會。

本書所指的幼兒品格教育老師之角色，是希望能教導幼兒從正面角度去思考問題，在各個不同情境中如何去做才算是適切的表現。而培養幼兒的品格不能流於說教，老師應該要讓幼兒去體會到優良品格的價值性，讓幼兒看重品格的內在價值，而不是著眼於它的外在價值。

在 Gary Ezzo 和 Anne Marie Ezzo（吳琇瑩譯，2004）所著的《如何教養孩子品德》一書中強調，光教導幼兒道德行為是不夠的，還要教導他們合乎道德的思想，這是教導道德的必要條件，而教導的目標，便是使他們成為健康成熟的人，就是具有美好的品格。老師就如在學校的母親，若能本身以身作則，身體力行五教，透過全人發展的六大課程領域影響下，便能使幼兒習得所教導的品格教育內涵。

四、幼兒品格教育課程之形成式與總結式評量

張春興和林清山（1988）依教學評量時機與目的，將課程評鑑分為形成性評量（formative evaluation）和總結性評量（summative evaluation）兩種。「形成性評量」發生於課程設計過程中，主要目的在蒐集課程草案或原型優缺點的資料，做為改進或修訂之用。形成性評量的作用，在於孕育課程、發展課程，使課程逐漸改進，趨於完美。「總結性評量」發生於課程設計完成之際，主要

在蒐集資料，判斷課程的整體效果，做為推廣採用的依據，也可以判別課程發展的績效。總結性評量的作用，在於總結課程的成效，確認課程的價值（楊筱眞，2005）。

形成性評量應在教學過程中隨時進行，如教學小活動告一段落後或每節課幾分鐘，皆是進行評量的好時機。其功能在考察幼兒是否達到教學目標，以提供教師回饋資料，以協助教師修正教材教法，隨時做補救教學。其工具包括評定量表、作業及共同訂正、口頭問答、實際觀察等活動。

總結性評量通常在某一課程或某一單元結束後實施，其功能在評量學習成就，做加深、加廣教材或升級進修之依據，評量方式除以紙筆測驗為主，尚有行為觀察、口試、訪問、晤談、作業、學習單、討論、家長評量等方式。

本書的品格教育課程之評量，根據研究對象與課程設計不同，採用形成式與總結式評量二種。針對幼兒部分實施評量，以形成式評量為主，總結式評量為輔，即在課程教學互動中隨時進行，老師透過問題回應、實際觀察以評估幼兒是否達到教學目標，因此可以隨時做修正及補救教學。另外在每一個品格教學活動結束前舉行品格表揚大會，透過表演、訪問來進行總結式評量。

針對老師的教學評量，則以總結式評量為主，形成式評量為輔，在每一個品格教學活動結束前，評量品格教案執行的成效如何。老師透過觀察幼兒學習品格活動的實際狀況，以紙筆評量的方式完成。

五、幼兒品格教育課程

幼兒品格教育課程透過有計畫的安排，選擇對幼兒有益的經驗，並以具有彈性且適合的活動及教學方法，在良好的課室氣氛與團體動力下，讓幼兒得到充分的發展與學習。幼兒品格教育藉由統整性課程，有助於幼兒經驗的擴展，在品格的發展過程中，幼兒可以藉由觀察、模仿、示範等，引發學習楷模行為的動機，在不斷反覆該行為的狀況下，自然而然地習得屬於自己品格的行為，讓全人教育的認知、情意、技能部分得以彰顯，促進並得以發揮，以達到品格教育的目標。

本書所設計的品格教育之教學方式，是採取「品格教育金三角」模式，透

過循環式持續進行品格主題。即「強調品格」，強調品格主題的教學活動→「要求品格」，將品格教學策略，應用於教學上，隨時做「形成性評量」→最後是「表揚品格」，透過「總結性評量」，來評量品格主題的教學效果，在這三種進行方式的循環下，進行品格主題及評量品格課程實施成效，其關係為品格教育金三角與幼兒實施成效評量（圖2.1）。

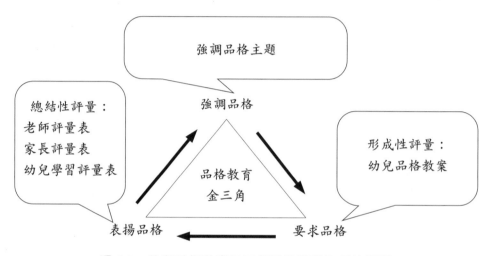

圖2.1：幼兒品格教育金三角與幼兒實施成效評量

貳、幼兒品格教育課程實務應用

一、幼兒品格教育課程方案

　　幼兒品格教育課程涵蓋六大領域，內容包括：語文領域、數學領域、社會領域、自然科學領域、藝術領域與音樂律動領域，作者安排每四週進行一個品格主題，每個品格主題配合六大課程領域，共設計了二十二個課程活動教案（語文領域六個、數學領域四個、社會領域四個、自然領域四個、藝術領域兩個、音樂律動領域兩個）（圖2.2）。

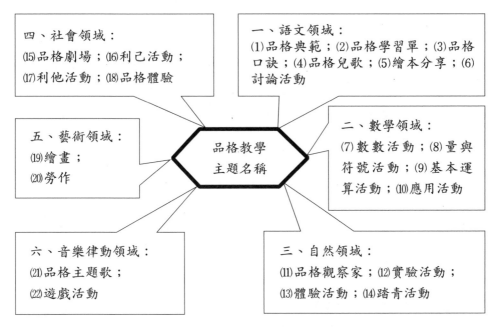

圖 2.2：品格主題六大課程領域

此幼兒品格教育課程方案，採取統整課程多學科模式，在強調品格、要求品格與表揚品格下，讓幼兒在品格氛圍中，自然地學習並內化。

二、幼兒品格教育之六大領域課程規劃與實施

國內外諸多學者支持學前品格教育，並認為學前是進行品格教育最適宜的階段，因此學前機構若能以品格教育為專業教育之基礎，如搭鷹架一般，幼兒從小開始一步一腳印堆疊，那麼即可讓幼兒具有帶著走的能力，因此，我們必須有計畫地培養幼兒的品格發展。

在幼兒品格教育實施之前，首先需要了解學前機構之品格需求。Lickona（2003）特別指出品格核心價值的重要性，尤其在品格教育中的作用與地位非常重要，若不強調品格核心價值的概念，那麼品格教育終將徹底失敗。

（一）五種品格主題的產生

本書為了找出對幼兒最重要、最需要的品格核心，作者先於某幼兒園進行品格教育課程，透過發出給幼兒園家長填寫的「品格教育問卷調查表」來統計分數依照回收分數的高低，確定五種品格主題，因而訂出五個品格教學主題：責任（responsibility）、尊重（respect）、勇氣（courage）、關懷（care）、耐心（patience）。〔本書第二篇教學實務篇之教案，為考量教案的區隔與易辨，所以將五種品格編了代號：1 為責任，2 為尊重，3 為勇氣，4 為關懷，5 為耐心。故教案編號上，如：1-3-1 即責任－自然－品格觀察家教案（國王企鵝在孵蛋）〕。

（二）五種品格主題定義與教學目標

幼兒品格主題的教學目標必須包括認知、情意、技能三個層面，而這三個層面是品格主題的核心價值，之後才能依這三個層面的教學目標，來設計品格主題的教案課程（表 2.1）。

（三）五種品格定義

1. 什麼是責任（responsibility）？

要了解什麼是責任？就必須先了解責任的相反詞為何？馬虎、不信任、隨便，都是形容一個人不負責任的表現。因此如果有人對某事或某人認真行事，就能成為值得信任和可靠的人，這就是一種負責任的表現。

什麼是幼兒可以表現責任的行為呢？作者依據二至六歲幼兒的發展能力，訂出責任的細定義為：「做好自己該做的事，學習對自己的行為負責，答應做的事就要做到，會思考到行為的後果，不做找藉口及怪罪別人的事。」

依品格教育金三角學習方式，即「強調責任」——負責任的行為表現；「要求責任」——持續並堅持負責任的事；「表揚責任」——能完成該做負責任的事。依此，作者訂出「責任」的粗定義為：「我會完成該做的事」，此為責任品格的定義核心。

表 2.1：五種品格主題定義與教學目標

	品格定義	認知教學目標	情意教學目標	技能教學目標
責任	我會完成該做的事	·認識「責任」品格所代表的意義。 ·知道如何負責任的方法。	·培養幼兒對事物有始有終的責任態度。	·參與照顧小盆栽工作並能堅持至期末。
尊重	我會站在別人的立場想	·認識「尊重」品格所代表的意義。 ·學習分辨不尊重行為對別人造成的影響。	·培養幼兒懂得尊重別人及鼓勵禮貌行為。	·參與「立和善禮貌的約」與票選微笑天使。
勇氣	我能勇敢面對害怕	·認識「勇敢」品格所代表的意義。 ·知道害怕的感覺並學習分辨反應。	·培養孩子面對害怕事物時能說出感覺。	·利用創意點子來克服害怕。
關懷	我會用行動幫助人	·認識「關懷」品格所代表的意義。 ·學習關懷人、事、物的正確態度。	·培養幼兒對他人的關心，鼓勵關懷行為。	·為家人做一件事以實際行動付出關懷。
耐心	我會學習等待	·認識「耐心」品格所代表的意義。 ·學習為目標訂計畫及按步驟完成它。	·培養幼兒學習等待，耐心完成社區服務行動。	·與家人共同完成學習一件新事物。

資料來源：作者整理。

2. 什麼是尊重（respect）？

　　要了解什麼是尊重？就必須先了解尊重的相反詞為何？粗魯、無禮，都是形容一個人不尊重的表現。因此如果有人能以謙恭而體貼的方式對待別人，珍視自己與他人，並能將心比心與人相處，就是一種尊重的表現。

　　什麼是幼兒可以表現尊重的行為呢？作者依據二至六歲幼兒的發展能力，訂出尊重的細定義為：「對待別人要有禮貌，要能自重且重人，欣賞和接納彼此的不同，別人講話要仔細聆聽，要有禮貌，不做欺負及嘲笑別人的事。」

　　依品格教育金三角學習方式，即「強調尊重」——自重且重人；「要求尊

重」——對待人、事、物的尊重行為表現，「表揚尊重」——有禮貌的尊重行為。依此，作者訂出尊重的粗定義為：「我會站在別人的立場想」，此為尊重品格的定義核心。

3. 什麼是勇氣（courage）？

　　要了解什麼是勇氣？就必須先了解勇氣的相反詞為何？膽怯、害怕、恐懼，都是形容一個人沒有勇氣的表現。因此，如果有人在面對困難、危險或痛苦時，可以去正視自己心中的恐懼，認定那是一種需克服的挑戰，而思考出應變對策，並藉此建立一種不怕困難的力量，這就是一種勇氣的表現。

　　什麼是幼兒可以表現勇氣的行為呢？作者依據二至六歲幼兒的發展能力，訂出勇氣的細定義為：「能夠面對害怕，想辦法克服，並嘗試不同挑戰，激發出解決困難的力量。」

　　依品格教育金三角學習方式，即「強調勇氣」——能面對害怕，「要求勇氣」——想辦法克服的表現；「表揚勇氣」——相信解決困難的力量。依此，作者訂出勇氣的粗定義為：「我有信心面對害怕」，此為勇氣品格的定義核心。

4. 什麼是關懷（care）？

　　要了解什麼是關懷？就必須先了解關懷的相反詞為何？冷漠、偏見、苛刻，都是形容一個人沒有關懷的表現。因此，如果能幫助別人、支持和協助他人、體會別人的需要，甚至能原諒得罪自己的人，這就是一種關懷的表現。

　　什麼是幼兒可以表現關懷的行為呢？作者依據二至六歲幼兒的發展能力，訂出關懷的細定義為：「能同理別人的感受，體會別人的需要，學習關懷人、事、物的正確態度，用行動幫助有需要的人，鼓勵關懷的行為，培養幼兒對他人的關心，不做出或說出傷害別人的事。」

　　依品格教育金三角學習方式，即「強調關懷」——學習關懷人、事、物的正確態度；「要求關懷」——體會別人的需要；「表揚關懷」——以實際行動付出關懷。依此，作者訂出關懷的粗定義為：「我會用行動幫助人」，此為關懷品格的定義核心。

5. 什麼是耐心（patience）？

　　要了解什麼是耐心？就必須先了解耐心的相反詞為何？浮躁、氣餒、過急，都是形容一個人沒有耐心的表現。因此，如果有人對延遲的事能平靜地忍受「等待」，有計畫完成某事，面對挫折能堅持下去直到完成，不半途而廢，這就是一種耐心的表現。

　　什麼是幼兒可以表現耐心的行為呢？作者依據二至六歲幼兒的發展能力，訂出耐心的細定義為：「對延遲的事能平靜地忍受『等待』，學習有計畫及步驟地完成某事，面對挫折仍能堅持下去直到完成，不做半途而廢、給人看臉色的事。」

　　依品格教育金三角學習方式，即「強調耐心」——能平靜地等待；「要求耐心」——學習做計畫；「表揚耐心」——完成某事，不半途而廢。因此，作者訂出耐心的粗定義為：「我會學習等候」，此為耐心品格的定義核心。

三、品格主題之六大領域

　　幼兒品格教育主題課程涵蓋六大領域，內容包括：語文領域、數學領域、社會領域、自然領域、藝術領域與音樂律動領域。每個品格主題配合六大課程領域，共設計了二十二個課程活動教案（語文領域六個、數學領域四個、社會領域四個、自然領域四個、藝術領域兩個、音樂律動領域兩個），現依六大領域的品格教案活動設計，說明其重點內容。

（一）語文領域

　　在品格主題的語文領域活動中，共分為六種品格教案活動，內容包括：品格典範、品格學習單、品格口訣、品格兒歌、繪本分享、品格討論活動，現依其教學的內容、重點、方法及過程說明如下：

1. 品格典範

　　(1)教學內容：介紹中或西方一個代表人物，其代表人物需具備品格典範精神。

(2)教學重點：透過品格典範的故事，讓幼兒能學習典範人物的品格精神。

(3)教學方法：講述法、討論法、問答法。

(4)教學過程：老師以輔助教材如影帶、圖片等加強幼兒對典範人物的認識。

2. 品格學習單

(1)教學內容：設計適合幼兒年齡層，可以進行的品格主題學習單。

(2)教學重點：幫助幼兒加深品格主題印象，增加活動趣味性。

(3)教學方法：討論法、示範法、設計教學法。

(4)教學過程：老師給予引導後，讓幼兒動手去操作完成。

3. 品格口訣

(1)教學內容：每個品格主題都有三個品格口訣，及一些簡易的肢體動作。

(2)教學重點：讓幼兒可以朗朗上口，很快記住口訣內容。

(3)教學方法：練習教學法。

(4)教學過程：透過肢體動作的熟練，幫助幼兒很快記住口訣。

4. 品格兒歌

(1)教學內容：自行設計品格主題的兒歌內容。

(2)教學重點：藉由兒歌的情境，幫助幼兒了解品格主題的涵義與運用。

(3)教學方法：討論法、練習教學法。

(4)教學過程：從兒歌中延伸品格主題，分享在日常生活中的運用。

5. 繪本分享

(1)教學內容：每個品格主題至少會有四本童書。

(2)教學重點：從繪本的分享中，對品格主題有更深的了解。

(3)教學方法：講述法、討論法、欣賞教學法。

(4)教學過程：繪本的內容情節，能引導幼兒進入品格主題的世界中，除了能欣賞繪本不同風格的畫風外，更能刺激幼兒去思考，讓幼兒從討論中獲得寶貴的經驗。

6. 討論活動

(1)教學內容：每個品格都設定一個合乎品格主題的討論內容，讓幼兒來發表意見。

(2)教學重點：藉由發表的機會，讓幼兒學習表達及傾聽他人說話的能力。另外，老師統整幼兒們所表達的，共同建立所學習到的品格定義。

(3)教學方法：發表教學法。

(4)教學過程：老師指導幼兒發表的技巧與方法，透過討論，讓幼兒表達所見所聞的新事物、舊經驗或是自己的想法。

（二）數學領域

在品格主題的數學活動中，分為四種品格教案活動，內容包括：數數活動、量與符號活動、基本運算活動、應用活動，現依其教學的內容、重點、方法及過程說明如下：

1. 數數活動

(1)教學內容：配合品格主題做數學活動的配對、分類及單位名稱練習等活動。

(2)教學重點：透過數數活動的過程，強調品格主題的應用。

(3)教學方法：討論法、練習教學法。

(4)教學過程：從品格課程設計中，讓幼兒可以一邊數數之外，還能了解或分享到品格主題的涵義。

2. 量與符號活動

(1)教學內容：配合品格主題，抓取一個象徵內容，做 1-10 量與符號的配對。

(2)教學重點：透過量與符號配對的活動過程，強調品格的主題。

(3)教學方法：示範法、練習教學法。

(4)教學過程：以 1-10 量與符號為主體，四週更新一種「量」的內容物，如「責任」是立體銀雞蛋、「尊重」是微笑圖卡、「勇氣」是小黑魚造型、「關懷」是愛心圖卡，「耐心」則為自製的鞭炮模型。

3. 基本運算活動

   ⑴教學內容：學習加減乘除的概念，加就是「合併」的意思、減就是「丟掉」的意思、乘就是「再一次」的意思、除就是「分配」的意思。

   ⑵教學重點：配合品格主題，做加減乘除基本運算的練習活動。

   ⑶教學方法：練習教學法。

   ⑷教學過程：藉由有趣的活動方式，讓孩子能操作加減乘除的運用，如：進行班級拜訪活動，學習如何當禮貌幼兒，帶幼兒上街買禮物，在買禮物前，先用超級市場的 DM 做「加」的練習。

4. 應用活動

   ⑴教學內容：透過日常生活學習，來應用數學的活動，並符合品格主題。

   ⑵教學重點：配合品格活動認識單數與雙數、票選統計，以及標價等應用活動。

   ⑶教學方法：練習教學法。

   ⑷教學過程：藉趣味化的活動方式，引導幼兒學習品格主題。

（三）自然領域

    在品格主題的自然活動中，分為四種品格教案活動，內容包括：品格觀察家、實驗活動、體驗活動與踏青活動，依其教學的內容、重點、方法及過程說明如下：

1. 品格觀察家

   ⑴教學內容：透過觀察自然界動物生態，介紹一種符合品格主題的動物。

   ⑵教學重點：透過觀察某種動物的習性與行為，來了解品格主題的涵義。

   ⑶教學方法：觀察教學法、討論與問答法。

   ⑷教學過程：用故事或圖片、影片或模型，講述、觀察動物的習性，討論與品格主題有相關性，並鼓勵幼兒回答相關問題。

2. 實驗活動

　　(1)教學內容：透過實驗的活動過程，延伸出品格主題的涵義。

　　(2)教學重點：實驗的價值不只是完成實驗就結束了，透過實驗的過程或結果，可以說明或印證與品格主題的相關性。

　　(3)教學方法：觀察教學法、實驗教學法。

　　(4)教學過程：引導幼兒專注觀察實驗過程，老師讓幼兒參與實驗活動，並依所看到的內容表達想法，老師再引入與品格主題相關的討論。

3. 體驗活動

　　(1)教學內容：讓幼兒能從親身體驗的活動中，感受品格主題的精神。

　　(2)教學重點：實際參與活動，並說出與品格主題的相關性。

　　(3)教學方法：討論法、觀察教學法。

　　(4)教學過程：能從品格主題活動中，從扮演、社區資源的運用，體驗出品格主題的精神。

4. 踏青活動

　　(1)教學內容：配合與品格主題相關地點，安排戶外踏青活動。

　　(2)教學重點：從戶外教學的活動中，說明與品格主題相關性的內容。

　　(3)教學方法：欣賞教學法、觀察教學法、討論法。

　　(4)教學過程：由老師帶領幼兒參與戶外踏青活動，從過程中學習欣賞、觀察美景，並參與品格主題相關的討論。

（四）社會領域

　　在品格主題的社會活動中，分為四種品格教案活動，內容包括：品格劇場、利己活動、利他活動、品格表揚，依教學的內容、重點、方法及過程說明如下：

1. 品格劇場

　　(1)教學內容：由老師們合作參與演出，劇本是由品格繪本所改編的。

　　(2)教學重點：透過劇場內容，加強幼兒對品格主題的了解。

(3)教學方法：欣賞教學法、問答法。

(4)教學過程：劇場的形式不拘，可由老師演出、紙偶、影片與師生合演等來呈現，在劇場演完之後，就劇場內容進行有獎徵答，以鼓勵幼兒學習及回應相關品格主題內容。

2. 利己活動

(1)教學內容：透過與自己相關的活動，幫助幼兒建立好品格的活動內容。

(2)教學重點：以自我相關性的學習為出發，配合品格主題做技巧的學習。

(3)教學方法：練習教學法。

(4)教學過程：從實際運作上練習，使自己能學習及獲得品格主題的概念。

3. 利他活動

(1)教學內容：與同儕間的互動學習，強調與人合作，共同完成品格主題相關活動。

(2)教學重點：共同完成品格主題活動，學習品格主題的情意或技能目標。

(3)教學方法：練習教學法。

(4)教學過程：從人際互動中了解如何與同儕合作，並能發揮品格主題的學習目標，讓幼兒有充分的練習機會。

4. 品格體驗

(1)教學內容：全體師生一起參與活動，並公開表揚幼兒學習品格的表現。

(2)教學重點：鼓勵幼兒努力學習品格的精神，團體一起複習所學內容。

(3)教學方法：欣賞教學法。

(4)教學過程：集合全體師生→複習舊歌，如：兒歌、口訣、品格主題歌等→表揚完成學習單或家庭作業的幼兒→人人有獎，頒發學習獎狀→以律動、唱遊做結束。

（五）藝術領域

在品格主題的藝術活動中，分為兩種品格教案活動，內容包括：繪畫活動與勞作活動，現依其教學的內容、重點、方法及過程說明如下：

1. 繪畫

   (1)教學內容：透過品格繪本的延伸，來進行創作繪畫。

   (2)教學重點：從繪畫的過程中，體會品格主題所要呈現的精神。

   (3)教學方法：欣賞教學法、自行創作練習。

   (4)教學過程：學習不同繪畫素材的配搭，如蠟筆加水彩，說明油水分離，卻可創作出美麗的畫，就是一種彼此尊重的表現；如奇異筆加上蠟筆，藉由用奇異筆做點線的連接後，再用蠟筆在每一個面上塗滿顏色，需要花時間完成，就是必須靠耐心品格的培養。

2. 勞作

   (1)教學內容：設計以品格主題為主的勞作，讓幼兒自行創作美勞作品。

   (2)教學重點：鼓勵幼兒發揮其創意，並符合品格主題所要傳遞的精神。

   (3)教學方法：欣賞教學法、自行創作練習。

   (4)教學過程：美勞作品與品格主題具有相關性，如：創作微笑魔鏡，即讓幼兒每天可以對著鏡子微笑，自重便能重人，就是尊重的表現。

（六）音樂律動領域

在品格主題的音樂律動活動中，分為兩種品格教案活動，內容包括：品格主題歌、遊戲活動，現依其教學的內容、重點、方法及過程說明如下：

1. 品格主題歌

   (1)教學內容：選擇與品格主題相關的歌曲，並加上肢體動作的表現。

   (2)教學重點：學唱品格歌，幫助幼兒將品格主題的精神內化在心。

   (3)教學方法：欣賞教學法、練習教學法、自行創作練習。

   (4)教學過程：選擇好唱好學的歌曲，加上歌詞的意義符合品格主題，讓幼兒在唱歌或表演動作之間，能思考品格主題的涵義，從反覆的學習中，將品格主題的意義內化在心。

2. 遊戲活動

    (1)教學內容：配合品格主題的目標、內容與討論，來設計遊戲活動。

    (2)教學重點：參與品格主題相關遊戲活動及學習遵守遊戲規則。

    (3)教學方法：練習教學法。

    (4)教學過程：遊戲活動的內容以品格主題為主，如：勇氣品格，進行的是「棉花糖」活動，透過團體進行，來展現害怕被抓的追趕跑，從活動中也能學習到「害怕」的聲音、肢體運用。

      從本書所設計的課程，每個品格主題之六大領域的二十二個品格課程活動教案，是以幼兒為學習中心，讓幼兒在老師預備的豐富環境探索、遊戲，與人、事、物互動，最後能自主建構，在「強調品格」、「要求品格」及「表揚品格」之品格金三角的學習模式下，建構自我品格概念。

❧ 參考文獻 ❧

壹、中文部分

天下雜誌2003年教育特刊（2003）。**品格決勝負——未來人才的秘密**。台北：天下
　　雜誌。

方志華（2004）。**關懷倫理學與教育**。台北市：洪葉文化。

方能御（譯）（1993）。**道德人格的現象學研究**。台北市：台灣商務印書館。

王令宜、汪以仁（2003）。以全品格教育塑造教訓輔合一的魅力校園。**教育研究**，
　　113，131-141。

王金國、孫台鼎（2004）。師資培育機構推動品格教育的任務與經驗。論文發表於
　　慈濟大學舉辦之「品格教育在師資培育課程的建構與實踐」學術研討會，花蓮市。

安艾（譯）（2004）。**MQ百分百：開發道德智商完全手冊**。台北市：光啓。

朱易（2003）。**活出不平凡：現代西方十大品格典範**。台北市：培根文化。

何東日（2003）。品格教育何在？2003年12月20日，取自 http://www.cdn. com.lw/
　　daily/2003/11/24/text/921124i6.htm

何琦瑜、鄭一青（2004）。**品格決勝負：未來人才的秘密**。台北市：天下雜誌。

何懷宏（2003）。**倫理學是什麼？**香港：利通圖書。

何麗君、陳正祥（2004）。九年一貫課程中的品格教育：專訪台南師範學院校長黃政
　　傑教授。**教育研究**，**120**，35-43。

吳美眞（譯）（2002）。**美德書**。台北市：圓神。

吳琇瑩（譯）（2004）。**如何教養孩子品德**。台北市：靈糧堂。

吳寶珍（2004）。**國民中學品格與道德教育的內涵與實施之研究**。彰化師範大學教
　　育研究所碩士論文，未出版，彰化市。

呂翠夏（譯）（1998）。**兒童的社會發展：策略與活動**。台北市：桂冠。

李介至、邱紹一（2004）。西方品格教育對我國中學品德教育的啓示。**教育研究**，
　　120，53-68。

李素貞、蔡金玲（2004）。中小學品格教育之實施與評量。**教育研究**，**120**，53-68。

李琪明（2004）。**品德教育之六 E**。取自 heep://www.bu.edu/education/caec/files /6E.
　　htm

李琪明（2004）。品德本位校園文化之營造：美國推動經驗與啓示。台灣教育，**12**，31-38。

沈六（2002）。道德發展的家庭脈絡因素。公民訓育學報，**11**，1-38。

兒童福利聯盟文教基金會（2004）。台灣「心貧兒」現象觀察報告。取自 http://www.children.org.tw/Public/Data/F200411181421122.pdf

周淑惠（2002）。**幼兒教材教法：統整性課程取向**。台北市：心理。

周慧菁（2003）。**新教育趨勢主題四七：品格要怎麼教**？台北市：天下雜誌。

周曉虹（譯）（1995）。**社會學習理論**。台北市：桂冠。

林火旺（2001）。**倫理學**。台北市：五南。

林秀珍（1998）。杜威經驗概念之教育涵義。國立臺灣師範大學教育研究所碩士論文，未出版。

林俊瑩（1999）。國民小學道德課程分析與改進芻議。台灣教育，**587**，37-51。

林建銘（1997）。**杜威的生長發展論與教育**。台北市立師範學院國民教育研究所碩士論文，未出版，台北市。

施良方（1996）。**班度拉社會學習理論**。高雄市：麗文文化。

施鐵如（2001）。美國品格教育實踐與研究。**廣州教育導刊**，**152**，9-12。

枳園（譯）（2001）。**教孩子正確的價值觀**。台北市：大地。

唐薇芳（2004）。花田協奏曲：從整潔工作到品格教育之行動研究。國立花蓮師範學院輔導碩士論文，未出版，花蓮市。

徐源暄（1995）。**杜威與孔子的教育思想比較**。淡江大學美國研究所碩士論文，未出版，台北市。

高明美（2001）。**童書久久**。台北市：台灣閱讀協會。

張水金（譯）（2001）。**大能力（上）**。台北市：信誼。

張春興、林清山（1988）。**教育心理學**。台北市：東華。

張從汝（2002）。杜威民主教育理念之探討。中國文化大學美國研究所碩士論文，未出版，台北市。

教育部（1999）。立法院教育委員會第四屆第一會期報告。取自http://www.edu.tw/EDU_WEB/EDU_MGT/E0001/EDUION001/menu01/sub04/01040003b.htm

教育部（2003）。**全國教育發展會議：全國教育發展會議實施計畫**。取自 http://www.idschool.com.tw/edu/

教育部（2004）。品德教育促進方案。取自 http://wwwedu.kh.edu.tw/members/grp02/doc

教育部（2004）。教育政策白皮書。取自 http://epaper.edu.tw/017/93.3.26.doc.

教育部訓委會（2004）。召開「研商品德教育促進方案」，以落實校園品德教育。2004年2月25日，取自 http://epaper.edu.tw/006/index.htm#news

許惠慈、劉呈恩（2004）。品格與道德教育：專訪前彰化師範大學校長葉學志教授。教育研究，**120**，5-14。

陳密桃、陳埩淑（2003）。多元智能理論在幼兒品格教育教學上的探討。教育研究月刊，**110**，48-56。

陳康宜（2003）。教改**10**年調查中小學生品格教育不如**10**年前。2004年2月11日，取自 http://www.nta.tp.edu.tw/2301/1News/2003/11/1/81.htm

陳淑美（1999）。品德教育之探討。台灣教育，**587**，20-24。

陳埩淑（2004）。多元智能理論融入幼兒品格教育課程與教學之研究。花蓮師院學報，**18**，91-110。

陳埩淑（2005）。學前教育統整性方案之行動研究：多元智能取向的品格教育。台南女子技術學院學報，**22**，923-947。

陳麗蘭（譯）（2001）。與孩子談美德：**16**個影響人生的重要價值觀。台北市：光佑。

黃光雄、蔡清田（2000）。課程設計：理論與實際。台北市：五南。

黃建一、余作輝（1999）。國民小學道德課程與教學。台北市：師大書苑。

黃德祥（2001）。二十一世紀的品格教育。載於彰化師範大學舉辦之「廿一世紀教育改革與教育發展」國際學術論文集（頁99-116），彰化市。

黃德祥（2003）。學生行為輔導與品格教育。論文發表於嘉義大學主辦之「教育論壇」研討會，嘉義市。

黃德祥、洪福源（2004）。美國品格教育的內涵與實施。臺灣教育，**625**，17-29。

黃德祥、謝龍卿（2004）。品格與道德教育的內涵與實施。教育研究季刊，**120**，35-43。

黃譯瑩（1998）。課程統整的理念。課程與教學會訊，**10**，2-5。

黃薏（2005）。談品格教育與意志力薄弱的問題。國教天地，**159**，12-19。

楊淑雅（2006）。幼兒品格教育課程實施之研究～以一所幼兒園為例。實踐大學

家庭研究與兒童發展研究所碩士論文，未出版，台北市。

楊淑雅、郭虹君（2003）。情意教育之實施與品格教育之實現：一個學前教育機構的品格教學過程探討。行政院國家科學委員會專題研究成果報告（NSC92-2815-C-254-001-H）。

楊惠芳（2004）。友緣調查：八成五兒童品格能力不足。取自 http://www. mdnkids. com/info/news/adv_listdetail.asp? serial=35047

楊筱眞（2005）。幼稚園課程與教學。台北市：啓英。

葉紹國（2003）。從道德性的起源論品格教育之重要概念。教育研究，**113**，118-130。

詹家惠（2003）。九年一貫課程整合道德教育之可能取向。彰化師大教育學報，**4**，117-138。

劉振維（2001）。論先秦儒家思想中禮的人文精神。國立臺灣大學哲學研究所博士論文，未出版，台北市。

劉漪晴（2004，1月15日）。品格教育：全球教育新顯學。國語日報，13版。

劉曙光、宋景堂、劉志明（譯）（2003）。品格的力量。台北市：立緒文化。

歐陽教（1986）。德育原理。台北市：文景。

滕德政（2005）。品格教育如何融入課程教學：以「雞尾酒式的品格教育」為例。國教天地，**159**，43-50。

鄭嘉惠（2004）。九年一貫國中階段國文教科書「品格教育」之內容分析：以關懷倫理學之關懷關係為分析架構。銘傳大學教育研究所碩士班碩士論文，未出版，台北市。

曉曉（譯）（2004）。人格培養白皮書。台北市：高富。

簡成熙（2004）。「缺德」的道德教育如何實施？教育研究，**121**，94-109。

羅瑞玉（2005）。品格教育實施與融入綜合活動學習領域教學之探討。國教天地，**159**，30-42。

貳、英文部分

Beane, J. A. (1997). *Curriculum integration: Designing the core of democratic education.* New York: Teachers Columbia University.

Berger, E. (1996). K-12 character education in Locust Valley. *The Fouth and Fith Rs-Respect and Responsibility, 2*(2), 3-4.

Berlowitz, M. W., & Grych, J. H. (2000). Early character development and education. *Early Education and Development, 7*(1), 55-72.

Bredekamp, S., & Rosegrant, T. (eds.) (1995). *Reaching potentials: Transforming early childhood curriculum and assessment* (Vol. 2). Washington. D.C: NAEYC.

David, D.W., Stephen, C.Y., & Larry, C. J. (2003). Character education in a public high school: A multi-year inquiry into unified studies. *Journal of Moral Education, 32*(1), 1-33.

Deroche, E. F., & Willams, M. M. (1998). *Educating hearts and minds a comprehensive character education framework.* California Thousand Oaks: Crown Press, INC.

Elkind, D. (1998). Character education: An ineffective luxury. *Child-care-Information Exchange, 124,* 6-9.

Gibbs, L., & Earley, E. (1994). *Using children's literature to develop core value.* Phi Delta Kappa Fastback (Whole No.362). http://www.cortIand. edu/c4n5rs /12pnt_ iv.asp

Goodman, J. F. (2000). Moral education in early childhood: The limits of constructivism. *Early Education and Development,* (I), 37-54.

Houff, S. G. (1998). *A case study of the perception of character education in a large urban community.* Unpublished doctoral dissertation, Old Dominion University.

Jacobi, L. L. (1997). *Character education: Developing and implementing an elementary education program.* Unpublished doctoral dissertation, Saint Louis University.

Leming, J. S. (1996). Teaching values in social studies education: Past practices and current trends. In G. M. Byron & F. A. Rodney (Eds.), *Crucial issues in teaching social studies* (pp. 145-180). Belmont, CA: Wadsworth Publishing Company.

Lickona, T. (1991). *Education for character: How our schools can teach respect and responsibility.* NY: Bantam Books.

Lickona, T. (1993). *Talks about character education.* Retrieved February, 10, 2004, form http://teacher. scholastic.com/professional/todayschild/ectt_interview.htm

Lickona, T. (2003). The center of our character: Ten essential virtues. *The Fourth and Fifth R's-Respect and Responsibility, 10*(1), 1-3.

McGraw, H. (1990). *The integrated early childhood curriculum.* USA: University of Florida.

McClellan, B. E. (1992). *Schools and the shaping of character: Moral education in America.*

(ERIC Document Reproduction Service No. ED 352310)

Otten, E. H. (2000). *Character education.* (ERIC Document Reproduction Service No. ED 444932)

Ryan, K. A. (1986). The new moral education. *Phi Delta Kappa, 68,* 228-233.

Vessels, G. G., & Boyd, S. M. (1996). Public and constitutional support for character education. *National Association of Secondary School Principals, 80*(579), 55.

Wynne, E. A. (1997). For-character education. In A. Molner, *The construction of children' character: Ninety-sixth yearbook of the National Society for the Study of Education* (pp. 63-76). Chicago: University of Chicago Press.

第 二 篇

教學實務篇

CHAPTER **3**

責任品格

【我會完成該做的事，成為一個負責任的人】

壹、品格能力篇

一、什麼是責任？

（一）人與環境交互作用，產生責任

讓自己對某事或某人負責，使自己成為值得信任的和可靠的，也成為其他人可以信賴的。

（二）由孩子內心而產生的自我督促

「責任感」在互動關係中自然成長，也就是由尊重之中培養自信，自信之中培養責任感。

責任不僅是一種性格特徵而已，更是一種我們解決問題的態度。

二、問題與反思

1. 當有兩種責任相互衝突時，你會做什麼樣的選擇呢？
2. 如果責任與義務發生衝突時，你會怎麼做？
3. 當有事要做時，你常常會覺得自己來完成，會比讓別人負責來得容易嗎？

三、與孩子討論

1. 什麼事是小朋友自己就可以完成的事？
2. 小朋友有無參與做家事的經驗？
3. 在學校可參與整潔工作的項目有哪些？
4. 用一些實例與小朋友分享「責任」歸屬的問題，例如：每天整理書包是誰應該做的事？爲什麼？

四、老師如何培養幼兒的責任心

1. 讓幼兒知道他自己可以處理的事情。
2. 協助幼兒遵守規則，參與制定規則，思考其意，每次要求一項或二項，待行爲養成後再逐項增加。
3. 訓練幼兒克服困難並自我修正，即使失敗，也讓幼兒用他的方法解決問題。
4. 給予幼兒自行承擔自己行爲的機會。
5. 培養幼兒有始有終的做事態度。
6. 讓幼兒一次只玩一種玩具，並且訓練用完要收好的習慣。
7. 讓幼兒區分自由與約束的界線，若工作沒做完，就沒有自由做想做的事。
8. 從談話中，引導幼兒從不同角度來認識問題、認識眞實。
9. 讓幼兒在自我控制下表達自我，有機會讓幼兒體驗到魯莽行事的後果。
10. 幫助幼兒實現他的願望，將使他信心倍增，認爲自己是有能力的。

五、給父母、老師的小提醒

1. 示範責任的履行，答應孩子的事要做到。
2. 清潔維護是老師和幼兒共同的責任，需讓孩子學習當小幫手，培養分工及負責態度。
3. 在家中或教室中栽種植物及養寵物，讓孩子分擔照顧的責任。

4. 讓孩子清楚明白他需負責的事情與項目有哪些。

5. 協助孩子度過困難、挫折與情緒上的反應。

6. 善用行為回饋的方法，對於孩子已完成的事表示鼓勵。

不要為孩子設想太多「他可能不會做」，多給予機會獨立完成；讓孩子完成自己能做的事，完成時予以鼓勵做為肯定。

參考文獻

王珮玲（1998）。幼兒發展評量與輔導。台北市：心理。

陳麗蘭（譯）（2001）。與孩子談美德：16個影響人生的重要價值觀。台北市：光佑。

貳、品格教學篇

一、「責任」的相反詞

馬虎（careless）、不信任（unreliability）、隨便（at will）。

二、「責任」的定義

做好自己該做的事，學習對自己的行為負責，答應做的事就要做到，會思考到行為的後果，不做找藉口及怪罪別人的事。

> 預期成效：
>
> 幫助幼兒做好自己該做的事，學習對自己的行為負責，答應別人做的事就要做到，並且會去思考行為的後果。

三、教學目標

1. 認識責任好品格所代表的意思。
2. 知道如何做才是負責任的方法。
3. 鼓勵幼兒對事物的責任心，培養有始有終的責任態度。
4. 照顧小盆栽與參與責任工作，並能夠身體力行。

四、六大領域活動

（一）語文

1. 品格典範：大禹治水。（1-1-1）
2. 品格學習單：責任立約卡。（1-1-2）
3. 品格口訣：（1-1-3）

    (1)我會照顧自己的東西。

    (2)我會收拾玩具（工作）。

　　(3) 我會完成爸爸、媽媽、老師交代的事。

4. 品格兒歌：

　　(1) 遲到了。

　　(2) 我錯了嗎？（1-1-4）

　　(3) 我會自己來。

　　(4) 我長大了。

　　(5) 小狗。

　　(6) 找不到。

　　(7) 真伶俐（台語）。

5. 繪本分享：

書名	出版社／年份	內容摘要
小小大姊姊	上誼／1997	接納新加入的弟妹，是一種責任態度的表現。（1-1-5）
不是我的錯	和英／2000	「旁觀」往往是人們在面對事件時，推諉責任的表現及藉口。
我和我家附近的野狗們	信誼／1997	預先設想自己的行為會產生什麼結果，責任是評估自己的承擔能力。
紅公雞	信誼／1993	責任是「不管你喜不喜歡都必須做的事」。

＊ 延伸閱讀：

　　(1) 安娜想養一隻狗／上誼／2001

　　(2) 佳佳的妹妹不見了／上誼／1985

　　(3) 慌張先生／信誼／1999

　　(4) 小蝵蝛睡哪裡／和英／2000

　　(5) 用愛心說實話／和英／2001

　　(6) 神奇變身水／上誼／1993

　　(7) 我家有個壞好寶寶／格林／2001

6. 討論活動：流浪狗的家在哪裡？（1-1-6）

（二）數學

　　1. 數數活動：神秘袋配對（相關用品配對）。（1-2-1）

　　2. 量與符號活動：銀雞蛋（1-10 量與符號配對）。（1-2-2）

　　3. 基本運算活動：分月餅：1 ＝兩個 1/2 或四個 1/4。（1-2-3）

　　4. 應用活動：單先生與複小姐（單數與複數的應用）。（1-2-4）

（三）自然

　　1. 品格觀察家：國王企鵝在孵蛋。（1-3-1）

　　2. 實驗活動：紙的魔術。（1-3-2）

　　3. 體驗活動：我的小盆栽。（1-3-3）

　　4. 踏青活動：士林官邸的花花世界。（1-3-4）

（四）社會

　　1. 品格劇場：紅公雞偶台戲。（1-4-1）

　　2. 利己活動：好寶寶過五關。（1-4-2）

　　3. 利他活動：找找八大行星的家。（1-4-3）

　　4. 品格體驗：責任立約表揚大會。（1-4-4）

（五）藝術

　　1. 繪畫：神奇魔術畫。（1-5-1）

　　2. 勞作：企鵝寶寶鑰匙圈。（1-5-2）

（六）音樂律動

　　1. 品格主題歌：真是好幫手。（1-6-1）

　　2. 遊戲活動：支援前線。（1-6-2）

五、家庭作業——家庭責任分配表

由幼兒帶回「家庭責任分配表」，在卡上已有幼兒註明要承擔的責任項目
（與學校的「責任立約卡」內容相同），另就家庭其他成員，討論家庭責
任分配項目，並填入卡中，張貼於家中明顯處，天天評估，有完成部分就
打勾。

附錄

品格主題歌

真是好幫手

小小幫手真努力，爸爸媽媽真開心，幫助家人做家事，收拾
碗筷去放好，每天快樂有責任，真是好幫手。

品格兒歌

遲到了

「哇！九點十分了。」「上學要遲到了。」昨天晚上太晚睡覺，今天早上起不
來，下次要記得，早睡才會早早起，生活有規律，身體好，輕鬆上學不遲到。

我錯了嗎？

安安哭了，沒有人理他，是小朋友打他，我有看到，我沒跟老師說，安安不停
地哭，我要去安慰嗎？不理他，是我錯了嗎？

我會自己來

一早上學去，「老師好」、「小朋友早」。自己換好室內鞋，進了教室吃早餐，
擦擦桌子，洗洗手，看書、工作、加律動，自己動手不依賴，作息規律有秩序。

我長大了

爸爸媽媽很愛我，我三歲了，我在○○上學，有一天，媽媽的肚子變大，爸爸告訴我：「媽媽肚子有小寶寶了。」好高興喔，我要當姊姊（哥哥）了。

小狗

「小狗好可愛喔，我可以養嗎？」「可是，你上學後，小狗肚子餓，怎麼辦？」「我會先準備好，再去上學。」「嗯，你的想法不錯喔！」「那小狗要尿尿和嗯嗯呢？」「我會帶牠到公園去尿尿。」「我也會把小狗的嗯嗯包起來，拿到垃圾桶丟。」

找不到

「媽媽，我的書包不見了。」「仔仔，你仔細想一想，昨天你放在哪裡呀？」「我想過了呀，還是找不到！」「要記得放在固定的地方，才不會找不到。」「哦！我知道了。」

責任品格教學活動教案 1-1-1

設計者：楊淑雅　　　　　　　　　　　進行日期：　年　月　日 星期

活動名稱	大禹治水	教學領域	語文（1）——品格典範
		活動時間	四十分鐘
品格主題	責任	適用年齡	三～六歲
具體目標			

活動名稱	大禹治水	教學領域	語文（1）——品格典範

具體目標	1. 能說出大禹治水時的責任表現。 2. 能說出節約用水的重要性。 3. 能欣賞大禹負責任的偉大情操。
活動資源	剪報、大禹圖片
活動過程	引起動機（十分鐘） 1. 老師將蒐集來的剪報（颱風、淹水相關剪報）拿出來給小朋友們看。 2. 老師說明水災對環境的影響，討論水災有哪些嚴重性（房子淹水、房屋倒塌、停電、疾病產生……）。 發展活動（二十分鐘） 1. 老師將大禹治水「三過家門而不入」的故事說給小朋友們聽。 2. 介紹「圍堵」和「疏導」分別代表什麼意思（疏導的意思：讓洪水有更多管道疏通，以分散流水量；圍堵：是將洪水圍在一個地方防止外流。） 3. 介紹現今的社會是如何防止水災（建水庫、沙包……）？ 4. 老師和小朋友們討論「如果你是大禹的話，你會怎麼做呢？」「你覺得大禹最特別的地方是什麼呢？」「為什麼大禹是責任的代表人物？」「大禹對工作很有熱忱，工作很專心也很有責任感，終於把事情做好了！」 5. 老師向小朋友解釋「在古時候沒有電話、電腦，所以不方便聯絡家人，大禹為了完成治水的大工作，所以才會沒辦法回家休息。」 綜合活動（十分鐘） 1.「我們可以向大禹學習什麼精神呢？」「有責任地完成事情！」「很專心做好事情！」「想努力完成責任的事項！」「有很大的熱心！」 2. 老師和小朋友討論水和人類有什麼關係。「水對於人類是非常的重要的。」「水是用來洗澡的，如果沒有水就不能洗澡了！」 3. 老師和小朋友共同討論「如何節約用水？」「洗手時，水龍頭的水要開小一點、洗澡時儘量是用沖澡的……」
活動評量	1. 能說出一至二種大禹治水的責任表現。 2. 能說出至少一種如何節約用水的方法（洗手時水龍頭的水要開小……）。 3. 能說出要學習大禹什麼樣的精神（負責任、把交代的事做好……）？
注意事項	勿標榜「三過家門而不入」是一件很好的事，而將重心放在責任的態度上。
延伸活動	1. 討論颱風天來時，要做哪些事防範淹水及需準備什麼東西度過颱風天。 2. 參觀自來水博物館，了解水怎麼來的。

責任品格教學活動教案 1-1-2

設計者：楊淑雅　　　　　　　　　進行日期：　年　月　日星期

活動名稱	責任立約卡	教學領域	語文（2）——品格學習單
		活動時間	四十分鐘
品格主題	責任	適用年齡	三～六歲
具體目標	1. 能說出「責任立約」的意義。 2. 能說出在學校或家裡，自己可以參與的工作。 3. 能完成「責任立約卡」的框邊設計。		
活動資源	示範中組「責任立約卡」、蠟筆數盒、桌子、小朋友名字印章、印台、筆（貼紙）		
活動過程	引起動機（五分鐘） 1. 老師問小朋友：「在學校小朋友可以幫忙做什麼事呢？」「可以自己吃飯、擦桌子、穿脫衣服、整理工作櫃、摺棉被、擦教具櫃……等等」。 2. 老師問：「小朋友在家有沒有幫忙做過什麼家事呀？」「收碗筷、收玩具、收衣服、整理書包、倒垃圾、幫媽媽提東西……等等」。 發展活動（二十五分鐘） 1. 老師將「責任立約卡」拿出來，並向小朋友解釋其意義。 2. 「立約就是一種約定。」「約定的事就要去完成喔！」「想一想，小朋友可以完成哪些工作呢？」 3. 老師唸出中組「責任立約卡」的內容並解釋選項工作內容： 　我是一個願意承擔責任的好孩子，願意負責完成下面至少兩個工作。 （　）飯後我會收碗筷，並放回廚房。（　）我會收拾玩過的玩（教）具。 （　）我會自己洗澡（學校：洗餐墊）。（　）我會收衣服。 （　）晚上睡覺前，我會整理書包。 4. 老師請小朋友想一想並在兩個（　）內打勾（或貼貼紙），然後老師簽名，小朋友也用自己的印章蓋章，以示自己立約。 5. 老師發蠟筆請小朋友來畫「責任立約卡」的框邊設計。 6. 以此類推，請小朋友完成立約的項目。 綜合活動（十分鐘） 1. 老師請小朋友分享自己立約的項目。 2. 「○○小朋友，願意學習收衣服，和晚上睡覺前整理書包，請大家為○○拍拍手。」 3. 請小朋友將「責任立約卡」帶回家請爸爸媽媽簽名，再帶來學校。		
活動評量	1. 能說出「立約」就是一種約定的意義。 2. 能說出兩種以上可以在學校或家裡做的事。 3. 能完成「立約卡」的框邊設計。		
注意事項	責任立約卡分成大中小三組，立約的項目可依班上幼兒能力做增或刪。		
延伸活動	請家長簽名回來後，將小朋友的「責任立約卡」張貼在教室內讓大家欣賞。		

責任 1-1-2（大組）

責任立約卡

我的名字：

年齡：五～六歲　　　　　　　　　　日期：

我是一個願意承擔責任的好孩子，願意負責完成下面至少三個工作。

（　）飯後我會洗碗筷。

（　）我會掃地、拖地。

（　）我會倒垃圾。

（　）我會自己洗頭（學校：洗抹布）。

（　）我會摺衣服。

（　）晚上睡覺前，我會整理書包。

　　　　我 的 名 字：＿＿＿＿＿＿＿＿＿

　　　　爸爸的名字：＿＿＿＿＿＿＿＿＿

　　　　媽媽的名字：＿＿＿＿＿＿＿＿＿

　　　　老師的名字：＿＿＿＿＿＿＿＿＿

　　　　日期：＿＿＿＿年＿＿＿月＿＿＿日

～給家長的話～

給機會讓孩子對某事或某人負責，就是幫助孩子成為值得信任
和可靠的人，並從自尊之中培養自信，自信之中培養責任感。

責任立約卡

我的名字：

年齡：四～五歲　　　　　　　　　　　　　日期：

我是一個願意承擔責任的好孩子，願意負責完成下面至少兩個工作。

（　　）飯後我會收碗筷，並放回廚房。

（　　）我會收拾玩過的玩（教）具。

（　　）我會自己洗澡（學校：洗餐墊）。

（　　）我會收衣服。

（　　）晚上睡覺前，我會整理書包。

　　　　我 的 名 字：＿＿＿＿＿＿＿＿＿＿

　　　　爸爸的名字：＿＿＿＿＿＿＿＿＿＿

　　　　媽媽的名字：＿＿＿＿＿＿＿＿＿＿

　　　　老師的名字：＿＿＿＿＿＿＿＿＿＿

　　　　日期：＿＿＿＿年＿＿＿月＿＿＿日

～給家長的話～

給機會讓孩子對某事或某人負責，就是幫助孩子成為值得信任和可靠的人，並從自尊之中培養自信，自信之中培養責任感。

責任立約卡

我的名字：

年齡：三～四歲　　　　　　　　　　　　　　日期：

我是一個願意承擔責任的好孩子，願意負責完成下面至少一個工作。

（　）我會自己吃飯，不用大人餵。

（　）我會收拾玩過的玩（教）具。

（　）我會擦桌子。

（　）我會穿衣服。

（　）我會整理書包。

　　　　我 的 名 字：＿＿＿＿＿＿＿＿＿＿＿

　　　　爸爸的名字：＿＿＿＿＿＿＿＿＿＿＿

　　　　媽媽的名字：＿＿＿＿＿＿＿＿＿＿＿

　　　　老師的名字：＿＿＿＿＿＿＿＿＿＿＿

　　　　日期：＿＿＿＿＿年＿＿＿＿月＿＿＿＿日

～ 給家長的話 ～

給機會讓孩子對某事或某人負責，就是幫助孩子成為值得信任
和可靠的人，並從自尊之中培養自信，自信之中培養責任感。

責任品格教學活動教案 1-1-3

設計者：楊淑雅　　　　　　　　　　進行日期：　年　月　日 星期

活動名稱	責任口訣	教學領域	語文（3）——品格口訣
		活動時間	三十分鐘
品格主題	責任	適用年齡	三～六歲
具體目標	1. 能說出責任口訣的內容。 2. 能做出責任口訣的動作。		
活動資源	將責任口訣製作成大字報		
活動過程	引起動機（五分鐘） 老師和小朋友一同玩「請你跟我這樣做」的遊戲，以吸引小朋友的注意。 發展活動（十五分鐘） 1. 老師做一個動作（兩手交叉抱胸），讓小朋友猜猜這個動作代表什麼意思？「我們、照顧、我、安慰……」，老師請小朋友跟著做一次。 2. 老師：「這是一個口訣。」請小朋友跟著唸：「我會照顧自己的東西」「那什麼是我會照顧自己的東西？」讓小朋友想一想，並且舉手發言。 3. 老師引導小朋友說出哪些是自己的東西，必須是自己要照顧的，因為這是小朋友自己的責任。 4. 以此類推，做第二個口訣的動作（兩手在胸前打轉，從左至右），帶著小朋友唸：「我會收拾玩具」或是「我會收拾工作」，請小朋友跟著做一次。 5. 第三個口訣的動作（左右手掌從嘴邊伸出，如做說話狀），帶著小朋友唸：「我會完成爸爸、媽媽、老師交代的事」。 6. 老師將每個口訣及動作重複做幾次，老師也和小朋友玩「接話遊戲」，如老師說：「我會照顧……」小朋友回答：「自己的東西。」 綜合活動（十分鐘） 1. 將小朋友分成兩組，做分組比賽遊戲，由老師唸口訣，看看哪組的小朋友先做出動作，那一組的小朋友可獲得掌聲。 2. 推派一個小朋友出來做動作，請小朋友說出動作所代表的口訣是什麼。		
活動評量	1. 能說出三個責任口訣的內容。 2. 能表現出三個責任口訣的動作。		
注意事項	老師所示範的動作要誇張，讓每一個小朋友都能看得到。		
延伸活動	1. 將三個口訣做成國字注音卡配對教具。 2. 將口訣海報張貼在明顯處，讓小朋友隨時都能看得到。 3. 製作口訣卡與口訣動作照片的配對。 4. 每次團討或集合前等待銜接時間，就可複習口訣。		

責任品格教學活動教案 1-1-4

設計者：楊淑雅　　　　　　　　　　進行日期：　年　月　日星期

活動名稱	我錯了嗎？	教學領域	語文（4）——品格兒歌
		活動時間	三十分鐘
品格主題	責任	適用年齡	三～六歲
具體目標			

具體目標	1. 能唸出「我錯了嗎？」兒歌內容。 2. 能說出「我錯了嗎？」兒歌裡的涵義。 3. 能從「我錯了嗎？」兒歌中，學習責任的好品格。
活動資源	「我錯了嗎？」兒歌海報、繪本《不是我的錯》
活動過程	引起動機（八分鐘） 1. 老師複習責任口訣與動作，集合小朋友安靜坐好。 2. 分享繪本《不是我的錯》。 3. 老師問小朋友：「小男孩被人家欺負了，這到底是誰的錯呢？」 4. 讓小朋友思考一下，老師引導小朋友想一想，真的跟自己沒有關係嗎？ 發展活動（十七分鐘） 1. 老師分享一首兒歌給小朋友聽，請小朋友靜靜聽…… <div align="center">我錯了嗎？</div><div align="center">安安哭了，沒有人理他，是小朋友打他，我有看到，我沒跟老師說， 安安不停地哭，我要去安慰嗎？不理他，是我錯了嗎？</div>2. 老師創造一種情境，來解釋兒歌所代表的意思，「安安是新來的同學，還會想媽媽，小雄經過他旁邊不小心推到安安，結果安安哭了……」。 3.「如果你看到有人哭了，你會怎麼辦呢？」（拿衛生紙給他擦眼淚、帶他去找老師、拍拍他，和他說說話……） 4. 老師引導小朋友責任概念「其實我們每一個人都有責任要去安慰別人，不能冷冷地看別人哭或難過，小朋友可以想一想，你可以怎麼去幫助他……」。 5. 老師請小朋友唸兒歌，老師唸一句，小朋友跟著唸一句。 6. 從一句跟唸到二句跟唸，到整句跟唸，最後玩「接話的遊戲」，確認小朋友能接下句話「安安哭了……」「……沒有人理他」。 7. 老師邀請小朋友為這首兒歌加上動作。 綜合活動（五分鐘） 1. 老師請自願小朋友出來表演。 2. 老師問小朋友「這首兒歌中有提到哪些責任呢？」
活動評量	1. 能完整的將「我錯了嗎？」兒歌唸出。 2. 能解釋兒歌裡的「錯了嗎？」涵義（想一想真的和自己沒關係嗎？）。 3. 能說出一個兒歌中的責任有哪些（安慰、跟老師說、理他……）。
注意事項	老師需注意自己的語氣，是否有抑揚頓挫般引人入勝。
延伸活動	鼓勵小朋友自創出不同的兒歌動作。

責任品格教學活動教案 1-1-5

設計者：楊淑雅　　　　　　　　　　進行日期：　年　月　日 星期

活動名稱	小小大姊姊	教學領域	語文（5）──繪本分享
		活動時間	三十分鐘
品格主題	責任	適用年齡	四～六歲
具體目標			

具體目標	1. 能說出故事中的姊姊為什麼不開心。 2. 能說出和兄弟姊妹吵架時要如何處理。 3. 能說出解決「手足」問題的方法有哪些。
活動資源	繪本《小小大姊姊》
活動過程	引起動機（五分鐘） 1. 請小朋友坐好聽故事的位置。 2. 老師問小朋友：「家裡除了自己，還有沒有哥哥姊姊或弟弟妹妹呢？」 3. 「你喜歡當哥哥？還是姊姊？或是弟弟妹妹？」讓小朋友自由發言表達意見。 4. 老師引導小朋友了解什麼是排行，「小珍家有哥哥也有妹妹，那麼哥哥就是老大、妹妹是老三，那麼小珍就是老二……」。 發展活動（十五分鐘） 1. 老師說：「有一個姊姊很不想當姊姊，這到底是為什麼呢？讓我們一起來看這一本書」，唸書名給小朋友聽，請小朋友也跟著唸一次。 2. 老師介紹這本書的作者、出版社，還有這本書很特別的地方，就是用蠟筆畫的圖。 3. 老師唸故事給小朋友聽，老師讀著一頁繪本，讓小朋友用聽的，之後才將圖轉向小朋友，讓小朋友來看（可以訓練聽力）。 4. 老師也可以用走動方式來唸，讓小朋友先聽再看。 綜合活動（十分鐘） 1. 老師問問題：「為什麼姊姊很不想當姊姊呢？」「姊姊為什麼會討厭弟弟呢？」「是誰發現姊姊好難過的呀！」「爸爸媽媽做了什麼事？」「後來姊姊的心情變好了嗎？為什麼？」 2. 老師問小朋友：「如果你和哥哥姊姊或弟弟妹妹吵架時，你會怎麼辦呢？」（說對不起、說出自己心裡的想法、好好跟他說、原諒他……）
活動評量	1. 能說出故事中的姊姊不想當姊姊的原因。 2. 能說出和兄弟姊妹吵架時，會原諒對方或是請求原諒。 3. 能說出「手足」發生衝突時，解決問題的不同方法（說心裡想法、好好說……）。
注意事項	進行繪本的討論活動時，先訓練小朋友舉手發言。
延伸活動	1. 請小朋友畫出自己的兄弟姊妹。 2. 請小朋友帶自己兄弟姊妹的照片來分享。 3. 做一張愛的小卡給自己的兄弟姊妹。

責任品格教學活動教案 1-1-6

設計者：楊淑雅　　　　　　　　　　進行日期：　年　月　日 星期

活動名稱	流浪狗的家在哪裡？	教學領域	語文（6）──討論活動
		活動時間	三十分鐘
品格主題	責任	適用年齡	三～六歲
具體目標	1. 能說出狗主人應該做的事。 2. 能說出流浪狗是如何來的。 3. 能說出什麼是負責任與不負責任的行為。		
活動資源	繪本《我和我家附近的野狗們》、流浪狗照片或圖片		
活動過程	引起動機（五分鐘） 1. 請小朋友坐好聽故事的位置。 2. 老師問小朋友：「家裡是否有養寵物？或是有人有養過寵物的經驗？」 3. 老師：「有沒有人會怕狗狗呢？」老師分享遇見流浪狗的經驗。 發展活動（二十分鐘） 1. 分享繪本《我和我家附近的野狗們》。 2. 老師將流浪狗圖片呈現給小朋友看。 3. 「這些狗怎樣了？」「牠們為什麼會變成這樣子呢？」「流浪狗的家在哪裡？」「生病的流浪狗沒人照顧怎麼辦？」「捕犬隊為什麼要捕殺流浪狗？」 4. 老師問小朋友：「爸爸媽媽是怎麼照顧你的？」「愛我、煮飯給我吃……」 5. 老師請小朋友想一想：「如果自己也像流浪狗一樣被人丟掉了，會是怎麼樣的感覺？」「很可怕、很難過、會變成棄嬰……」「棄嬰是baby剛生出來，爸爸媽媽就不要他了，小朋友已經不是 baby，所以不會是棄嬰。」 6. 老師引導小朋友了解什麼是負責任與不負責任，「覺得小狗很可愛就買回來養，但照顧時又覺得很麻煩，所以就把小狗丟掉，這就是不負責任的表現」。 7. 「負責任的行為，就是會事先想清楚，一旦決定要養了，就會努力照顧牠，把牠當做是寶貝來疼。」「如果自己還沒有想清楚，就先不要做決定，就像故事裡的小男孩決定抱抱小布狗就好了。」 綜合活動（五分鐘） 1. 分享狗主人應該做的事（清大便、幫狗洗澡、散步、定期看醫生……）。 2. 老師引導小朋友說出如何減少流浪狗（主人要想清楚再養、不可將狗亂丟、不可以虐待狗……）。		
活動評量	1. 能說出兩個狗主人應該做的事（清大便、幫狗洗澡、散步……）。 2. 能說出流浪狗是遭主人棄養的。 3. 能說出努力照顧狗是負責任的行為；不想養就把小狗丟掉是不負責任的行為。		
注意事項	分享時，能發展出以狗為立場來思考的觀點。		
延伸活動	1. 分享正面照顧流浪狗的真實故事。 2. 面對流浪狗的自身保護（不主動攻擊、快走不跑……）。		

責任品格教學活動教案 1-2-1

設計者：楊淑雅　　　　　　　　　　　進行日期：　年　月　日 星期

活動名稱	神秘袋配對（相關用品配對）	教學領域	數學（1）──數數活動
		活動時間	四十分鐘
品格主題	責任	適用年齡	三～六歲
具體目標	1. 能分辨生活用品之間的相關性。 2. 能完成相關性用品的配對。 3. 能說出物歸原處是一種責任行為。		
活動資源	神秘袋、牙膏（兒童專用）、牙刷（兒童專用）、筷子（小，兩支綁住）、碗（塑膠）、鉛筆、橡皮擦、餅乾（模型）、盤子（塑膠）、口紅、鏡子（小）		
活動過程	引起動機（十分鐘） 1. 老師將小朋友圍坐在集合區，玩猜謎遊戲。 2. 「軟管子裝漿糊」（牙膏）、「頭髮長在木棒上」（牙刷）、「好朋友一起爬山洞」（筷子）、「小的扒飯大的喝湯」（碗）、「黑心樹」（鉛筆）、「禿頭先生」（橡皮擦）、「飛碟來了」（盤子）、「嘴巴變紅」（口紅）……請小朋友猜日常生活用品。 3. 猜對了就拿出實物，並命名「軟管子裝漿糊是牙膏」。 4. 以此類推完成所有的實物並命名。 發展活動（二十五分鐘） 1. 老師說：「我們要來玩一個找朋友的遊戲喔！」（把所有實物放入神秘袋中） 2. 老師故作神秘地從袋中拿出一樣實物，問小朋友這是什麼？如：牙刷。 3. 老師說：「牙刷的好朋友是誰呢？」從神秘袋再取出一樣，如：筷子。 4. 老師問：「牙刷的好朋友是筷子？」「啊！不是。」將筷子放在地墊上。 5. 老師再從神秘袋中找（也可請小朋友幫忙找），找到了牙膏。 6. 老師再問：「牙刷的好朋友是牙膏？」讓小朋友回答，之後將牙刷和牙膏放在一起。 7. 以此類推，完成所有配對：牙膏和牙刷、筷子和碗、鉛筆和橡皮擦、餅乾和盤子、口紅和鏡子，老師並引導說出實物放置的地點。 綜合活動（五分鐘） 1. 老師問小朋友「為什麼餅乾和盤子是好朋友呢？」「它們是同一國的。」「因為吃餅乾會掉屑屑，所以要用盤子接住。」 2. 那「鉛筆和鏡子是好朋友嗎？」「不是，它們不是同一類的，不能放在一起。」		
活動評量	1. 能說出用品之間的相關性，至少說出兩種，如：刷牙時要用到牙膏。 2. 能分辨有些用品是沒有相關性的，不能放在一起，如：鉛筆和鏡子。 3. 能說出每一樣東西都有放它的地方，使用完畢要放回去。		
注意事項	1. 實物猜謎，可依年齡不同做深入或簡單的描述，但愈具體愈好，掌握時間勿進行太久。 2. 實物選擇，以精美小巧、吸引小朋友為主，勿拿過大不易操作的實物。		
延伸活動	各項用品分類：文具用品、廚房、餐廳、浴室、房間的細分類。		

責任品格教學活動教案 1-2-2

設計者：楊淑雅　　　　　　　　　　　進行日期：　年　月　日星期

活動名稱	銀雞蛋（1-10 量與符號配對）	教學領域	數學（2）——量與符號活動
		活動時間	三十分鐘
品格主題	責任	適用年齡	四～六歲
具體目標			

具體目標	1. 能依照數字大小排序，從 1 排到 10。 2. 能將量及符號數字卡結合運用。 3. 能說出紅公雞的責任行為。
活動資源	托盤、母雞模型盒子，內放五十五顆銀雞蛋（木蛋外包錫箔紙）、1-10 的數字卡、絨布一條
活動過程	引起動機（五分鐘） 1. 老師複習「紅公雞」的故事大綱，請小朋友回答問題。 2. 老師說：「蛋雖然不是紅公雞的，但是紅公雞好有責任感喔！牠幫忙孵蛋喔！」 3. 「紅公雞後來又孵了好多蛋，有時候孵一個蛋、有時候孵八個蛋，我們來看看紅公雞是怎樣來孵這麼多的蛋。」 發展活動（二十分鐘） 1. 取拿托盤，請小朋友協助鋪地墊，並且鋪上絨布。 2. 老師請小朋友將 1-10 數字卡，按順序排列絨布上（從數字少的到數字大的）。 3. 將銀雞蛋與數字卡配對（老師邊說、邊請小朋友仿說）。 4. 如：指著數字卡 5 說「這是 5」，老師便將五個銀雞蛋，一個一個地放在數字5的下方（嘴巴數著說：一個、兩個、三個、四個、五個，五個銀雞蛋）。 5. 以此類推，完成所有符號數字與銀雞蛋量的配對。 6. 請願意操作的小朋友來試一試。 綜合活動（五分鐘） 1. 老師引導小朋友數一數，紅公雞總共孵了多少個蛋？一起數數排在絨布上的銀雞蛋，總共有五十五顆。 2. 老師問小朋友：「我們可以怎樣學紅公雞的責任感？」讓小朋友想一想，「幫助別人、會收好教具、不放棄、努力孵完……」。 3. 請小朋友協助收拾，並告知此教具要放在哪個教具櫃上，歡迎小朋友去操作。
活動評量	1. 能將銀雞蛋和數字卡 1-10 配對完成。 2. 能完成收拾銀雞蛋，並知道總共有五十五顆蛋。 3. 能說出學習紅公雞的責任精神至少兩樣（收好教具、不放棄、努力孵完……）。
注意事項	1. 拿取銀雞蛋時要小心翼翼，讓小朋友看到珍惜的責任態度。 2. 銀雞蛋放在絨布上除了增添高貴外，將使銀雞蛋不易滾動。
延伸活動	1. 將銀雞蛋做成紙上作業學習單，讓小朋友自己畫銀雞蛋圖案與數字配對。 2. 帶入奇數與偶數的概念（偶數：有朋友、奇數：沒有朋友）。

透過量與符號配對的活動過程，強調紅公雞負責任的態度。老師問幼兒：「我們可以怎麼學紅公雞的責任感？」讓幼兒想一想「幫助別人、會收好教具、不放棄……。」

責任品格教學活動教案 1-2-3

設計者：楊淑雅　　　　　　　　　　進行日期：　年　月　日星期

活動名稱	分月餅	教學領域	數學（3）──基本運算活動
		活動時間	四十分鐘
品格主題	責任	適用年齡	三～六歲
具體目標			

具體目標	1. 能說出「加」就是合起來的意思。 2. 能說出 1 和 1/2、1/4 之間的關係。 3. 能說出吃月餅的健康概念。
活動資源	兩個圓形保麗龍月餅造型（直徑十五公分，其中一個已預先切開 1/4 四個，接縫處使用魔鬼貼）、大托盤、數字卡 1 和 1/2 各兩個、1/4 四個、＋、＝（5×5cm）共九張卡、塑膠刀、大方巾兩條（紅、黃）
活動過程	引起動機（十分鐘） 1. 老師唱一首歌給小朋友聽：「月兒圓、月兒圓，好像寶寶臉；月兒亮、月兒亮，好像電燈亮；月兒高、月兒高，誰也拿不到；月兒大、月兒大，比月餅更大。」 2. 加上一些動作幫助小朋友記憶歌詞。 3. 老師引導小朋友分享吃月餅的經驗，「最喜歡吃什麼月餅？」並且將健康概念帶進來「要吃多少就拿多少，不要一次就吃太多，吃多肚子會不舒服⋯⋯」 發展活動（二十五分鐘） 1. 老師說：「我們今天就是要來切月餅喔！」取出大托盤讓小朋友觀察，內放兩個大月餅（用大方巾包著，紅巾包完整的，黃巾包已預先切開的）。 2. 老師從托盤內取出紅巾包著的月餅，打開方巾，（做出聞到好香的表情）。 3. 「這是一個大月餅，圓圓的，我們叫它是 1。」拿出數字卡 1 放在月餅上面。 4. 老師取出黃巾包著的月餅，打開方巾，取出塑膠刀，「我們要把月餅切一半」，拿塑膠刀由上而下切開（切在已預先切開的黏痕上），切開後說：「月餅分成兩塊了，兩塊是不是都一樣大呢？」「分成兩塊的，一塊就叫做 1/2。」 5. 讓小朋友觀察，問小朋友這叫什麼？「就叫做 1/2。」「那兩個 1/2 加在一起就變成什麼呢？」「加就是合起來的意思。」「兩個 1/2 合在一起就叫做 1。」 6. 將兩塊 1/2 黏起來，再重切一次（由上而下、由左而右），老師說：「切一半的一半。」「那又變成了什麼？」「分成了四塊，每一塊，我們叫它 1/4。」 綜合活動（五分鐘） 1. 拿出數字卡 1、1/2、1/4，請小朋友用加號來試試看，用月餅模型做組合。 2. 唸成「1/2 和 1/2 合起來變成了 1」、「1/4 和 1/4 和 1/4 和 1/4 合起來變成 1」。
活動評量	1. 能做出「加」就是合併的動作，並說出「加就是合起來」。 2. 能說出 1 是兩個 1/2 或是四個 1/4 變成的，能完成組合及分解。 3. 能說出吃月餅要吃多少拿多少，才不會浪費，這也是一種責任表現。
注意事項	操作步驟勿快，讓小朋友有機會看清楚切法與說明。
延伸活動	增加 1 和 1/2、1/4、1/8 之間的關係配對。

責任品格教學活動教案 1-2-4

設計者：楊淑雅　　　　　　　　　進行日期：　年　月　日星期

活動名稱	單先生與複小姐（單數與複數的應用）	教學領域	數學（4）──應用活動
		活動時間	四十分鐘
品格主題	責任	適用年齡	四～六歲
具體目標	1. 能說出單數與複數哪裡不同。 2. 能說出在日常生活中，如何應用單數與複數名稱。 3. 能完成單數與複數的分類。		
活動資源	籃子（童襪一雙、糖果一包、蠟筆一盒、彈珠一堆、假花一束、牛模型一個、馬模型一個、珠子一顆、杯子一個、筆一枝）、國字注音卡（單數、複數）、布（粉藍色、粉紅色）		
活動過程	引起動機（五分鐘） 1. 聽老師自編的「單先生與複小姐」的故事，「單先生很喜歡一個人靜靜的，而複小姐剛好相反，她很喜歡熱鬧，雖然如此，他們還是好朋友，彼此欣賞」。 2. 「現在就來找單先生與複小姐的朋友。看小朋友認不認得，誰是誰的朋友！」 發展活動（二十五分鐘） 1. 老師在地墊上的左右邊各鋪上粉藍色、粉紅色的布，粉藍色布代表單先生、粉紅色布代表複小姐。 2. 老師考小朋友：「單先生喜歡？」「喜歡一個人。」「我們又叫他單數。」說完將單數卡片放在粉藍色布上方，以此類推，將複數卡放在粉紅色布上方。 3. 「那我們就來找籃子裡面是誰的朋友！」如：取出童襪一雙，老師問小朋友：「這雙襪子是誰的朋友？」「是複小姐的。」「為什麼？」「因為是一雙襪子、因為是兩隻襪子……」「是複小姐的朋友！」將童襪一雙放在粉紅色布上。 4. 從籃子內取出如：筆一枝，老師問：「這枝筆是誰的朋友？」「是單先生的朋友。」「為什麼？」「因為只有一枝筆呀！」將一枝筆放在粉藍色布上。 5. 以此類推，完成單先生與複小姐的分類（單先生：牛一頭、馬一匹、珠子一顆、杯子一個、筆一枝；複小姐：襪子一雙、糖果一包、蠟筆一盒、彈珠一堆、假花一束），分別放在粉藍色與粉紅色的布上。 綜合活動（十分鐘） 1. 老師引導唸出單先生和複小姐的朋友有哪些？老師說一遍小朋友跟著說一次，「一匹馬」「一枝筆」「一雙襪子」「一包糖果」……確認指令是否聽清楚。 2. 再將實物放回籃內，請小朋友輪流操作一次，以確認單數與複數概念無誤。		
活動評量	1. 能說出單數是沒有朋友；複數是有朋友。 2. 能說出單數與複數物品的單位名稱至少三樣（一匹馬、一枝筆、一雙襪子）。 3. 能分辨單數就是只有一個，複數是很多個，並完成分類。		
注意事項	簡短說明指令，勿過於冗長解釋，孩子反而會聽不懂。		
延伸活動	實物加上國字注音卡的配對（一雙、一包、一盒、一堆、一束、一頭、一匹、一顆、一個、一枝）。		

責任品格教學活動教案 1-3-1

設計者：楊淑雅　　　　　　　　　　進行日期：　年　月　日星期

活動名稱	國王企鵝在孵蛋	教學領域	自然（1）──品格觀察家
		活動時間	四十分鐘
品格主題	責任	適用年齡	三～六歲
具體目標	1. 能說出國王企鵝是如何孵蛋？ 2. 能說出國王企鵝爸爸媽媽如何照顧企鵝蛋。 3. 能完成「細說企鵝」的十個問題回應。		
活動資源	企鵝圖片、電腦（木柵動物園的企鵝館 http://www.zoo.gov.tw/index_penguin.htm）、國王企鵝即時影像（播映時間 9:00-17:00，餵食時間 10:30-10:50 ／ 15:30-15:50）、地球儀		
活動過程	引起動機（五分鐘） 1. 老師拿出企鵝圖片，問小朋友「誰知道這是什麼動物呢？」 2. 請小朋友發表看過企鵝的經驗（國王企鵝、黑腳企鵝、企鵝家族影片……），或者是企鵝的相關產品（企鵝鏡子、企鵝錢包、企鵝背包、企鵝別針……）。 發展活動（二十五分鐘） 1. 老師講述企鵝的相關故事，「全世界的企鵝都分布在南半球，木柵動物園展示的是國王企鵝（King Penguin）和黑腳企鵝（Jackass Penguin）。」 2. 老師拿出地球儀指到美洲南邊（南美）及非洲南邊（南非南方）向小朋友介紹：「國王企鵝是生長在南美、紐西蘭及南非南方海域等地，喜歡吃魚、磷蝦及烏賊。想要生寶寶時會大家聚集在一起，結婚後每次只生一個蛋，通常是企鵝爸媽共同輪流孵蛋，大概八個星期後，小企鵝就會把殼戳破，企鵝爸媽照顧小企鵝三十至四十天就可以加入大家的生活，十個月到一歲多左右會換好羽毛，就可以下海獨立生活了。」 3. 「國王企鵝爸爸媽媽是怎麼孵蛋的？」「輪流孵蛋、累了就換對方……」。 4. 「國王企鵝爸爸媽媽是很認真的孵蛋，當國王企鵝爸爸在孵蛋時，國王企鵝媽媽就負責找食物、補充營養，國王企鵝爸爸累了又換國王企鵝媽媽孵蛋，一直到小企鵝把蛋殼戳破為止。」 5. 老師引導小朋友說出國王企鵝爸爸媽媽真是負責任的動物。 6. 老師上網連結木柵動物園企鵝館的「國王企鵝即時影像」，可以看到國王企鵝的動態，以及觀看「細說企鵝」的十個問題回答。 綜合活動（十分鐘） 參與回答「細說企鵝」的十個問題，猜猜看誰答對了，又對了幾題。		
活動評量	1. 能說出國王企鵝爸爸媽媽是輪流孵蛋，累了就換對方。 2. 能說出國王企鵝爸爸（媽媽）孵蛋時，媽媽（爸爸）就負責找食物、補充營養。 3. 能回答「細說企鵝」的十個問題回應。		
注意事項	先將「木柵動物園的企鵝館」網站放在我的最愛，便可容易找得到資料。		
延伸活動	請小朋友體驗「企鵝孵蛋」，用腳夾住一顆球不能掉下來的感覺。		

責任品格教學活動教案 1-3-2

設計者：楊淑雅　　　　　　　　　　進行日期：　年　月　日星期

活動名稱	紙的魔術	教學領域	自然（2）——實驗活動
		活動時間	四十分鐘
品格主題	責任	適用年齡	三～六歲
具體目標	1. 能說出各種紙材的名稱及功用。 2. 能說出紙有不同的強度，可以承受不同的重量。 3. 能說出「責任」也是一種重量。		
活動資源	依分幾組的量做倍增：A4 白紙一張、另外預備四種紙材（圖畫紙、名片紙、衛生紙、棉紙）、五本小書、兩塊長方形積木、原字筆一枝		
活動過程	引起動機（五分鐘） 1. 老師拿出各種紙，問小朋友：「紙可以做什麼呢？」「可以拿來裝東西、當紙扇、畫圖、寫字、包禮物、擦鼻涕……」。 2. 老師覆誦小朋友的回答：「紙可以用來裝東西、當紙扇、畫圖、寫字、包禮物……」。 發展活動（二十五分鐘） 1. 老師告訴小朋友：「紙除了可以裝東西之外，還可以拿來變魔術！」 2. 老師拿出兩塊長方形積木放在兩邊（距離約十公分，可自行調整距離）。 3. 老師拿出一張A4白紙放在中間，再拿一枝筆放在上面，紙馬上凹陷下去，重複再做一次，讓小朋友觀察。「紙怎麼了？」「紙垮下來、筆太重了……」。 4. 老師把紙摺一半，把紙放在兩塊長方形積木上面，再放一本書上去。「紙怎麼了？」「紙沒倒下來。」「再試試看，可以放幾本書？」 5. 老師將紙摺成ㄇ字形，可放幾本書？讓小朋友參與放書。 6. 老師將紙摺成扇形，可放幾本書？讓小朋友參與放書。 7. 老師將紙摺成圓筒形，可放幾本書？讓小朋友參與放書並發表感覺。 8. 「如果換其他的紙來試試看呢？」老師換其他紙材，試試看有什麼不同（實驗步驟和上述一樣）。 綜合活動（十分鐘） 1. 讓小朋友分組動手操作試試看，如果改變紙的形狀是不是可以撐久一點？如果使用其他材質的紙，是不是結果也是這樣呢？ 2. 老師問小朋友：「哪一種紙，最能放很多書？」「哪一種紙的形狀可以撐最久？」 3. 老師引導口訣中的「我會照顧自己的東西」，和紙所承受之重量的相關性。		
活動評量	1. 能說出兩種紙的名稱及功用，如：衛生紙可以用來擦嘴巴。 2. 能說出哪一種紙可以承受最大的重量。 3. 會說出做一個有責任的孩子，就好像紙承受重量一樣。		
注意事項	注意到每個小朋友是否都有參與到此實驗活動。		
延伸活動	挑戰紙的極限，看最多能放幾本書或是幾樣物品。		

責任品格教學活動教案 1-3-3

設計者：楊淑雅　　　　　　　　　　進行日期：　年　月　日 星期

活動名稱	我的小盆栽	教學領域	自然（3）——體驗活動
		活動時間	四十分鐘
品格主題	責任	適用年齡	三～六歲
具體目標	1. 能說出盆栽的植物名稱及照顧方法。 2. 能示範及說明植物照顧卡的使用並完成記錄。 3. 能樂於分享自己的盆栽，立志有責任地照顧。		
活動資源	澆水小量杯數個、小朋友從家中帶來的小盆栽（易照顧者為佳）、盆栽底盤、抹布（吸水海棉）數個、托盤數個、植物照顧卡（上面已標上日期與星期）每人一張、貼紙、日曆		
活動過程	引起動機（五分鐘） 1. 請小朋友拿自己的小盆栽，圍坐在團體的集合區中。 2. 老師帶領小朋友一邊唱「小松鼠」的歌「小小種子小幼苗，把它種在菜園，小小葉子長出來。六姐兒穿上鞋，手拿樹枝，看見一隻松鼠爬上樹」，一邊畫在白板上，歌詞裡有說到小種子在泥土裡，慢慢成長、長葉的過程。 發展活動（二十五分鐘） 1. 老師請小朋友輪流分享，介紹自己所帶的小盆栽及盆栽植物卡上的名稱與照顧方法（老師可協助小朋友唸出）。 2. 「○○小朋友帶的是『黃金葛』，照顧它的方法就是不要喝太多的水。」 3. 每個小朋友都分享完後，老師提示小盆栽放置的位置（放在教室的教具櫃上，具有美化效果），放好小盆栽後，請小朋友回到集合區。 4. 老師拿出植物照顧卡說：「從今天開始，我們每天都要練習照顧自己的植物，要記得澆水、陪它說說話，還要做記錄。」 5. 老師示範如何替小盆栽澆水（取老師自己準備的盆栽→坐在椅子上，至清潔櫃拿取托盤，內放小量杯、吸水海棉→將托盤放在盆栽旁→小量杯裝水至有刻度的位置→回到座位上澆水至盆栽內→和植物說說話→擦拭桌面→放回托盤→放回盆栽→拿出植物照顧卡→找到今天日期→貼上貼紙→放回卡片）。 6. 老師邀請一位小朋友做示範。 7. 老師叫到名字的小朋友，就去拿自己的盆栽來澆水。 綜合活動（十分鐘） 1. 當天每一位小朋友確實完成照顧流程，並在植物照顧卡上貼上貼紙。 2. 提醒小朋友每天在上課之前的第一件事情，就是照顧自己的盆栽。		
活動評量	1. 能說出自己盆栽的植物名稱及照顧方法。 2. 能完成植物照顧流程，並在植物照顧卡上貼貼紙。 3. 能說出每天上學的第一件事，就是照顧自己的盆栽。		
注意事項	確認小盆栽放置位置是否適當，小盆栽一定要有底盤以利澆水。		
延伸活動	1. 幫我和我的植物照像。 2. 盆栽內插量尺（吸管或筷子）以觀察植物的成長。		

責任 1-3-3

我的植物卡

我的名字：

植物名稱：

照顧方法：

我的植物卡

我的名字：

植物名稱：

照顧方法：

我的植物卡

我的名字：

植物名稱：

照顧方法：

我的植物卡

我的名字：

植物名稱：

照顧方法：

我的植物卡

我的名字：

植物名稱：

照顧方法：

我的植物卡

我的名字：

植物名稱：

照顧方法：

幼兒從親身體驗「照顧小盆栽」的活動中，感受
「責任」品格主題的精神。即要發揮「認真照顧精
神」，每天都要參與照顧自己的盆栽，培養幼兒負
責任的態度與實際行動。

責任品格教學活動教案 1-3-4

設計者：楊淑雅		進行日期： 年 月 日 星期
活動名稱	士林官邸的花花世界	**教學領域**	自然（4）——踏青活動
		活動時間	8:30am-3:30pm
品格主題	責任	**適用年齡**	三～六歲
具體目標		1. 能說出士林官邸的歷史背景及景點的特色。 2. 能聽從老師指令並且會牽好朋友的手。 3. 能發揮責任心，能把自己的東西收拾好。
活動資源		娃娃車、士林官邸網站（http://www.easytravel.com.tw/action/guandi/index.htm）、官邸圖片（http://www.ttvs.cy.edu.tw/kcc/zquandi/s1.htm）、蔣公遺照、相關照片（http://www.epochtimes.com.tw/bt/5/4/5/n878512.htm）
活動過程		引起動機 1. 請小朋友圍坐在團討區域中，討論戶外教學的活動地點。 2. 老師拿出「蔣公遺照」問小朋友：「大家認識這位爺爺是誰嗎？」讓小朋友猜一猜。 3. 老師介紹：「這是擔任我們中華民國二十年的總統先生，叫做蔣中正（介石）先生，大家又叫他蔣公，他已經去逝了，今天我們要去的地方，就是蔣公爺爺和蔣奶奶以前住的地方。」 發展活動 1. 老師分享「蔣公爺爺和蔣奶奶的家在士林，他們的家就叫做士林官邸」、「他們去逝以後就開放給大家參觀，蔣公爺爺和蔣奶奶的家是一座美麗的花園」。 2. 老師介紹網站上圖片內容，「蔣公爺爺的家玫瑰園（是蔣奶奶的最愛）、西式庭園、中式庭園、園藝館、凱歌堂（做禮拜和小孩結婚的地方）、新蘭亭（慶祝生日的地方）、露天音樂座（是舉辦音樂演奏及活動的地方）、正房（蔣公爺爺和蔣奶奶住的房子，目前仍未開放）」。 3. 老師問小朋友：「我們去參觀蔣公爺爺和蔣奶奶的家要注意什麼事呢？」 4. 老師引導小朋友發言及說明注意事項，「要聽從老師的指令、要和好朋友牽好手、會照顧好自己的東西、只用眼睛欣賞花草樹木……」。 5. 進行戶外教學參觀流程：外花園→內花園→正房→涼亭用餐→園藝館看展覽→露天音樂座表演→草地跑跳→美景寫生→回園所。 綜合活動 分享今日所見所聞，並輪流說出自己的活動感受。
活動評量		1. 能說出士林官邸是蔣公爺爺和蔣奶奶的家。 2. 能說出兩種以上士林官邸內的景點。 3. 能整理自己隨身背包及牽好朋友的手，完成老師所交代的事。
注意事項		老師需事先閱讀整理資料，消化後變成小朋友能懂的語彙。
延伸活動		活動後的心情畫記。

責任品格教學活動教案 1-4-1

設計者：楊淑雅　　　　　　　　　　進行日期：　年　月　日星期

活動名稱	紅公雞偶台戲	教學領域	社會（1）──品格劇場
		活動時間	五十分鐘
品格主題	責任	適用年齡	三～六歲
具體目標			

具體目標	1. 能說出紅公雞要孵蛋的原因。 2. 能說出紅公雞如何克服困難而孵出小雞。 3. 能學習紅公雞負責任的行為有哪些。
活動資源	繪本《紅公雞》、球（蛋）、手偶（紅公雞、母雞、大蛇、恐龍、小雞）、小獎品
活動過程	引起動機（十分鐘） 　1. 請小朋友圍坐在表演區前面。 　2. 老師教小朋友「公雞的手勢」，也請小朋友教老師「小雞的手勢」。 　3. 老師拿出紅公雞的手偶和小朋友打招呼，吸引小朋友的目光。 　4. 老師告訴小朋友：「紅公雞散步的時候，發現了什麼事？我們趕緊來看看。」 發展活動（二十分鐘） 　1. 由老師們合力表演「紅公雞偶台戲」。 　2. 劇本內容請參考紅繪本《紅公雞》之劇本改編。 　3. 表演之後，舉行有獎徵答，答對者可以和演員握握手。 綜合活動（二十分鐘） 　1. 老師問：「紅公雞在散步的時候，發現了什麼事？」（發現一顆蛋）。 　2. 「母雞們為什麼不幫忙？」（母雞們自己也忙著孵著自己的蛋）。 　3. 「後來為什麼紅公雞決定要自己孵蛋呢？」（怕蛋被大蛇吃掉）。 　4. 「紅公雞決定要自己孵蛋時，誰幫助了紅公雞呢？」（農場們的朋友）。 　5. 「當紅公雞孵蛋的時候，曾經幻想過什麼呢？」（想著會是一隻恐龍）。 　6. 「孵蛋的時候是一件很愉快的事情嗎？」（很無聊、很辛苦、不能隨便離開）。 　7. 「蛋孵出來了嗎？」（紅公雞孵出來一隻小雞）。 　8. 「如果你是紅公雞你會怎麼做？」「你覺得你可以承擔的是什麼責任呢？」 　9. 「你有幫助過別人的經驗嗎？你會覺得快樂嗎？」 10. 「你想向紅公雞學習什麼樣的行為呢？」 11. 請小朋友起立跳舞動動身體，結束愉快的團體活動時光。
活動評量	1. 能說出紅公雞要孵蛋的原因（怕蛋被大蛇吃掉）。 2. 能說出紅公雞如何克服困難而孵出小雞（不能隨便離開……）。 3. 能說出自己可以負責任的行為有哪些（吃飯、穿鞋、摺棉被……）。
注意事項	偶台戲的位置與高度要適合小朋友。
延伸活動	請小朋友做扮演手偶的遊戲（換小朋友演給大家看）。

紅公雞撿到一顆蛋，沒有任何動物願意收留這顆蛋。

紅公雞充滿責任心，不忍心看到蛋的下場，於是做了個
決定，就是自己來孵蛋。

由帶班老師們合作參與演出「紅公雞偶台戲」，劇本是由繪本《紅公雞》所改
編的，透過戲劇內容，加強幼兒對「責任」的了解，在演完之後，就劇場內容
做有獎徵答，鼓勵幼兒回答問題。

責任品格教學活動教案 1-4-2

設計者：楊淑雅		進行日期：　年　月　日星期	
活動名稱	好寶寶過五關	**教學領域**	社會（2）──利己活動
		活動時間	五十分鐘
品格主題	責任	**適用年齡**	三～六歲
具體目標	1. 能說出早上到學校時，應先完成的事項。 2. 能說出自己物品擺放整齊，就是表現出責任的行為。		
活動資源	鞋櫃、室內外鞋、書包櫃、書包、澆水小量杯數個、小盆栽、盆栽底盤、抹布（吸水海棉）數個、托盤數個、植物照顧卡、貼紙、日曆、衛生紙		
活動過程	引起動機（十分鐘） 1. 老師請小朋友至書包櫃背好書包坐在集合區域中，複習舊兒歌。 2. 老師說：「我們要來玩一個搭火車的遊戲，而且我們要來過五關喔！」 3. 老師引導小朋友至戶外區換穿好室外鞋，坐在地板上等未完成的小朋友。 發展活動（三十分鐘） 1. 「小朋友每天來上學，知道要先完成哪些事項？」讓小朋友自由舉手發言「換鞋、放書包、澆花、上廁所、吃早餐……」。 2. 「我們要來玩搭火車過五關，就是有五關是小朋友每天要做的，這可是小朋友的責任喔！是不能由別人幫你做的！」 3. 老師說明過五關：「第一關是換鞋子、第二關是放書包、第三關是澆花、第四關是上廁所、第五關是跟老師說早安」。 4. 老師示範過第一關：換鞋子（至鞋櫃拿出室內鞋→坐在木椅上→換穿室內鞋→把室外鞋放入鞋櫃→輕輕關上鞋櫃門），請一位小朋友示範讓大家看清楚步驟。 5. 第二關：放書包（將書包放至書包櫃，檢查書包的帶子不露出來）。 6. 第三關：澆花（取自己的盆栽→坐在椅子上，拿取托盤，內放小量杯、吸水海棉→將托盤放在盆栽旁→小量杯裝水至有刻度的位置→回到座位上澆水至盆栽內→和植物說說話→擦拭桌面→放回托盤→放回盆栽→拿出植物照顧卡→找到今天日期→貼上貼紙→放回卡片）。 7. 第四關：上廁所（示範如廁：男：尿完尿要抖抖再穿褲；女：使用衛生紙擦屁股是由前往後擦→沖水→正確洗手五步驟）。 8. 第五關：說早安（走到老師前面→老師蹲下→小朋友向老師說早安→老師抱抱）。 綜合活動（十分鐘） 老師引導小朋友說出要過哪五關，並且說說要注意什麼事情。		
活動評量	1. 能說出上學時要完成的五關（換鞋子、放書包、澆花、上廁所、說早安）。 2. 能說出自己動作確實地完成過五關，就是表現出責任行為。		
注意事項	每一關的動作要慢且確實做到，言語動作勿急躁，指令要愈簡單愈好。		
延伸活動	完成出席本的方式可有不同變化，如：蓋印章、畫天氣、畫心情臉譜……等。		

責任品格教學活動教案 1-4-3

設計者：楊淑雅　　　　　　　　　　進行日期：　年　月　日星期

活動名稱	找找八大行星的家	教學領域	社會（3）——利他活動
		活動時間	四十分鐘
品格主題	責任	適用年齡	三～六歲
具體目標			

具體目標	1. 能說出八大行星的名稱及其位置。 2. 能參與進行角色扮演與遵守遊戲規則。
活動資源	太陽系家庭圖片：太陽爸爸、水星老大、金星老二、地球老三、火星老四、土星老五、木星老六、天王星老七、海王星老八、膠帶、剪刀、鈸
活動過程	引起動機（十分鐘） 1. 老師帶領小朋友在寬敞的空間活動。 2. 老師講述自編太陽系家庭的故事：「太陽爸爸有八個兒子，老大是水星、老二是金星、老三是地球、老四是火星、老五是土星、老六是木星、老七是天王星、老八是海王星，平常八個兒子就很喜歡吵架，太陽爸爸好生氣喔！有一天，太陽爸爸要八個兒子罰站，但後來太陽爸爸不小心睡著了，結果……」 發展活動（二十分鐘） 1. 老師唱：「這是太陽家庭、這是太陽家庭，有八個好兄弟，在太陽系家庭裡，水星金星地球、火星土星木星，還有兩個遙遠星球，天王星海王星。」老師邊唱邊拿出八大行星的圖片，給小朋友看。 2. 邀請自願拿太陽爸爸、八大行星的圖片的小朋友，共有九位。 3. 老師唱八大行星，請小朋友邊唱邊做動作（唱到自己拿的行星就要站起來）。 4. 老師說「我們要來玩一個遊戲，就是要玩找找八大行星的家」，請小朋友觀察地上的貼點，數數看總共有九個，中間的是太陽爸爸，其餘八個兒子是圍繞著太陽爸爸的，老大最靠近太陽爸爸，老八離太陽爸爸最遠。 5. 老師請九位小朋友就定位（其餘小朋友退後至椅子上），老師帶領小朋友唱幾次八大行星歌，而八大行星就繞太陽爸爸轉（太陽爸爸則為自轉）。 6. 老師旁白說：「太陽爸爸睡著了，八個兒子開始搗蛋，每一個兒子都離開自己的位置，到處玩、到處跑」（九個小朋友聽指令做動作），「後來有打雷聲（用力敲一下鈸），太陽爸爸醒來了，嚇得八個兒子趕快回家，有沒有哪一個兒子找不回它的家呢？」若有找不到的則回座，換另一個小朋友出來玩。 綜合活動（十分鐘） 重複玩此活動讓小朋友熟悉其規則，以熟悉太陽爸爸、八大行星的位置。
活動評量	1. 能說出（唱出）八大行星的順序。 2. 能主動參與活動並遵守遊戲規則。
注意事項	教室空間安排與在地板上貼點，要事先安排好。
延伸活動	可增加玩的速度、可請小朋友來敲鈸、全班一起活動，有的角色可以兩人來當。

責任品格教學活動教案 1-4-4

設計者：楊淑雅		進行日期：　年　月　日星期	
活動名稱	責任立約表揚大會	**教學領域**	社會（4）——品格體驗
		活動時間	五十分鐘
品格主題	責任	**適用年齡**	三～六歲
具體目標	1. 能說出自己責任立約的項目有哪些。 2. 能聆聽小朋友立約的項目並鼓勵表現。 3. 能說出「我會完成該做的事，成為一個負責任的人」。		
活動資源	責任立約卡（事先護貝）、家庭責任分配表（活動結束，張貼在園所一週）、音樂		
活動過程	引起動機（十分鐘） 　1. 請小朋友圍坐在表演區前面集合。 　2. 複習責任兒歌（大中小組）、口訣＋動作、唱「八大行星歌」。 發展活動（三十分鐘） 　1. 主持人說：「考考小朋友，我們這個月學習了一個好品格，是什麼呀？」 　2. 「誰可以告訴大家，什麼是責任的表現啊？」讓小朋友舉手發言。 　3. 「我們這個月學到的品格典範人物是誰呀？」（大禹） 　4. 「會輪流孵蛋的動物爸爸媽媽是誰呀？」（國王企鵝） 　5. 主持人鼓勵小朋友在這個月裡很認真地學習，尤其學會完成約定的事，值得大家拍手鼓勵。 　6. 「請小朋友對你旁邊的人說：『你真的很棒ㄟ！』然後抱一抱。」 　7. 請所長來頒發「責任立約卡」獎狀，由班上老師唸「家庭責任分配表上，全家人的工作內容」或小朋友自己說明立約的項目，請台下孩子為其鼓掌。 　8. 主持人引導小朋友拿到獎狀，要大聲說謝謝，並一鞠躬下台回到位置上。 　9. 他班老師協助，幫所長媽咪、小朋友拍照留念。 10. 以此類推，完成所有小朋友的領獎。 綜合活動（十分鐘） 　1. 主持人帶領小朋友，為自己和別人做一個「愛的歡呼」。 　2. 主持人請各班老師簡短分享這個月學習責任的小點滴。 　3. 主持人帶領小朋友一起唸：「我完成該做的事，成為一個負責任的人」。 　4. 最後唱品格主題歌「真是好幫手」，結束今天的表揚活動。		
活動評量	1. 能說出自己的責任立約項目。 2. 能安靜聆聽小朋友立約的項目，並拍手鼓勵。 3. 能說出我完成該做的事，成為一個負責任的人。		
注意事項	由老師擔任主持人，當頒獎時，要讓小朋友學習尊重領獎的孩子。		
延伸活動	1. 請大組的小朋友頒獎狀給小組的小朋友。 2. 鼓勵小朋友上台表演這個月學到的兒歌、口訣、主題歌、唱遊……等。		

責任品格教學活動教案 1-5-1

設計者：楊淑雅		進行日期： 年 月 日星期	
活動名稱	神奇魔術畫	**教學領域**	藝術（1）——繪畫
		活動時間	四十分鐘
品格主題	責任	**適用年齡**	三～六歲
具體目標	1. 能說出什麼是「不做怪罪別人」的事。 2. 能說出什麼是神奇魔術畫。 3. 能享受繪畫創作樂趣。		
活動資源	八開深色壁報紙（黑、深藍、深紅、墨綠）數張、四開淺色壁報紙（黃、淺藍、粉紅、粉綠）數張、漂白水（略做稀釋）、大小支棉花棒各一盒、小塑膠盒數個、抹布		
活動過程	引起動機（五分鐘） 1. 老師帶領小朋友唸「老鼠偷吃我的糖」的童謠，「老師老師，我要告個狀。（告什麼狀？）老鼠偷吃我的糖。（老鼠呢？）老鼠被貓吃掉了。（貓呢？）貓躲到樹上去了。（樹呢？）……雲被風吹散了。（風呢？）風停了。（那你還告什麼狀！）」 2. 問小朋友：「這童謠裡面有什麼？」「有老鼠、貓、樹、人、老虎、山洞、水、太陽、雲、風」，老師引導小朋友說出並想像其圖畫情境。 發展活動（二十五分鐘） 1. 老師介紹漂白水，「聞聞看這是什麼味道？有顏色嗎？」「漂白水是做什麼用的呢？」「漂白水可以用來洗衣服、洗地板還可以消毒」。 2. 老師引導小朋友「看起來是透明的漂白水，也可以當顏料來畫圖，會變魔術喔！」 3. 老師說明要用棉花棒沾漂白水來作畫。 4. 老師示範在八開大的深色壁報紙上作畫（操作動作緩慢，讓小朋觀察到紙上的變化）「紙會變色ㄟ、好神奇喔！有怪味道……」「漂白水味道雖然怪怪的，但我們可以學習忍耐」「你看！變出神奇魔術畫」。 5. 老師鼓勵小朋友勇於嘗試，開始發深色壁報紙，拿到紙的小朋友回到座位上（四人一桌，桌上已有先預備好的小塑膠盒、棉花棒）。 6. 老師請小朋友想一想要畫什麼，「棉花棒有大支的也有小支的，小朋友都可以試」。 7. 老師走至小朋友桌前倒漂白水開始作畫（完成者再貼在四開大的淺色壁報紙）。 綜合活動（十分鐘） 1. 老師說：「老鼠真的有偷吃○○的糖嗎？」「如果沒有真的看到別人做的事就怪別人是好的嗎？」「有責任感的小朋友是不找藉口的」讓小朋友自由發表。 2. 「就像神奇魔術畫，透明色也可畫圖，事情一定要看清楚喔！才不會有誤會。」		
活動評量	1. 能說出責任就是不做怪罪別人的事。 2. 能說出是利用棉花棒沾漂白水來作畫。 3. 能忍受刺鼻味而享受創作樂趣。		
注意事項	對漂白水過敏的小朋友可帶上手套，畫圖完要記得洗手。		
延伸活動	從有主題式的情境內容，轉化成自由創作。		

責任品格教學活動教案 1-5-2

設計者：楊淑雅　　　　　　　　　　進行日期：　年　月　日星期

活動名稱	企鵝寶寶鑰匙圈	教學領域	藝術（2）——勞作
		活動時間	四十分鐘
品格主題	責任	適用年齡	三～六歲
具體目標	1. 能說出企鵝的身體特徵。 2. 能說出如何做出企鵝鑰匙圈。 3. 能說出企鵝與「責任」品格的相關性。		
活動資源	紙黏土（白、黑、紅為主色，其他顏色為配色）、鑰匙圈、墊板、企鵝圖片		
活動過程	引起動機（五分鐘） 1. 老師先拿出企鵝的圖片，向小朋友介紹企鵝的身體構造。「企鵝長得圓圓小小的、身體有兩種顏色就是白與黑、走起路來搖搖擺擺……。」 2. 老師複習「企鵝爸爸和媽媽是如何有責任地照顧小企鵝」。 3. 老師拿出事先做好各式各樣的企鵝鑰匙圈讓小朋友輪流摸摸看，發表意見。 發展活動（二十五分鐘） 1. 老師向小朋友介紹鑰匙圈，「鑰匙圈可以做什麼呢？」「可以掛鑰匙、當吊飾」。 2. 老師介紹製作企鵝鑰匙圈要使用的工具。「會發給小朋友每個人一個墊板、紙黏土放在墊板上面、企鵝模型鑰匙圈」。 3. 老師說明操作的方法。「給小朋友墊板，是幫助我們的紙黏土不會黏在桌子上」「我們要在企鵝模型鑰匙圈上，用紙黏土黏上顏色。」 4. 老師示範搓土的技巧。「先拿黑色紙黏土搓圓，我們一起數到十」（老師邀請小朋友參與）「然後壓扁成橢圓形狀，再黏在鑰匙圈上」「企鵝的肚子是什麼顏色呢？」「請小朋友自由的選色」「那我們再來搓個小圓，再壓扁，然後黏在黑色紙黏土的正下方」「然後還缺什麼呢？」「眼睛、鼻子、嘴巴」「還有呢？」「小朋友還可以想一想，創作出和別人不同造型的企鵝」「還可以拿其他顏色的紙黏土做出蝴蝶結、項鍊、領帶……等。」 5. 老師將材料發給小朋友，每位小朋友有一份紙黏土、鑰匙圈、墊板。 綜合活動（十分鐘） 1. 分享做企鵝鑰匙圈的用途。「可以掛在書包上、送給爸爸媽媽、掛在教室……。」 2. 請每位小朋友展示自己的作品，引導小朋友為自己的企鵝鑰匙圈取個名字。 3. 「企鵝爸爸和媽媽的責任行為有哪些？」（不休息地輪流照顧小企鵝）。		
活動評量	1. 能說出並模仿企鵝的身體特徵（走起路來搖搖擺擺……）。 2. 能說出紙黏土要搓圓並壓扁，才能做出鑰匙圈造型。 3. 能說出企鵝爸爸和媽媽輪流照顧小企鵝，是有責任的行為。		
注意事項	在桌子上進行創作，並鼓勵小朋友有自己的獨創性，相似性勿過高。		
延伸活動	1. 增加一些素材的使用如亮片、毛根、珠子或是天然素材如小石子、落葉。 2. 可用紙黏土改做成企鵝項鍊、企鵝別針、企鵝髮夾……等不同裝飾品。		

責任品格教學活動教案 1-6-1

設計者：楊淑雅		進行日期： 年 月 日 星期
活動名稱	真是好幫手	**教學領域** 音樂律動（1）——品格主題歌
		活動時間 三十分鐘
		適用年齡 三～六歲
具體目標	\multicolumn{2}{l}{1. 能說出「真是好幫手」歌詞的內容。 2. 能表演出「真是好幫手」的動作。 3. 能說出小幫手可以做的事有哪些。}
活動資源	\multicolumn{2}{l}{小木魚、大字報}
活動過程	\multicolumn{2}{l}{引起動機（五分鐘） 1. 老師拿著小木魚，一拍一拍敲著說：「ㄟ～數來寶呀數來寶、數來數去真有趣、ㄅㄡ ㄅ一一 ㄅ一一 ㄅㄡ、ㄅㄡ ㄅ一一 ㄅ一一 ㄅㄡ！」以吸引小朋友的目光。 2. 老師引導小朋友一會兒唸快、一會兒唸慢，確認速度能夠跟上。 發展活動（二十分鐘） 1. 老師先唱一次「真是好幫手」的歌詞給小朋友聽：「小小幫手真努力，爸爸媽媽真開心，幫助家人做家事，收拾碗筷去放好，每天快樂有責任，真是好幫手。」 2. 老師問小朋友：「你聽到歌詞裡面有說什麼呢？」「小幫手、做家事、收拾碗筷……」讓小朋友自由地發表意見。 3. 老師解釋歌詞代表的意義，「小幫手就是願意幫助人的人」「你也可以當小幫手嗎？」「如果你是小幫手可以做什麼事呢？」引導小朋友想想自己可做的事。 4. 老師再表演一次，邊唱邊比劃動作。 5. 「小小幫手真可愛」（雙手在胸前打圈）「爸爸媽媽真開心」（雙手在胸前搖呀搖）「幫助家人做家事」（雙手抱胸打開，先打開右再打開左）「收拾碗筷去放好」（右手握拳放在左掌上，身體往前）「每天快樂有責任」（右邊左邊拍手）「真是好幫手」（雙手在胸前打圈後，比出大拇指喊「耶！」） 6. 小朋友熟悉動作後，老師請小朋友一起表演並配上小木魚敲節奏。 綜合活動（五分鐘） 1. 老師邀請小朋友出來表演。 2. 老師鼓勵小朋友舉手「誰想成為有責任感的小幫手？」「那我們就要行動了！」 3. 「小幫手可以做什麼事？」「倒茶給客人喝、收玩具、摺衣服、收碗筷……」。}
活動評量	\multicolumn{2}{l}{1. 能說出小幫手就是願意幫助人的人。 2. 會唱出完整「真是好幫手」的歌並且加上動作。 3. 能說出兩樣以上小幫手可以做的事（倒茶給客人喝、收玩具、摺衣服、收碗筷……）。}
注意事項	\multicolumn{2}{l}{讓每個小朋友都有上台表演的機會。}
延伸活動	\multicolumn{2}{l}{小朋友表演自創的動作。}

責任品格教學活動教案 1-6-2

設計者：楊淑雅		進行日期：　年　月　日星期	
活動名稱	支援前線	教學領域	音樂律動（2）── 遊戲活動
		活動時間	四十分鐘
品格主題	責任	適用年齡	三～六歲
具體目標	1. 能說出「支援前線」的遊戲規則。 2. 能說出要如何完成老師的指令。 3. 能樂於參與合作行動。		
活動資源	CD 音響、輕音樂 CD、旗子、軍帽、白板、白板筆		
活動過程	引起動機（五分鐘） 1. 老師請小朋友圍坐在團體區域中。 2. 老師戴一頂軍帽向小朋友說：「大家好！我是長官。」（比 yes-sir 的敬禮動作） 3. 老師分享阿兵哥在當兵時，會接受很多訓練，但最重要的是要服從長官的指令。 發展活動（二十五分鐘） 1. 老師說明遊戲名稱及規則，將小朋友分成兩組來進行活動（人數相同）。 2. 老師說：「當長官揮著旗子說『支緩前線』時，大家就要仔細聽了」「小朋友要回答『yes-sir』並且立正站好」。 3. 當長官說「要兩雙鞋子」，小朋友就要趕快脫下兩雙鞋子，並快速地拿到長官的前面，哪一組的動作快，哪一組就贏了。 4. 老師將贏的組別在白板上做記號，哪一組的記號最多就是我們今天的勝利王。 5. 老師引導小朋友練習幾次指令的傳達，如：「『支緩前線』『yes-sir』『要三雙襪子』」，確認兩組小朋友是否了解遊戲規則。 6. 開始進行遊戲，「要一個書包」「一隻手錶、五個杯子」「一隻襪子、兩隻鞋子、三個書包」……可同時增加二～三個指令。 綜合活動（十分鐘） 1. 活動進行約莫十次左右，公布獲勝組別。 2. 請輸的組別上台，擁抱恭喜獲勝組。 3. 請獲勝組分享心得「說說看為什麼你們會贏了呢？」「聽清楚指令、再唸一次指令、跑的時候動作快、大家互相幫忙……」 4. 老師和小朋友分享所觀察到的情形「能完成命令是什麼樣的行為？」「是一種有責任的表現」「曾經想不玩了，但是要有責任感呀！所以還是完成了……」		
活動評量	1. 能遵守「支援前線」的遊戲規則。 2. 能完成老師所傳達的指令。 3. 能做出互相鼓勵擁抱的動作。		
注意事項	傳達指令時要慢而清楚，並確認是否真的完成指令。		
延伸活動	換小朋友當長官發號司令。		

責任品格教學活動老師評量表

日期：　　　　　　　　　　　　　　　　　填表者：

編號	活動項目	優5	佳4	可3	普2	劣1
1-1-1 語文	品格典範：大禹治水					
1-1-2 語文	品格學習單：責任立約卡					
1-1-3 語文	品格口訣：責任口訣					
1-1-4 語文	品格兒歌：我錯了嗎？					
1-1-5 語文	繪本分享：小小大姊姊					
1-1-6 語文	討論活動：流浪狗的家在哪裡？					
1-2-1 數學	數數活動：神秘袋配對（相關用品配對）					
1-2-2 數學	量與符號活動：銀雞蛋（1-10量與符號配對）					
1-2-3 數學	基本運算活動：分月餅					
1-2-4 數學	應用活動：單先生與複小姐（單數與複數的應用）					
1-3-1 自然	品格觀察家：國王企鵝在孵蛋					
1-3-2 自然	實驗活動：紙的魔術					
1-3-3 自然	體驗活動：我的小盆栽					
1-3-4 自然	踏青活動：士林官邸的花花世界					
1-4-1 社會	品格劇場：紅公雞偶台戲					
1-4-2 社會	利己活動：好寶寶過五關					
1-4-3 社會	利他活動：找找八大行星的家					
1-4-4 社會	品格體驗：責任立約表揚大會					
1-5-1 藝術	繪畫：神奇魔術畫					
1-5-2 藝術	勞作：企鵝寶寶鑰匙圈					
1-6-1 音樂律動	品格主題歌：真是好幫手					
1-6-2 音樂律動	遊戲活動：支援前線					
	總分：110 分					

一、進行本次品格活動，我的想法：

二、我在帶領本次品格活動時，最有成就感的一件事：

三、我碰到的難處：

教學主管簽名：

責任品格教學活動幼兒學習評量表

班級：　　　　　　　　　幼兒姓名：　　　　　　　　　日期：

說明：班上老師根據在品格教學活動期間，觀察幼兒學習「責任」的表現，愈高分表示
　　　學習狀況愈好，並以√來表示。

六大領域學習內容		1分	2分	3分	4分	5分
語文	1. 能說出要學習大禹負責任的精神					
	2. 能完成責任立約的選項，並明白選項的工作內容					
	3. 能完整地說出責任口訣＋做動作					
	4. 能背誦一首責任兒歌					
	5. 能回答繪本故事後的問題					
	6. 能說出什麼是負責任與不負責任的行為					
數學	7. 分辨用品之間相關性與無相關性，如牙膏＋牙刷					
	8. 能將（1-5、1-10）量及符號結合運用					
	9. 能說出一個月餅和 1/2（1/4）個月餅之間的關係					
	10. 能說出單數與複數物品的單位名稱，至少兩樣					
自然	11. 能說出國王企鵝爸媽孵蛋的辛苦，是很有責任感					
	12. 能說出哪一種紙可以承受最大的重量					
	13. 完成植物照顧流程，並在植物照顧卡上貼貼紙					
	14. 參加戶外活動時，能整理自己隨身背包					
社會	15. 能說出紅公雞要孵蛋的原因					
	16. 能完成好寶寶過五關的步驟					
	17. 能說出八大行星的位置，主動參與活動					
	18. 能聆聽小朋友立約的項目，並拍手鼓勵					
藝術	19. 能完成棉花棒沾漂白水畫圖					
	20. 能說出如何用紙黏土做出鑰匙圈					
音律樂動	21. 能完整唱完「真是好幫手」的歌詞及動作					
	22. 能遵從老師所傳達的指令					

在本次品格活動中，小朋友最感到有興趣的活動為：

老師簽名：　　　　　　　　　園長簽名：

責任品格教學活動家長評量表

班級：　　　　　幼兒姓名：　　　　　　　　　　　　　日期：

請家長根據對幼兒的觀察，評量孩子「責任」的表現，愈高分表示您愈贊同，請以√來表示，填完評量表，請隨親子手冊交回班上，謝謝！

學習態度	1分	2分	3分	4分	5分
1. 攜帶盆栽來學校並有標上植物名稱					
2. 會說明在校如何照顧盆栽並且做記錄					
3. 能完成責任立約的選項，並明白選項的內容					
4. 全家人一起參與「家庭責任分配表」的活動					
5. 會完整地說出品格口訣＋做動作					
6. 會唸品格兒歌給家長聽					
7. 會說出物品之間的相關性，如：牙刷和牙膏					
8. 能說出 1 和 1/2（1/4）之間的關係					
9. 會運用單位名稱，如一個杯子、一雙襪子					
10. 會說出國王企鵝爸媽孵蛋的辛苦					
11. 會說出戶外教學的活動地點					
12. 會分享（複述）學校老師講的故事					
13. 會唱品格主題歌：真是好幫手					

家長的話：

家長簽名：

給家長的一封信

親愛的家長您好：

　　我們給責任下的定義是：教導幼兒做好自己該做的事，學習對自己的行為負責，答應做的事就要做到，並會思考到行為的後果，不做找藉口及怪罪別人的事，而「責任」不僅是一種性格特徵而已，更是我們解決每日情況的態度。

　　為使品格教學活動發揮功效，我們設計了「責任」幼兒品格教學活動，在強調品格、要求品格與表揚品格下，讓孩子能沉浸在這種氛圍裡，在日常生活當中自然地學習並內化。因此，我們更需要家長您的配合，在家園同心下，讓孩子有好的學習開始，請您配合的事項如下：

（一）責任立約卡

　　小朋友將帶回「責任立約卡」，在卡上已有小朋友註明想承擔的責任項目，請家長唸給小朋友聽，並肯定支持孩子願意做個有責任的小孩，最後請爸爸、媽媽簽上您的大名，以示見證。並請於＿＿＿前讓小朋友帶回學校，我們將會為此卡護貝，並張貼在教室內。

（二）家庭責任分配表

　　小朋友將帶回「家庭責任分配表」，在卡上已有小朋友註明承擔的責任項目（與學校的「責任立約卡」內容相同），另就家庭成員討論家庭責任分配項目，並填入卡中，張貼於家中明顯處，活動進行時間為＿＿＿＿＿共十天，請天天評估，有完成部分就打勾。並請於＿＿＿帶回學校，我們將在團體活動中鼓勵孩子。雖然有點辛苦，但這是一種家庭環境的境教，家長能以身作則，小朋友的學習效果會更佳。

（三）照顧小盆栽

　　請讓小朋友帶一盆植物來學校（易養、不開花的植物，盆身勿太大，小朋友可自己握拿為主），需有花盆底座。請家長與小朋友討論盆栽名

稱、照顧方法，並在盆外標明。小朋友將盆栽放至教室內，老師將提醒
小朋友每日照顧帶來的盆栽，此盆栽也將放置班上一整學期，於期末再
讓小朋友帶回。以培養幼兒對「物」的責任心與有始有終的責任態度。

「責任」是一個小種子，
我們期待它能存在孩子心裡，等待它開花結果。

　　　　　　　　　　　　　　　　　　　　　　　○○幼兒園啓

責任──家庭作業

家庭責任分配表

幼兒姓名：　　　　　班級：

◎說明：在卡上已有小朋友註明承擔的責任項目（與學校的「責任立約卡」內容相同），另就家庭成員討論家庭責任分配項目，並填入卡中。

家庭成員	家庭責任分配項目	請填上日期，完成後請打勾								

說明：本卡請於_____交回班上老師，謝謝！

全家見證人簽名：

◎＊◎＊◎＊◎＊◎＊ **全家人的心得分享** ＊◎＊◎＊◎＊◎＊◎

_____

_____

_____

責任——家庭作業（範例）

家庭作業

家庭責任分配表

班級：　　　　　　幼兒姓名：

家庭成員	家庭責任分配項目	完成請打勾									
		9/13	9/14	9/15	9/16	9/17	9/18	9/19	9/20	9/21	9/22
	飯後(吃心後)我會洗碗筷	✓	✓	✓		✓				✓	
	我會摺衣服	✓	✓			✓		✓		✓	✓
	晚上睡覺前(刷牙前)我會整理玩具	✓		✓			✓	✓	✓		✓
	我會自己睡覺							✓	✓	✓	
爸爸	每天做甩手功10分鐘	✓	✓		✓		✓			✓	✓
	收衣服	✓	✓	✓		✓		✓		✓	✓
	曬衣服	✓	✓	✓		✓		✓		✓	✓
媽媽	念睡前故事書	✓	✓	✓		✓		✓		✓	✓
	幫忙Austin的鄰居搬搬食物	✓	✓	✓		✓		✓		✓	✓
	整理家務	✓	✓	✓	✓	✓	✓	✓		✓	✓

說明：

1. 在卡上已有小朋友註明承擔的責任項目（與學校的「責任立約卡」內容相同）。
2. 請家長與家庭成員討論家庭責任分配項目，並填入卡中，張貼於家中明顯處。
3. 活動進行時間為 <u>9/13-22 共十天</u>，請天天評估，有完成部份就打勾。
4. 本卡請於 94 年 9 月 23 日星期五交回班上老師，謝謝！

◎*◎*◎*◎*◎* 全家人的心得分享 *◎*◎*◎*◎*◎

全家見證人簽名：

補充網路資料

1. 企鵝相關資訊

　　(1) 木柵動物園的企鵝館（http://www.zoo.gov.tw/index_penguin.htm）

　　(2) http://www.gln.com.tw/ks_inf/infc/Infc33/myweb/penguin.htm

　　(3) http://www.gtes.tp.edu.tw/penguin/species-main07.asp

　　(4) http://www.zoo.gov.tw/web3_penguin.htm

2. 士林官邸的花花世界

　　(1) 士林官邸 http://www.easytravel.com.tw/action/guandi/index.htm

　　(2) 官邸圖片 http://www.ttvs.cy.edu.tw/kcc/zquandi/s1.htm

　　(3) 蔣中正及宋美齡照片 http://www.epochtimes.com.tw/bt/5/4/5/n878512.htm

CHAPTER 4

尊重品格

【我會站在別人的立場想，成為一個有禮貌的人】

壹、品格能力篇

一、什麼是尊重？

1. 就是以我們希望別人待我們的方式對待別人。
2. 藉以謙恭而體貼的方式對待別人，顯示你珍視他人。

人類最深的驅策就是「期望成為重要的人」——杜威。

二、缺乏尊重的危機

1. 以輕蔑的態度對待孩子。
2. 謙恭有禮的教養式微。
3. 充滿恐懼與猜疑的代價。
4. 傑出的表率人物愈見稀少。
5. 粗鄙的言語大行其道。

三、問題與反思

1. 當遇見孩子說：「我不會、我不能、不要強迫我」、「我做得對不對？」、「沒有人喜歡我！」時，你會如何做？
2. 請分享一般老師或成人常會降低幼兒自尊的做法？
3. 請分享一般老師或成人如何提昇幼兒自尊的做法？

> 除非孩子受到他人以尊重相待，否則他無法看重自己。

四、老師培養幼兒「尊重態度」的三步驟

1. 藉由言行表率及教導傳達尊重的意義。
2. 增進對權威的尊重並制止粗野的舉止。
3. 強調有禮的態度及謙恭的言行。

五、「尊重」的言行典範

尊重人的人「會說」的話	尊重人的人「會做」的事
「對不起！」 「借過一下。」 「您說的很有意思！」 「謝謝你。」 「請問，這可以借給我嗎？」 「很抱歉讓你生氣了！」 「我知道你的想法跟我不一樣。」 「抱歉！我不小心打斷了你的話。」	等別人說完話才發言。 不會頂撞人、發牢騷或口出惡言。 關懷並愛護環境。 傾聽別人而不會干擾別人說話。 敞開心靈與耳朵，誠心聆聽別人的意見。 愛惜別人的物品。 即使不願意，仍服從父母及師長。 耐心體貼地對待年長者及殘障者。

資料來源：安艾（譯）（2004）。

六、父母培養孩子七項尊重的常規

1. 視孩子為世界上最重要的人。
2. 無條件的愛。
3. 專注且尊重地聆聽孩子。
4. 使用肢體語言，而非僅以口語言辭表達尊重。
5. 建立正向的自我概念。
6. 常常告訴孩子你為什麼愛他們、珍惜他們。
7. 享受相處的時光。

七、成人如何處理幼兒輕蔑的行為？

1. 當下指出粗野無禮的行為。
2. 當孩子不尊重你時就不做反應。
3. 如果孩子持續無禮，就定下一些罰責。
4. 教導孩子正確的行為，以取代不當的行為。
5. 鼓勵尊人重己的行為。

> 取代輕蔑行為的方法：
> 1. 勿用情緒性的言詞。
> 2. 說出問題。
> 3. 用角色扮演來教導新行為。
> 4. 練習新的口氣。

八、給父母、老師的小叮嚀

1. 用尊重的態度對待孩子，好讓他們覺得受到尊重。
2. 調整孩子的社交風度，把禮貌當做最看重的事。
3. 花時間告訴孩子，讓他們明白如何表達尊重。
4. 絕對不要容忍任何形式的頂撞及粗野無禮。
5. 要仔細監管孩子所接觸的媒體。
6. 向孩子生活中其他相關的大人，說明你的標準及期待。
7. 確保孩子有懂得尊人重己、行為有禮的好榜樣。

幫助孩子學習「尊重」的五步驟：

1. 確認孩子的「禮儀需求」。

2. 為孩子示範新的禮儀。

3. 找機會讓孩子演練這技巧。

4. 鼓勵孩子所做的努力。

5. 安排真實社會中的演練機會。

九、自尊的認知

自尊的來源：
父母、老師、同儕

（一）降低幼兒自尊的做法

常比較和競爭、過多保護與協助、在幼兒面前批評他。

（二）提昇幼兒自尊的做法

無條件的關心、真誠的認可與讚美、尊重（協助幼兒獲得能力）。

十、家長在家可以進行的「尊重」親子活動

1. 與孩子在月曆上做記號，標出一個「專屬的相處時段」。

2. 在孩子的枕頭下放一張紙條。

3. 給他一本私人小相簿，裡頭只擺上你和他合照的相片。

4. 買一支特別的蠟燭和燭台。

5. 每年寫一封信給孩子。

6. 一起做一個紀念盒。

7. 告訴孩子你最看重他的五項特長。

8. 刻意在別人面前稱讚孩子。

七十種孩子應該學會的重要禮儀

（一）基本的應對禮節
1. □請。
2. □謝謝。
3. □對不起。
4. □我可以……嗎？
5. □借過。
6. □不客氣。

（二）會面與致候禮節
7. □微笑並注視著對方的眼睛。
8. □握手。
9. □說你好。
10. □自我介紹。
11. □介紹其他的人。

（三）交談禮節
12. □主動與人交談。
13. □傾聽而不插嘴。
14. □看著說話者的雙眼。
15. □以親切口氣說話。
16. □對發言者的談話表示興趣。
17. □知道如何持續說話。
18. □明白如何結束說話。

（四）餐桌禮儀
19. □準時來進餐。
20. □知道如何正確擺餐具。
21. □坐姿端正。
22. □餐廳用餐，會將餐巾放在膝上。
23. □脫掉帽子。
24. □對食物給予正面評價。
25. □等待主人入座才拿取食物或進餐。

26. □取適量的食物。
27. □只吃自己碗盤上食物。
28. □喝湯時不發出聲音。
29. □禮貌地說：「請把……遞給我好嗎？」
30. □不霸占某道菜或越過別人取食。
31. □知道正確使用餐具。
32. □雙肘不可支在桌上。
33. □閉著嘴嚼食。
34. □嘴裡有食物時不發言。
35. □進餐完將筷子平整地放在碗邊。
36. □離席前先請求告退。
37. □主動幫忙主人。
38. □在離席前謝謝主人。

（五）待客禮儀
39. □在門口迎接客人。
40. □請客人吃一些東西。
41. □陪著客人。
42. □問客人想做什麼。
43. □與客人分享自己的東西。
44. □送客人到門口並道別。

（六）訪友禮儀
45. □問候主人的父母。
46. □依照主人的作法。
47. □住主人家保持房間整潔並整理好床鋪。
48. □向主人及其父母表達謝意。

（七）對待長者的禮儀

49. □幫年長的客人穿脫外套。
50. □讓座位給年長的人。
51. □協助年長者上車。
52. □不批評年長者的皮膚。

（八）隨時隨地都適用的禮節
53. □咳嗽時會摀嘴巴。
54. □不說沒禮貌的話。
55. □打嗝時會摀嘴巴。
56. □為年長者開門。

（九）運動禮儀
57. □遵守遊戲規則。
58. □輪流使用器材。
59. □不批評別人的失誤。
60. □不和裁判爭吵。
61. □不發出噓聲。
62. □向對手恭喜。
63. □不找藉口及抱怨。
64. □比賽結束就停止動作。
65. □和同學合作。

（十）電話禮儀
66. □先問候對方並說出自己名字。
67. □以親切口氣說話。
68. □會說：「請問您哪裡找？」
69. □會說：「請您等一下」
70. □記下要轉交的留言。

資料來源：部分內容參考安艾（譯）（2004）。ＭＱ百分百：開發道德智商完全手冊。台北市：光啟。

貳、品格教學篇

一、「尊重」的相反詞

粗魯（rudeness）、無禮（disrespect）。

二、「尊重」的定義

對待別人能將心比心，欣賞和接納彼此的不同，別人講話要仔細聆聽，並且有禮貌，不做欺負及嘲笑別人的事。

> 預期成效：
>
> 鼓勵幼兒對待別人能將心比心，有同理心，並且學習欣賞
> 和接納彼此的不同。

三、教學目標

1. 認識「尊重」品格所代表的意思。
2. 學習分辨不尊重行為對別人的影響，並知道成為禮貌兒童的方法。
3. 培養幼兒成為懂得尊重別人的人。
4. 參與「立『和善禮貌』的約」與票選微笑天使活動，力行禮貌兒童的行為。

四、六大領域活動

（一）語文

1. 品格典範：解放黑奴的林肯總統。（2-1-1）
2. 品格學習單：立「和善禮貌」的約（制定班規與家規）。（2-1-2）
3. 品格口訣：（2-1-3）

(1) 別人說話時我不插嘴。

(2) 我會保持環境的整齊。

(3) 我會尊重自己和別人的身體。

4. 品格兒歌：

(1) 慢慢走輕輕說（台語）。

(2) 禮貌（國語）。

(3) 尊重。（2-1-4）

(4) 不一樣。

(5) 你我他。

(6) 我最愛。

5. 繪本分享：

書　　名	出版社／年份	内容摘要
是蝸牛開始的	三之三／2000	看待他人與自己的不同。
嘟嘟和巴豆	上誼／2001	在自我與他人之間取得平衡，互相尊重。（2-1-5）
敵人派	道聲／2003	學習與不喜歡的人相處，化解心中的成見，化敵為友。
聽那鯨魚在唱歌	格林／1994	對自然的崇敬與對生物的尊重。

✳ 延伸閱讀：

(1) 親朋自遠方來／遠流／1992

(2) 傳家寶被／遠流／2000

(3) 超級哥哥／國語日報／1999

(4) 叔父忘記了／遠流／2001

(5) 我的姊姊不一樣／遠流／2001

(6) 威廉的洋娃娃／遠流／1998

(7) 艾瑪畫畫／三之三／2000

6. 討論活動：身體你我他（尊重自己和別人的身體、危機處理）。（2-1-6）

（二）數學

1. 數數活動：我們都是一家人。（2-2-1）

2. 量與符號活動：微笑快樂多（微笑卡 1-10 量與符號配對）。（2-2-2）

3. 基本運算活動：上街買禮物去（DM ＋銀行遊戲）。（2-2-3）

4. 應用活動：票選微笑天使。（2-2-4）

（三）自然

1. 品格觀察家：相親相愛的台灣獼猴。（2-3-1）

2. 實驗活動：無字天書。（2-3-2）

3. 體驗活動：大家來喝茶。（2-3-3）

4. 踏青活動：芝山岩古道。（2-3-4）

（四）社會

1. 品格劇場：是蝸牛開始的。（2-4-1）

2. 利己活動：寶貝我的家。（2-4-2）

3. 利他活動：咱們串門子去。（2-4-3）

4. 品格體驗：尊重表揚大會。（2-4-4）

（五）藝術

1. 繪畫：水彩蠟筆畫（放煙火了）。（2-5-1）

2. 勞作：微笑魔鏡（紙黏土鏡邊造型設計）。（2-5-2）

（六）音樂律動

1. 品格主題歌：我是特別的人。（2-6-1）

2. 遊戲活動：老師說（指令遊戲）。（2-6-2）

五、家庭作業──與親親寶貝愛的約會

活動內容主要是請家長找一個時間，單獨與寶貝相處，共同做些事，可以聊聊天、聽聽寶貝們想說的話……。之後，請家長將與幼兒相處的感受與發現，記錄在活動卡上，可畫圖也可貼上寶貝的照片，亦可做活動卡的框邊設計，由家長與小朋友自由發揮聯想。

附錄

品格主題歌

我是特別的人

我是特別的人，無人能像我，大家叫我○○○，我喜歡我自己，我是特別的人，你也是特別的，相親相愛，我們都是好朋友！

世界真奇妙

大家常歡笑，眼淚不會掉，時常懷希望，不會心驚跳，讓我們手牽手，這個小世界，小小世界真美妙，世界真是小小小，小得非常妙妙妙，這是一個小世界，小小世界真奇妙。

品格兒歌

禮貌

見面點點頭，招招手；開口說聲「你好」，微微笑說「很高興看到你」。禮貌是尊重的開始。

尊重

點點頭，打招呼，見到你，真歡喜。對不起，請借過，請幫我，謝謝你。
我們一起玩，可以嗎？互相尊重，永遠是好朋友。

尊重

微微笑，點點頭，我們都是好朋友。「請問可以借我看看嗎？」「對不起，是
我不小心。」「我可以坐在你旁邊嗎？」說話要有禮貌，好朋友互相尊重，友
誼長長久久。

不一樣

大家好！我是王有禮，我喜歡小狗，請問「郝遵仲，你喜歡小狗嗎？」
「不好意思，我很怕小狗。」「我喜歡小貓。」

你我他

我們都是好朋友，「我們一起溜滑梯，好嗎？」「可是，我喜歡盪鞦韆。」
「謝謝你！我要開跑車。」「喔！好吧！」那我去溜滑梯了。

我最愛

開開心心上學去，看見同學真高興。玩具分享好有趣。小可帶了故事書，
小叮噹帶來汽車模型，小班班抱來洋娃娃，每個人帶的分享物都不一樣。

尊重品格教學活動教案 2-1-1

設計者：楊淑雅　　　　　　　　　　　進行日期：　年　月　日星期

活動名稱	解放黑奴的林肯總統	教學領域	語文（1）──品格典範
		活動時間	三十分鐘
品格主題	尊重	適用年齡	三～六歲
具體目標	1. 能說出林肯總統為什麼要解放黑奴。 2. 能說出白人與黑奴之間的關係。 3. 能說出要學習林肯總統尊重人的精神。		
活動資源	林肯的圖片		
活動過程	引起動機（五分鐘） 1. 老師拿出林肯圖片，介紹給小朋友「在好久以前，林肯是美國的總統」。 2. 老師說：「你知道林肯為什麼是美國最偉大的總統嗎？」「他做了一件大家都不敢做的事，就是解放黑奴喔！」 3. 「黑奴就是黑人奴隸，美國的白人可以叫黑奴做很多事，甚至還可以把黑人奴隸拿來賣、做很多的苦力。」 發展活動（二十分鐘） 1. 老師描述林肯小時候的背景給小朋友聽，「林肯的爸爸是農夫，林肯小時候就要幫忙家裡割草、砍樹、種田，雖然林肯長得瘦瘦的，卻很有力氣，林肯沒有錢上學，卻很努力向別人借書來看，有一次把人家的書弄濕了，他很誠實地向主人說對不起，並且努力工作賺錢還書，被人稱讚是很誠實的人。」 2. 老師說明林肯為什麼要解放黑奴。「林肯常常在想，我們大家一起生活在一塊土地上，但是南方的白人卻很不尊重黑人，大家不是應該要彼此尊重嗎？後來林肯當上總統，就決定要改變這件事情，還發生了南北戰爭」。 3. 「北方的人不需要黑奴，從小就靠自己的雙手去做，而南方的人從小就享受很有錢的生活，在收割麥子的時候都不想親自去做，而要黑奴代替他們服務」。 4. 「林肯總統解放了黑奴，讓黑奴重新有自由日子，大家都好感謝他。」 綜合活動（五分鐘） 1. 請小朋友想一想自己是不是像林肯一樣對人都很平等、尊重呢？ 2. 「如果有人不尊重你的話，你會有什麼樣的感覺呢？」 3. 「什麼是尊重人？」「我們可以向林肯總統學習什麼樣的好品格呢？」「尊重大家都是一樣的」「對待別人能將心比心」「接納和我不一樣的人」「不要欺負及嘲笑別人」。		
活動評量	1. 能說出林肯解放黑奴的原因（林肯覺得不管是黑人還是白人，都要彼此尊重）。 2. 能說出至少兩樣，白人是如何不尊重黑奴的事情。 3. 能說出要學習林肯總統「尊重」每一個人的精神。		
注意事項	林肯是一個平民化又有愛心的總統，重點可放在如何學習尊重的精神上。		
延伸活動	林肯總統小故事專輯。		

尊重品格教學活動教案 2-1-2

設計者：楊淑雅　　　　　　　　　　　　進行日期：　年　月　日星期

活動名稱	立「和善禮貌」的約（制定班規與家規）	教學領域	語文（2）──品格學習單
		活動時間	四十分鐘
品格主題	尊重	適用年齡	四～五歲
具體目標	1. 能說出哪些是和善禮貌的行為。 2. 能說出班規（家規）是要大家（家人）一同遵守的。 3. 能完成立約卡的框邊設計。		
活動資源	示範中組「立『和善禮貌』的約」學習單、白板、白板筆、蠟筆、印台、抹布、桌子		
活動過程	引起動機（五分鐘） 小朋友圍坐在區域中，複習尊重口訣，並且考考小朋友是否有記住動作。 發展活動（二十五分鐘） 1. 老師問小朋友說：「你覺得什麼是和善禮貌的行為呢？」「不小心撞到人會說對不起、吃東西時不發出很大聲音、不踩到別人的地毯……等等」。 2. 老師請小朋友想一想：「你覺得在班上，我們大家應該要一起遵守哪些和善禮貌的行為呢？」讓小朋友舉手發表意見，老師將意見寫在白板上。 3. 請小朋友投票選出最重要的三個和善禮貌行為。「這三個就是我們班的班規。」 4. 老師再次確認行為，「如：不踩別人地毯，是和善禮貌的行為，也是我們的班規」。 5. 老師將「立『和善禮貌』的約」卡拿出來，並複習立約概念。「立約就是一種約定。」 6. 老師帶領小朋友唸出「立『和善禮貌』的約」內容： 「我是○○班的孩子，我願意遵守○○班「和善禮貌」的約，學習……尊重的行為，當我會站在別人立場想時，就能成為一個有禮貌的好孩子。」 7. 老師開始叫小朋友名字，發蠟筆請小朋友畫「立『和善禮貌』的約」的框邊。 8. 老師將三個班規貼上（填入）卡中上方空格內，然後簽上老師名字，小朋友也用自己的印章蓋章（蓋手印亦可），以示自己立約。 綜合活動（十分鐘） 1. 分享小朋友所畫的框邊造型，並一同唸出班上所要遵守的三個和善禮貌的約。 2. 老師：「小朋友在家也要和爸媽討論，屬於你們家的禮貌的行為喔！」「如：看到人會打招呼、講電話要輕輕說、大人說話不插嘴、向父母說晚安……等等」。 3. 老師：「不管是班上的班規或是家裡的家規，都是要我們互相學習尊重喔！」		
活動評量	1. 能說出至少兩樣和善禮貌的行為。 2. 能說出二～三個和善禮貌的行為，是大家一同要遵守的。 3. 能與大家分享自己立「和善禮貌」的約卡的框邊設計。		
注意事項	1. 小朋友所決定立的三個約，可由老師寫下，再用影印剪貼方式完成。 2. 可引導小朋友畫出三個約的圖畫內容。		
延伸活動	1. 請家長完成討論家規，簽名交回來班上，並分享每個家庭的「立『和善禮貌』的約」。 2. 將小朋友的「立『和善禮貌』的約」護貝後，張貼在教室內讓大家欣賞。		

立「和善禮貌」的約

我的名字：　　　　　　　　　我的年齡：

我是＿＿＿班的孩子，我願意遵守「和善禮貌」的約，學習尊重的行爲，當我會站在別人立場想時，就能成爲一個有禮貌的好孩子。

我是家中的一份子，願意遵守我們家「和善禮貌」的約，學習尊重的行爲，當我會站在別人立場想時，就能成爲一個有禮貌的好孩子。

我 的 名 字：＿＿＿＿＿＿＿＿＿＿

爸媽的名字：＿＿＿＿＿＿＿＿＿＿

老師的名字：＿＿＿＿＿＿＿＿＿＿

日 期：＿＿＿＿年＿＿＿月＿＿＿日

說明：

1. 「立『和善禮貌』的約」即爲班規與家規，請老師及家長與小朋友共同討論，制定出屬於自己教室與家庭中的約定三～四項（可參考：七十種孩子應學會的重要禮儀）。

2. 此表完成後，請讓小朋友交回班上，我們將爲此卡護貝後張貼，並影印讓小朋友帶回家中，練習和善禮貌約中的尊重行爲，並全班（全家）練習共同遵守它。

立「和善禮貌」的約

我的名字：　　　　　　　　　我的年齡：

我是＿＿＿＿＿班的孩子，我願意遵守「和善禮貌」的約，學習尊重的行為，當我會站在別人立場想時，就能成為一個有禮貌的好孩子。

我是家中的一份子，願意遵守我們家「和善禮貌」的約，學習尊重的行為，當我會站在別人立場想時，就能成為一個有禮貌的好孩子。

　　　　　　我 的 名 字：＿＿＿＿＿＿＿＿＿＿

　　　　　　爸媽的名字：＿＿＿＿＿＿＿＿＿＿

　　　　　　老師的名字：＿＿＿＿＿＿＿＿＿＿

　　　　　　日　　　期：＿＿＿＿年＿＿＿月＿＿＿日

說明：

1. 「立『和善禮貌』的約」即為班規與家規，請老師及家長與小朋友共同討論，制定出屬於自己教室與家庭中的約定二～三項（可參考：七十種孩子應學會的重要禮儀）。

2. 此表完成後，請讓小朋友交回班上，我們將為此卡護貝後張貼，並影印讓小朋友帶回家中，練習和善禮貌約中的尊重行為，並全班（全家）練習共同遵守它。

尊重 2-1-2（小組）

立「和善禮貌」的約

我的名字：　　　　　　　　　　我的年齡：

我是＿＿＿＿＿＿班的孩子，我願意遵守「和善禮貌」的約，學習尊重的行為，當我會站在別人立場想時，就能成為一個有禮貌的好孩子。

> （空白框）

我是家中的一份子，願意遵守我們家「和善禮貌」的約，學習尊重的行為，當我會站在別人立場想時，就能成為一個有禮貌的好孩子。

> （空白框）

我 的 名 字：＿＿＿＿＿＿＿＿＿＿

爸媽的名字：＿＿＿＿＿＿＿＿＿＿

老師的名字：＿＿＿＿＿＿＿＿＿＿

日　　　期：＿＿＿＿年＿＿＿月＿＿＿日

說明：

1. 「立『和善禮貌』的約」即為班規與家規，請老師及家長與小朋友共同討論，制定出屬於自己教室與家庭中的約定一～二項（可參考：七十種孩子應學會的重要禮儀）。

2. 此表完成後，請讓小朋友交回班上，我們將為此卡護貝後張貼，並影印讓小朋友帶回家中，練習和善禮貌約中的尊重行為，並全班（全家）練習共同遵守它。

尊重品格教學活動教案 2-1-3

設計者：楊淑雅		進行日期： 年 月 日星期	
活動名稱	尊重口訣	**教學領域**	語文（3）——品格口訣
		活動時間	三十分鐘
品格主題	尊重	**適用年齡**	三～六歲
具體目標	1. 能說出哪些是不尊重人的人「會做」的行為。 2. 能說出尊重的口訣及比劃出動作。 3. 能上台表演尊重口訣給大家看。		
活動資源	大字報		
活動過程	引起動機（五分鐘） 1. 老師和小朋友玩「請你看我眼睛這樣做」的遊戲。 2. 用眼神叫小朋友，並和小朋友打招呼「請讓我抱一下」「請跟我握個手」。 發展活動（二十分鐘） 1. 老師和小朋友討論：「什麼是不尊重的行為？」「不等別人說完話就說、罵人、不愛護環境、干擾別人說話、不愛惜別人的物品、不看著別人說話、不注意聽別人說話、說話很大聲、插嘴」……，請小朋友發表想法與感受。 2. 老師說：「別人說話時我不插嘴」（邊說＋動作：把右手食指靠近嘴巴比噓噓狀），老師解釋口訣的意思：「在別人說話時不插嘴，就是尊重對方，尊重對方就是尊重行為。」「如果很想說話時，要學習忍耐、等待！」。 3. 「我會保持環境的整齊」（邊說＋動作：雙手攤開畫大圈後立正站好），老師解釋口訣的意思：「就是不能亂丟垃圾，垃圾應該丟在垃圾筒內，這是尊重環境的行為」「看到垃圾會撿起來丟到垃圾筒」「東西用完要放回原位」。 4. 「我會尊重自己和別人的身體」（邊說＋動作：雙手在下腹部交叉，比×狀），老師解釋口訣的意思：「就是不能隨便摸別人的身體，也不能讓別人隨便摸我的身體，這是尊重自己和別人的行為」「穿泳裝的地方就是要保護的地方」。 5. 老師引導小朋友跟著邊唸口訣邊做動作。 綜合活動（五分鐘） 1. 老師分享「如果不做出不尊重別人的行為，就是一種尊重的行為，例如：插嘴是一件沒禮貌的事，如果別人說話時不會插嘴，就是一種尊重的行為」。 2. 問小朋友口訣動作所代表的意思。「這些都是我們要學習的尊重行為。」 3. 鼓勵小朋友主動上台表演，如：說口訣讓台下小朋友表演動作……等。		
活動評量	1. 能說出三個以上的不尊重行為（插嘴、罵人、不看人說話、亂丟垃圾……）。 2. 能說出三個尊重口訣並加上動作。 3. 能主動上台表演尊重口訣。		
注意事項	1. 害羞的小朋友可以與好朋友一起上台表演。 2. 一開始老師示範口訣動作要慢，之後可加快動作讓小朋友來跟。		
延伸活動	玩接話遊戲「別人說話時……」「我不插嘴」；「我會保持……」「環境的整齊」。		

尊重品格教學活動教案 2-1-4

設計者：楊淑雅　　　　　　　　進行日期：　年　月　日星期

活動名稱	尊重	教學領域	語文（4）──品格兒歌
		活動時間	三十分鐘
品格主題	尊重	適用年齡	三～六歲
具體目標	\multicolumn{3}{l}{1. 能說出尊重人的人會「說」的話。}
	\multicolumn{3}{l}{2. 能完整唸出「尊重」兒歌內容。}
	\multicolumn{3}{l}{3. 能運用「尊重」兒歌內的問題做回應。}
活動資源	\multicolumn{3}{l}{「尊重」兒歌大字報}
活動過程	\multicolumn{3}{l}{引起動機（五分鐘）}

活動名稱	尊重	教學領域	語文（4）──品格兒歌
		活動時間	三十分鐘
品格主題	尊重	適用年齡	三～六歲
具體目標	1. 能說出尊重人的人會「說」的話。 2. 能完整唸出「尊重」兒歌內容。 3. 能運用「尊重」兒歌內的問題做回應。		
活動資源	「尊重」兒歌大字報		
活動過程	引起動機（五分鐘） 1. 老師放輕音樂，讓小朋友做些伸展活動，如慢慢轉頭、幫人搥搥背……。 2. 老師請小朋友互相擁抱說：「我愛你」「祝你有一個愉快的一天」……。 發展活動（二十分鐘） 1. 老師將準備好的「尊重」兒歌大字報張貼在白板上面。 2. 老師解釋什麼是尊重。「就是會替別人想一想，欣賞和自己不同的人，別人講話要仔細聆聽，並且有禮貌，不可做欺負及嘲笑別人的事。」 3. 老師帶領小朋友討論尊重人的人會「說」的話，「會說對不起、借過一下、您說的真棒！謝謝你！請問這可以借給我嗎？對不起讓你生氣了……」。 4. 老師帶領小朋友唸「尊重」兒歌，並加上自創的動作幫助記憶。 尊重 微微笑，點點頭，我們都是好朋友。 「請問可以借我看看嗎？」 「對不起，是我不小心。」「我可以坐在你旁邊嗎？」 說話要有禮貌，好朋友互相尊重，友誼長長久久。 5. 老師帶領小朋友玩接話遊戲，如老師說：「微～」，小朋友說：「微笑」。 6. 老師和小朋友玩「問題回應」的遊戲，如：你想看別人的書時，你會說什麼呢？「請問可以借我看看嗎？」（讓小朋友來接話） 7. 「如果你想和別人坐在一起，你會說什麼呢？」「我可以坐在你旁邊嗎？」 綜合活動（五分鐘） 1. 請小朋友上台分享兒歌，並且大聲地唸給大家聽。 2. 請小朋友來問有關「尊重」兒歌內容的問題回答。		
活動評量	1. 能說出三項尊重別人的人會「說」的話。（對不起、借過一下、您說的真棒！……） 2. 能口語清晰地完整唸出兒歌內容。 3. 能運用兒歌內的問題回應（不小心撞到人你會說什麼？對不起，是我不小心）。		
注意事項	老師能用生活用語方式來表達兒歌的意思。		
延伸活動	製作尊重問題回應卡「尊重寶寶會說什麼」，在銜接活動時運用，請小朋友做問題回應，如：想加入同學的遊戲時，該怎麼說？「我可以跟你玩嗎？」		

尊重品格教學活動教案 2-1-5

設計者：楊淑雅 　　　　　　　　　進行日期：　年　月　日星期

活動名稱	嘟嘟和巴豆	教學領域	語文（5）──繪本分享
		活動時間	四十分鐘
品格主題	尊重	適用年齡	三～六歲
具體目標	1. 能說出故事中主角之間的不一樣。 2. 能說出故事主角成為好朋友的原因。 3. 能說出要尊重朋友之間的一樣和不一樣。		
活動資源	繪本《嘟嘟和巴豆》		
活動過程	引起動機（八分鐘） 1. 請小朋友圍坐在區域中，手牽著手唱歌。 2. 唱「歡樂年華」：「我們都是好朋友，讓我們來牽著手，美好時光莫錯過，留住歡笑在心頭，歡樂年華，一刻不停留，時光匆匆，唉呀呀呀呀要把握。」 3. 老師分享與好朋友相處的小故事，「我有一個好朋友，我們個性很像，我們有很多一樣的地方，就是喜歡唱歌、彈琴、看書和爬山，我們總是有講不完的話。」「你也有好朋友嗎？你們都喜歡做一樣的事還是不一樣呢？」 發展活動（二十二分鐘） 1. 老師說：「嘟嘟和巴豆是兩隻老鼠，牠們喜歡的東西很不一樣，嘟嘟喜歡去旅行、探險，巴豆喜歡留在家裡、看書畫圖，牠們有這麼多的不一樣，但是牠們是很好的朋友喔！讓我們一起來看這本有趣的書」，唸書名給小朋友聽。 2. 老師介紹作者、譯者、繪者、出版社、翻書頁的方式，還有這本書很特別的地方，就是用色鉛筆畫的圖，「色鉛筆筆心很細，要畫一頁插圖就要很久的」。 3. 老師唸故事給小朋友聽，唸完一頁停頓一下，讓小朋友找圖畫中有沒有特別的地方。「來自各個國家的名信片」「服裝改變」「臉部表情好快樂……」。 4. 老師結尾：「嘟嘟旅行了一年回來，嘟嘟和巴豆彼此分享自己做的事，也尊重彼此不同的想法，最後還為著能一起生活而高興喔！」 綜合活動（十分鐘） 1. 老師問小朋友：「嘟嘟和巴豆有哪些不一樣？」「如：嘟嘟去巴黎看藝術品，巴豆在家裡畫圖；嘟嘟在太平洋的島嶼游泳，巴豆在家裡浴缸享受泥巴浴……」 2. 「但是為什麼牠們還是好朋友呢？」「彼此欣賞」「互相尊重」「沒有吵架」……。 3. 老師與小朋友討論：「好朋友一定要喜歡一樣的東西嗎？」「好朋友一定都要黏在一起嗎？」「好朋友一定要做同樣的事嗎？」讓小朋友自由地發表意見。 4. 「能欣賞一樣和接納不同，就是一種尊重的表現。」		
活動評量	1. 能說出一項主角之間不一樣的地方（如：嘟嘟喜歡旅行、巴豆喜歡留在家裡）。 2. 能說出一項故事主角成為好朋友的原因（互相尊重、彼此欣賞……）。 3. 能說出要尊重朋友之間的一樣和不一樣（欣賞一樣和接納不同）。		
延伸活動	寫卡片給我的好朋友，感謝他（她）對我的照顧。		

尊重品格教學活動教案 2-1-6

設計者：楊淑雅　　　　　　　　　　進行日期：　年　月　日 星期

活動名稱	身體你我他（尊重自己和別人的身體、危機處理）	教學領域	語文（6）——討論活動
		活動時間	四十分鐘
品格主題	尊重	適用年齡	三～六歲
具體目標	1. 能說出什麼是「尊重身體的自主權」。 2. 能說出不可以被觸摸的身體部位。 3. 能分辨哪些是正常與不正常的身體接觸。		
活動資源	網路資料：http://ms1.lpjh.ylc.edu.tw/~jan709/live930103.doc、http://health.healthonline.com.tw/article/p501.html，不可以觸摸圖卡、正常的身體接觸圖卡、紙上作業學習單		
活動過程	引起動機（五分鐘） 請小朋友圍坐在白線區域中，玩「身體大風吹」，「大風吹，吹有鼻子的人、吹有嘴巴的人、吹有屁股的人……」以確定小朋友對身體名稱的了解。 發展活動（二十五分鐘） 1. 老師複習「我會尊重自己和別人的身體」口訣，「意思就是不能隨便摸別人的身體，也不能讓別人隨便摸我的身體，這是尊重自己和別人的行為」。 2. 老師請小朋友拍拍身體每個部位，解釋什麼是「尊重身體的自主權」「就是要尊重自己的身體，知道自己身體的感覺，不做讓自己身體覺得不舒服的事，也不做傷害身體的事」「也就是說，小朋友不可以隨便露出……」「自己的身體」「不可以讓別人碰觸……」「自己的身體」……讓小朋友能參與問題回應。 3. 老師和小朋友討論「我的身體哪些部位是不可以被摸的？」「穿泳裝的地方」「就是乳房、生殖器官（男：陰莖、女：陰道）、屁股，還有嘴巴」。 4. 老師拿出「正常的身體接觸圖卡」放大，問小朋友看到什麼？「爸爸和我擁抱」「爺爺陪我看書」「老師拍拍我的肩膀」「老師摸摸我的頭」「醫生為我看病」「護士為我打針」，「這些都是正常的身體接觸喔！」 5. 老師再拿出「不可以觸摸圖卡」放大，問小朋友看到什麼？「不能隨便讓別人親嘴巴」「不能讓別人摸乳房」「不能讓人摸你的陰莖（陰道）」「不能讓人摸你的屁股」，「如果有人摸你這些地方是不對的，你要勇敢的說『不』」。 綜合活動（十分鐘） 1. 「當有人要撫摸你的身體，那你要怎麼辦呢？」「要勇敢的說『不』」「很兇的說：請你不要碰我」「趕快跑走」「大聲喊叫」「找機會攻擊他的陰囊和陰莖」……。 2. 發下紙上作業，讓小朋友畫○或×來分辨正常與不正常的身體接觸。		
活動評量	1. 能說出一項「尊重身體的自主權」的內容（如：不做讓自己身體不舒服的事）。 2. 能說出三種不可以被觸摸的身體部位（乳房、陰莖或陰道、屁股、嘴巴）。 3. 能完成紙上作業，分辨哪些是正常與不正常的身體接觸。		
注意事項	請使用正確詞彙，勿用「小鳥」「雞雞」，並確認幼兒能理解器官的位置。		
延伸活動	可試著談性騷擾和性侵害，這是錯誤、犯罪的行為，一定要趕快告訴父母或老師。		

尊重 2-1-6

【身體你我他】紙上作業單

班級：　　　　　幼兒姓名：　　　　　　　　日期：

說明：你覺得是正常的身體接觸請打○；不正常的身體接觸請打✕。

爸媽和我擁抱	讓別人親嘴巴	老師拍拍我的肩膀
老師摸摸我的頭	醫生為我看病	讓別人摸乳房
護士為我打針	讓人摸你的陰莖（陰道）	爺爺陪我看書
讓人摸你的屁股	玩互相踢腳的遊戲	親弟弟的臉

尊重品格教學活動教案 2-2-1

設計者：楊淑雅　　　　　　　　　　進行日期：　年　月　日 星期

活動名稱	我們都是一家人	教學領域	數學（1）──數數活動
		活動時間	三十分鐘
品格主題	尊重	適用年齡	三～六歲
具體目標	1. 能分類出不同膚色的人種。 2. 能完成四種珠子顏色的分類。 3. 能說出要尊重每一種膚色的人。		
活動資源	各式各樣的娃娃圖片、神秘袋內裝黑、白、黃、紅珠子各有不同顆數量，黑、白、黃、紅四張卡（上面寫上國字注音卡）、數字卡 1-9		
活動過程	引起動機（五分鐘） 1. 準備各式各樣的娃娃圖片讓幼兒觀賞。 2. 老師問小朋友：「這些小朋友跟我們哪裡不一樣？又哪裡一樣呢？」 3. 讓小朋友去找一找一樣與不一樣的地方。 4. 老師分享：「在這個世界上住著許多的人，有很多不同膚色的人，有白種人、紅種人、黑種人，而我們中國人是黃種人。」 發展活動（十五分鐘） 1. 老師取出教具，請小朋友協助鋪地墊。 2. 拿出紅、黃、黑、白的字卡，放在地墊上（由左往右排列），再次確認名稱。 3. 老師拿出神秘袋說：「我們都是住在地球上的人，雖然有不同膚色，但是我們都是一家人，要能彼此尊重、彼此接納，這樣地球的人才能和平的相處。」 4. 老師從神秘袋中取出一個珠子，問小朋友說：「是什麼顏色呢？」然後請小朋友把珠子放在字卡的下面。 5. 以此類推，將神秘袋中所有的珠子配對完畢。 6. 老師邀請小朋友來數一數有多少個珠子，如：紅珠子有五顆，即從托盤中取出數字卡 5 放在紅珠子的下方。 綜合活動（十分鐘） 1. 老師邀請小朋友在收拾過程中，再次確認珠子數量及數字卡的相符性。 2. 珠子放回袋前，請小朋友說出顏色所代表的人種，有的人種多，有的人種少。 3. 詢問小朋友如果在街上看到和我們不一樣膚色的人，應該要有什麼反應呢？「微笑、說哈囉、揮揮手、不要一直盯著他看……」。		
活動評量	1. 能說出三種不同膚色的人種（白種人、紅種人、黑種人、黃種人）。 2. 能完成紅、黃、黑、白四種顏色的分類。 3. 能說出「管是哪一種膚色的人，我們都是一家人」。		
注意事項	特別引導小朋友去觀察各國人種的膚色。		
延伸活動	1. 顏色接龍卡。2. 把顏色珠子改變成不同內容，增減數量的多寡。		

尊重品格教學活動教案 2-2-2

設計者：楊淑雅　　　　　　　　　　進行日期：　年　月　日星期

活動名稱	微笑快樂多（微笑卡 1-10 量與符號）	教學領域	數學（2）——量與符號活動
		活動時間	四十分鐘
品格主題	尊重	適用年齡	三～六歲
具體目標	1. 能依照數字大小從小排至大。 2. 能將數量及數字符號結合運用。 3. 能說出微笑的好處，也是尊重人的表現。		
活動資源	微笑卡五十五個、數字卡 1-10、托盤、地墊		
活動過程	引起動機（八分鐘） 1. 老師拿出微笑卡請幼兒觀察其表情如何？ 2. 老師做出微笑和哭哭的表情，問小朋友哪一種表情會讓人感覺到舒服呢？ 3. 老師請小朋友對左邊、右邊的人微笑。 發展活動（二十五分鐘） 1. 請幼兒將 1-10 的數字卡，按順序排列於地墊上（數字小的排到數字大的）。 2. 將微笑卡與數字卡配對（老師邊說、邊請小朋友仿說）。 3. 如指著卡 5，說：這是 5，老師將五張微笑卡一個一個地放在數字 5 的下方。 4. 以此類推，完成符號與量的配對。 5. 請願意操作的小朋友試一試。 6. 開始收拾，並告知小朋友此工作要放在哪個教具櫃上。 綜合活動（七分鐘） 1. 老師與小朋友一同數一數，總共有多少張微笑卡，總共有五十五張。 2. 老師問小朋友：「常微笑的人心情如何？」讓小朋友自由發表意見「微笑會讓人情緒變好、會覺得很快樂、減少煩惱……」。 3. 老師：「希望小朋友都能和微笑卡一樣，每天都笑咪咪。」		
活動評量	1. 能依照數字大小從小排至大（由 1 排到 10）。 2. 能將量及符號結合運用（完成微笑卡 1-10 量與符號配對）。 3. 能說出至少兩種微笑的好處（會讓人情緒變好、會覺得很快樂、減少煩惱……）。		
注意事項	1. 分享情緒正反面給人的感受。 2. 加強對正面的理解，促進其行動力。		
延伸活動	1. 將微笑卡做成評量單，讓小朋友自己畫微笑圖案與數字配對。 2. 可帶入奇數與偶數的概念。		

尊重 2-2-2

【微笑快樂多】紙上作業單

班級：　　　　　　　幼兒姓名：　　　　　　　日期：

一、量與符號配對（請在每上格中數一數有多少個☺，並將數字寫在下格中）

☺	☺ ☺ ☺	☺ ☺ ☺ ☺ ☺	☺ ☺ ☺ ☺ ☺ ☺ ☺	☺ ☺	☺ ☺ ☺ ☺	☺ ☺ ☺ ☺ ☺ ☺ ☺	☺ ☺ ☺ ☺ ☺ ☺ ☺ ☺ ☺	☺ ☺ ☺ ☺ ☺ ☺ ☺ ☺	☺ ☺ ☺ ☺ ☺ ☺

二、符號與量配對（請依每上格中的數字，畫多少的☺在下格中）

3	6	1	4	8	2	10	7	5	9

尊重品格教學活動教案 2-2-3

設計者：楊淑雅　　　　　　　　　　進行日期：　年　月　日星期

活動名稱	上街買禮物去（DM ＋銀行遊戲）	教學領域	數學（3）——基本運算活動
		活動時間	五十分鐘
品格主題	尊重	適用年齡	四～六歲
具體目標	1. 能進行個、十、百的轉換。 2. 能說出四則運算中「減」的意思。 3. 能實際進行上街買東西的活動。		
活動資源	DM、離學校最近的超級市場、托盤、新台幣 200 元、大型數字卡		
活動過程	引起動機（五分鐘） 1. 老師預告何時要到別班去當客人。 2. 老師說：「我們要當小客人，那我們要買什麼東西去給主人呢？」 3. 讓小朋友想一想，老師取出超級市場的 DM。 發展活動（二十分鐘） 1. 老師介紹 DM 上可買的物品有哪些，不可以超過 200 元的。 2. 老師請小朋友想一想欲買的商品對主人們的意義是如何？「如買乖乖桶，裡面有好多糖果，比較夠大家一起分享……」 3. 透過大家的討論，並票選出來要買的禮物以及可花費的金額。 4. 依 DM 上的標價請小朋友至銀行拿取籌碼，如：乖乖桶是 159 元，則去銀行拿 1 片百、5 串 10、9 個 1 放在托盤內。 5. 依 DM 標價，老師帶領小朋友唸一次，如：159 元是 1 片百、5 串 10、9 個 1 6. 老師說：「我們有 200 元可買，買 159 元，還剩下多少錢呢？」 7. 老師請小朋友把 200 元換成 1 片百、9 串 10、10 個 1。 8. 「減」就是丟掉的意思「10 丟掉 9 剩下 1」「9 串 10 丟掉 5 串拾剩下 40」「2 片百丟掉 2 片百剩下 0」「那 200 元減掉 159 元，還剩下多少錢？」 9. 老師請小朋友協助排出大型數字卡，拿大型數字卡 40 和數字卡 1，合在一起（做特別比劃動作：切切切把 0 蓋住）就是 41（剩下 41 元）。 綜合活動（二十五分鐘） 1. 老師帶領小朋友至社區，到最近的超級市場或 7-11 買乖乖桶禮物。 2. 派出兩位小朋友結帳，並且算一算是不是剩下 41 元。		
活動評量	1. 能進行個、十、百的轉換（10 個 1 ＝ 10、10 個 10 ＝ 100）。 2. 能說出「減」就是丟掉的意思（如：10 丟掉 9 剩下 1）。 3. 能完成上街買東西及對應所找的錢是無誤的。		
注意事項	需指導購物時的禮貌行為。		
延伸活動	1. DM 的價格可高或低，依班級年齡而定。 2. 將 DM 剪下設計為超商商品卡，讓小朋友進行銀行遊戲。		

尊重品格教學活動教案 2-2-4

設計者：楊淑雅　　　　　　　　進行日期：　年　月　日星期

活動名稱	票選微笑天使	教學領域	數學（4）——應用活動
		活動時間	四十分鐘
品格主題	尊重	適用年齡	三～六歲
具體目標	1. 能說出如何成為微笑天使。2. 能畫出班上的微笑天使。3. 能參與統計並說出班上的微笑天使。		
活動資源	微笑天使票選單、蠟筆或彩色筆、微笑天使票選統計表放大		
活動過程	引起動機（五分鐘） 　1. 老師與小朋友討論笑與不笑，讓人感受有什麼不同。 　2. 玩「笑」的遊戲：有狂笑、大笑、笑、微笑、不笑……，讓小朋友自由發表感受。 發展活動（二十五分鐘） 　1. 老師鼓勵小朋友說出：「什麼是微笑天使？」請小朋友自由發表意見。「微笑天使就是常常微笑的人」「微笑天使對人很有禮貌」……。 　2. 「你喜歡微笑天使嗎？」老師請小朋友將心目中，覺得班上誰最常微笑的人，選擇三位，畫在「微笑天使票選單」中。 　3. 老師發給小朋友「微笑天使票選單」，請小朋友在三個空格處畫下三個微笑天使，如果認得名字的人可加蓋姓名章，不認得名字的人可請老師幫忙寫。 　4. 老師請畫好的小朋友，坐回白線上等待其他未完成的小朋友。 　5. 老師將放大影印的票選微笑天使票選統計表，浮貼在白板上。 　6. 老師開始請小朋友分享自己畫的微笑天使，然後老師將名字寫在統計表上。 　7. 有叫到名字的，就在「得○數」的格內畫下○，以此類推，完成所有的記錄。 　8. 完成記錄後，老師帶領小朋友數數「得○數」，數出每位被提名小朋友的圈圈數，然後再將數字寫在「票數」格內。 　9. 全班一起完成統計後，找出最高票當選者，就是第一名，在微笑天使第一名的位置上填入小朋友的名字。 10. 公布班上票選最多票的微笑天使。 綜合活動（十分鐘） 　1. 老師問：「為什麼○○○會當選微笑天使呢？」讓小朋友發表意見。 　2. 請當選微笑天使的小朋友，來向小朋友分享如何保持笑容的。 　3. 請小朋友學習微笑的表情，並鼓勵大家保持微笑是一種尊重人的行為。		
活動評量	1. 能說出一種成為微笑天使的方法（常微笑、對人有禮貌、輕聲細語……）。 2. 能畫出班上三位微笑天使。 3. 能參與統計並說出班上的微笑天使。		
注意事項	以正面鼓勵票選微笑天使，並學習常微笑，勿有貼標籤的行為產生。		
延伸活動	將票選出來的微笑小天使的玉照，貼在班級門口展示。		

【微笑天使】票選單

班級：　　　　　　　幼兒姓名：　　　　　　　日期：

說明：請畫出班上三位最喜歡微笑的小朋友。

名字：	名字：	名字：

【微笑天使】票選統計表

班級：　　　　　　　　　　　　　　　　　日期：

姓名								
得○數								
票數								

班上的微笑天使：_____

尊重品格教學活動教案 2-3-1

設計者：楊淑雅　　　　　　　　　　進行日期：　年　月　日星期

活動名稱	相親相愛的台灣獼猴	教學領域	自然（1）——品格觀察家
		活動時間	三十分鐘
品格主題	尊重	適用年齡	三～六歲
具體目標	1. 能說出台灣獼猴的生活習性。 2. 能說出台灣獼猴猴媽媽是如何與小獼猴相處。 3. 能模仿台灣獼猴相親相愛的動作。		
活動資源	台灣獼猴圖片、《小獼猴》（親親自然／1992）、網路：http://www.zoo.gov.tw/exhibit/formosa.shtml、木柵動物園——台灣動物區即時影像（http://www.zoo.gov.tw/searchinfo.asp? si=2&xpaid=13）		
活動過程	引起動機（五分鐘） 1. 老師帶領小朋友唸手指謠「五隻猴子盪鞦韆，嘲笑鱷魚被水淹，鱷魚來了鱷魚來了，ㄅㄚ ㄅㄚ ㄅㄚ……」邊唸雙手邊比劃動作。 2. 老師問小朋友：「為什麼猴子會被鱷魚吃掉呢？」「因為猴子嘲笑鱷魚」「最後五隻猴子全被鱷魚吃掉了」「嘲笑人是很不尊重的行為喔」。 發展活動（二十分鐘） 1. 老師展示台灣獼猴圖片，請小朋友描述所看到台灣獼猴的樣子。 2. 老師介紹台灣獼猴的歷史，「好久以前，有一群在喜瑪拉雅山上的猴子，不知道什麼原因，經過大海來到台灣，這群長得圓臉紅面的猴子，後來成了台灣獨特的台灣獼猴。」「一百多年前，外國人就叫台灣獼猴是『圓頭的獼猴』。」 3. 「台灣獼猴喜歡大家住在一起互相照顧，猴王身體強壯要負責巡邏和公猴一起保護大家，不讓敵人來欺負，因此每隻獼猴都很怕猴王也尊敬牠」。 4. 「台灣獼猴喜歡吃甜的東西，他們最愛水果，會一口氣先把東西塞進嘴巴裡，就存放在下顎兩旁的頰囊，等有空時再慢慢地吃。」 5. 老師介紹獼猴媽媽如何與小獼猴相處。「獼猴猴媽媽每次只生一隻小獼猴，牠們感情很好，經常是抱在一起，牠們會互相抓抓背、理理毛，把背部、屁股、胳肢窩都清理乾淨，獼猴媽媽還會把食物洗一洗，再給小獼猴吃。」 綜合活動（五分鐘） 1. 老師鼓勵小朋友來表演獼猴媽媽抱小獼猴、互相抓抓背、理毛的動作。 2. 老師：「為什麼獼猴很尊重猴王？」「猴王保護大家」「小獼猴很聽從大獼猴」「獼猴很尊重猴王爸爸的規定」。 3. 老師引導小朋友說出也要尊重師長。「爸媽和老師說的話要聽，就是尊重的行為」。		
活動評量	1. 能說出兩項台灣獼猴的生活習性（大家住在一起、服從猴王、愛吃水果……）。 2. 能說出兩項獼猴媽媽如何與小獼猴相處（常抱在一起、有東西先給小猴吃……）。 3. 能模仿一個台灣獼猴相親相愛的動作（獼猴媽媽抱小獼猴、互相抓背、理毛……）。		
注意事項	說明台灣獼猴是保育類動物，不可購買或飼養。		
延伸活動	小泰山吊單槓活動：學習台灣獼猴盪、爬、保持平衡的動作。		

尊重品格教學活動教案 2-3-2

設計者：楊淑雅		進行日期：　年　月　日星期	
活動名稱	無字天書	**教學領域**	自然（2）——實驗活動
		活動時間	四十分鐘
品格主題	尊重	**適用年齡**	三～六歲
具體目標	1. 能說出檸檬汁遇到烘烤後所產生的變化。 2. 能說出檸檬汁烘烤後出現字的原因。 3. 能輪流等待完成實驗，是學習尊重人的行為。		
活動資源	白紙、檸檬、檸檬汁、水果刀、器皿、棉花棒（毛筆或水彩筆）、蠟燭、燭台		
活動過程	引起動機（五分鐘） 　1. 讓小朋友輪流觸摸檸檬，說說有什麼樣的感覺。 　2. 與小朋友討論檸檬的用處。「可以喝、可以擦、可以做成冰、除臭、消毒……」 　3. 老師說明「無字天書」這個實驗是用檸檬汁來畫圖。 發展活動（三十分鐘） 　1. 老師示範切檸檬，將檸檬壓榨成汁。 　2. 老師將檸檬汁放在器皿上，再分成幾個小器皿來放（之前就先擠出汁來）。 　3. 老師發棉花棒（水彩筆或毛筆）及圖畫紙給小朋友，請小朋友回到位置上畫圖（此項活動需在桌子上進行）。 　4. 老師告訴小朋友：「每桌的檸檬汁是大家共用的，要學習輪流取用檸檬汁，當你看到有小朋友在用時，請先等一下，才是尊重人的行為喔！」 　5. 請小朋友在白紙上畫圖，「現在雖然看不見，但等一下要把它變出來哦！」 　6. 畫好的小朋友，提示請用嘴巴吹乾（提醒小朋友畫圖時，勿使用太多的檸檬汁）。 　7. 老師拿出燭台，點上蠟燭。 　8. 老師說明實驗規則，「紙不要太靠近燭台、別人在烘時要等待、眼睛要看著紙」。 　9. 分組進行，請小朋友將白紙放在燭台的上方烘乾。 　10. 老師引導小朋友發現，紙哪裡變得不一樣了。 　11. 老師說明其原理（檸檬汁只要經火烤後，水氣蒸發後，會留下碳元素，讓我們所寫（畫）下的字或圖，表現出來）。 綜合活動（五分鐘） 　1. 請小朋友說明此活動需大家輪流等待完成，才是學習尊重人的行為。 　2. 請小朋友發表對此實驗的感受，並和同儕討論所畫的內容。		
活動評量	1. 能說出檸檬汁遇到烘烤後，會出現黑黑的字。 2. 能說出檸檬汁烘烤後出現字的原因，是因為檸檬汁裡有碳元素。 3. 能說出如何完成實驗（輪流取用檸檬汁、別人烘時要等待、眼睛要看著紙……）。		
注意事項	1. 注意檸檬汁勿沾到眼睛。 2. 勿讓小朋友單獨接近火源，老師必須陪在小朋友身邊。		
延伸活動	試試看其他果汁是否有一樣的效果。		

尊重品格教學活動教案 2-3-3

設計者：楊淑雅　　　　　　　　　　進行日期：　年　月　日星期

活動名稱	大家來喝茶	教學領域	自然（3）——體驗活動
		活動時間	四十分鐘
品格主題	尊重	適用年齡	三～六歲
具體目標			

具體目標	1. 能說出喝茶的好處與壞處。 2. 能完成泡茶的步驟。 3. 能說出禮貌的用語。
活動資源	茶具（茶杯四個、有柄的茶壺）、吸水抹布、熱水瓶、茶包（淡茶為主）
活動過程	引起動機（五分鐘） 1. 老師示範搓揉茶葉聞味道，請小朋友輪流聞聞看茶葉的味道並說出感覺。 2. 老師拿出茶葉與茶包，解釋茶包內裝的是茶葉。 發展活動（二十五分鐘） 1. 老師問小朋友：「家裡是否有泡茶的習慣？家中有誰會喝茶呢？」 2. 老師與小朋友分享喝茶的好處「幫助消化、提高精神……」，但有些茶是小朋友不適合喝的，如果喝太多會怎樣？「會睡不著、肚子會不舒服。」 3. 老師介紹泡茶會用到的工具（熱水瓶、茶壺、茶杯、茶包）。 4. 介紹茶包的口味有兩種，香片及綠茶（理由：口味淡較適合小朋友）。 5. 老師讓小朋友投票選擇一種茶包來泡。 6. 老師示範泡茶的方法：⑴取一包茶包；⑵ 放在茶壺內；⑶ 倒入熱水至茶壺有刻度的地方；⑷蓋上蓋子數到 100。 7. 等待時間，老師和小朋友一起拍手數到 100。 8. 老師示範手握壺柄倒茶入杯，共可倒四杯，一人泡茶，可請三個人喝。 9. 老師取一杯先聞其味，再品嘗。「嗯～好香喔！」「真是好喝！」 10. 老師將禮貌用語帶入分享喝茶中，主人向客人說「請喝茶」，客人要說「謝謝您」，主人再說「不客氣」。 綜合活動（十分鐘） 1. 請小朋友來示範如何泡茶，並與其他三人分享。 2. 請小朋友練習做語言上的回應，「請喝茶」「謝謝您」「不客氣」。 3. 示範清洗茶壺、茶杯等物，並放回原處。 4. 老師提醒小朋友，在工作中或是在○○活動中，也可做泡茶工作。
活動評量	1. 能說出喝茶的好處與壞處各一項（好處：幫助消化；壞處：喝太多會睡不著……）。 2. 能完成泡茶的四個步驟（取茶包→放茶壺內→倒熱水至刻度→數到100）。 3. 能說出禮貌的用語（請喝茶、謝謝您、不客氣）。
注意事項	老師示範品嘗時的表情要誇張，分享後請小朋友們一起收拾、清洗。
延伸活動	可試試各種不同的茶包口味（水果茶、養生茶……等等）。

尊重品格教學活動教案 2-3-4

設計者：楊淑雅　　　　　　　　　　進行日期：　年　月　日 星期

活動名稱	芝山岩古道	教學領域	自然（4）──踏青活動
		活動時間	9:00am-3:30pm
品格主題	尊重	適用年齡	三～六歲
具體目標			

具體目標	1. 能說出芝山岩古道的景點。 2. 能完成芝山岩古道學習單。 3. 能說出要如何尊重大自然。
活動資源	芝山岩古道學習單、色筆
活動過程	引起動機 1. 老師向小朋友說明戶外教學的地點：芝山岩古道。 2. 詢問小朋友是否有去過的經驗，可以看到什麼？讓有去過小朋友發表意見。 發展活動 1. 老師分享活動流程，把流程寫在白板上。 2. 芝山岩古道歷史故事介紹，「芝山岩又名『圓山子仔』，兩百萬年前芝山岩是台北盆地上的一個小山頭，士林的漳州人覺得它很像大陸的名勝『芝山』，所以叫它『芝山岩』。因為芝山岩地質屬於易風化的砂岩，也有珍貴的貝殼化石，因此就架棧道，以避免遊客踩踏損及地表。棧道做得彎彎曲曲，很寬闊而平坦，連輪椅都可以推著上山，不管老人或小朋友都可以舒適行走。」 3. 介紹芝山岩古道的四座隘門。「因為要防止外人的欺負，漳州人便建立四個隘門，而這東、西、南、北四座隘門分別有一隻動物守護神，東隘門是大石象、北隘門是石獅、西隘門是石蛇、南隘門已被拆除變成百二崁。」 4. 老師分享芝山岩古道的景點。「百二崁（日據時代的『神社參道』）、大樟公樹（有三百歲了）、洋蔥石（類似像剝洋蔥）、西砲台（設有芝山岩形成的解說圖及台北盆地的地貌模型）、惠濟宮（三級古蹟）、仙泉聖跡的牌樓（能治萬病）」。 5. 老師分享「芝山岩古道學習單」，告訴小朋友「今天我們要來當探險家，看看能不能找到石象、石獅、石蛇……」，說明要完成學習單的任務內容。 綜合活動 1. 請小朋友輪流分享自己的「芝山岩古道學習單」。 2. 老師引導小朋友「我們要如何尊重大自然給我的好景色呢？」「不亂丟垃圾、不摘植物、不破壞建築物、保持環境的清潔……。」
活動評量	1. 能說出至少兩種芝山岩古道的景點（大樟公樹、洋蔥石、惠濟宮、西砲台、百二崁……）。 2. 能分享自己的芝山岩古道學習單內容。 3. 能說出至少兩種尊重大自然的行為（不亂丟垃圾、不摘植物、保持環境清潔……）。
注意事項	芝山岩古道學習單內容可以用畫的。
延伸活動	1.畫出參觀芝山岩古道的路線圖。 2.用錫箔紙做石象或石柱拓印。

芝山岩古道學習單

班級：　　　　　　　幼兒姓名：　　　　　　　日期：

說明：請小朋友找找看有哪些景物，找到了請打 √，並畫出內容。

東隘門的大石象	北隘門的石獅

西隘門的石蛇	大樟公樹（有三百歲了）

惠濟宮（三級古蹟）	仙泉聖跡的牌樓（傳說能治萬病）」

※※※※※※※（我還有看到什麼？把觀察到的畫下來）※※※※※※※

尊重品格教學活動教案 2-4-1

設計者：楊淑雅　　　　　　　　　　　進行日期：　年　月　日星期

活動名稱	是蝸牛開始的	教學領域	社會（1）——品格劇場
		活動時間	四十五分鐘
品格主題	尊重	適用年齡	三～六歲
具體目標			

具體目標	1. 能說出好話與壞話對人的影響。 2. 能說出得罪別人後的處理方法。 3. 能說出什麼是互相尊重的行為。
活動資源	繪本《是蝸牛開始的》、手布偶、蝸牛頭套、豬頭套、兔子頭套、狗頭套
活動過程	引起動機（十分鐘） 1. 老師請小朋友看手指布偶的對話「都是你！」「你真討厭！」「你很煩！」「膽小鬼」「我不喜歡你！」「你是討厭鬼！」……。 2. 老師問小朋友：「牠們是怎麼了？」「牠們彼此都說了什麼話？」「很多沒禮貌的話哦！」 3. 讓我們來看看有一隻蝸牛的故事，牠到底說了什麼話？結果為什麼讓大家都很不開心呢？ 發展活動（二十分鐘） 1. 由老師扮演「是蝸牛開始的」裡的各個角色。 2. 讓幼兒集合在一起，將秩序安定好了後，便開始展開戲劇表演。 綜合活動（十五分鐘） 1. 老師問問題：「這個故事裡有哪些角色呢？」 2. 「蝸牛到底說了什麼話，讓大家都很不開心呢？」「蝸牛批評豬、豬批評兔子、兔子罵狗」……。 3. 「你如果聽到別人說你這樣不好、那樣不好、你會有什麼感受呢？」「豬為什麼會批評兔子？」「豬生蝸牛的氣」……讓小朋友想想後再回答。 4. 老師說：「後來蝸牛做了什麼事，讓豬原諒牠了呢？」 5. 「如果你真的不小心得罪了別人，你會怎麼辦呢？」「要學習道歉、請求人原諒、要說對不起、要想清楚再說話……」。 6. 老師引導小朋友：「好話與壞話都是會傳染的，但是感覺是很不一樣的，壞話傳染到最後，大家都會很難過，但如果是好話，大家就會很開心，所以說話是要學習的」。
活動評量	1. 能說出「說好話會讓人開心，而說壞話會令人難過」。 2. 能說出至少兩種得罪別人後的處理方法（說對不起、請求人原諒……）。 3. 能說出至少兩種互相尊重的行為（常說好話、不隨便批評人）。
注意事項	小朋友坐的每個位置，是否都能欣賞到表演。
延伸活動	1. 由幼兒自由創造畫出書裡面的人物。 2. 有些角色可由小朋友來扮演。

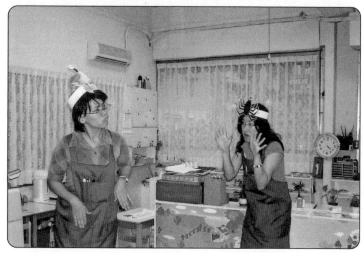

透過討論，加強幼兒對「尊重」品格主題的了解，
學習分辨不尊重行為對別人造成的影響。

「好話與壞話都會傳染，但感覺是很不一樣的，壞
話傳染到最後，大家都會很難過，但如果是好話，
大家就會很開心，所以說話是要學習的。」

尊重品格教學活動教案 2-4-2

設計者：楊淑雅　　　　　　　　　　進行日期：　年　月　日星期

活動名稱	寶貝我的家	教學領域	社會（2）——利己活動
		活動時間	四十分鐘
品格主題	尊重	適用年齡	三～六歲
具體目標			

具體目標	1. 能介紹自己的全家福照片內容。 2. 能說出家人平常喜歡做的事。 3. 能學習注意聽別人說話是尊重人的行為。
活動資源	請小朋友帶一張全家福的照片、大壁報紙
活動過程	引起動機（五分鐘） 1. 請小朋友拿出自己家中的照片。 2. 唱「我是特別的人」將小朋友焦點集中在老師身上。 3. 老師拿出大壁報紙，上面有小朋友的名字及空格處。 發展活動（三十分鐘） 1. 老師問小朋友：「今天我們要來介紹你自己，以及你家人給大家認識！」 2. 老師先拿自己的照片來做示範，「大家好，我叫○○○，這張照片是我的家人」，先向大家問好，並說出自己的名字。 3. 取照片向大家介紹照片中的人物，「這個頭髮白白的是我的爸爸、這個帥哥是我的兒子、這個胖胖身材的是我老公、這個可愛的女生就是我！」 4. 說出自己的興趣，平時在家都做些什麼？「煮東西、看書、看報紙、運動、聽音樂……） 5. 老師鼓勵小朋友說話，不論是喜歡的食物、會的才藝、運動、假日的活動都可以分享。 6. 先請一個小朋友來介紹自己的家人（這是我的爸爸、媽媽、外公、外婆……） 7. 分享完後，老師將照片貼在空格處，小朋友要說謝謝後回到位置上。 綜合活動（五分鐘） 1. 考考小朋友，誰說他很熱心的呀？誰的爸爸是卡車司機呀？（觀察小朋友是否有注意聽別人說話，注意聽別人說話也是尊重人的行為） 2. 張貼大壁報於牆面上，讓小朋友繼續討論。
活動評量	1. 能說出全家福照片內容與自己的關係（頭髮白白的是我爸爸、可愛女生是我……）。 2. 能說出一～二樣家人喜歡做的事（唱歌、看報紙、運動……）。 3. 能說出「注意聽別人說話是尊重人的行為」。
注意事項	1. 對於比較害羞的小朋友，老師要從旁協助及鼓勵。 2. 引導小朋友使用正確的家庭稱謂。
延伸活動	1. 小朋友名字與照片的配對。 2. 照片中家人的稱謂標示。 3. 家人工作訪問單。

尊重品格教學活動教案 2-4-3

設計者：楊淑雅　　　　　　　　　　進行日期：　年　月　日 星期

活動名稱	咱們串門子去	教學領域	社會（3）——利他活動
		活動時間	五十分鐘
品格主題	尊重	適用年齡	三～六歲
具體目標	1. 能說出什麼是好、壞客人。 2. 能遵守當小客人應有的禮貌。 3. 能分享當小客人的感覺。		
活動資源	布偶、禮物（乖乖桶）、穿著整齊		
活動過程	引起動機（十分鐘） 1. 老師透過布偶的對話（左右手操控），來互相邀請去誰家玩。 2. 布偶問小朋友：「是否有當過小客人或是當小主人的經驗？」 3. 如果你要去別人家玩時，要注意什麼呢？「衣服要穿整齊、要準備小禮物，要有禮貌和規矩，要收拾東西，要注意安全、不可以大叫……」 4. 老師問小朋友：那什麼是不好的客人呢？「沒有禮貌、不守規矩、要離開時不收玩具、亂闖房間、不幫忙、吵架、爬主人家沙發……」 5. 老師再複誦小朋友所說的「你的意思是說當好客人要……壞人要……」並說明等一下要拜訪○○班的小朋友。 發展活動（三十分鐘） 1. 老師帶領小朋友站在○○班的門口，示範叩門。 2. 門開後，老師帶領小朋友一起說：「大家好！我們是○○班的小朋友。」 3. 主人班邀請小朋友進來班上坐定位，由主人來說說歡迎的話。 4. 客人班表演一～二首歌曲給主人班看。 5. 主人班介紹班上可玩的區域與說明遊戲規則。 6. 在主人班進行十～十五分鐘的自由活動時間。 7. 搖鈴提醒小朋友收拾玩具等物品。 8. 老師將帶來的禮物由小朋友一同分享，並且帶入禮貌行為至分享中。 9. 分享帶來的食物及主人班所預備的食物。 綜合活動（十分鐘） 1. 回到自己班上，老師與小朋友討論當小客人感覺如何？「開心」「快樂」「可以認識新朋友」…… 2. 請小朋友分享，當小客人最棒的行為是什麼？「有守規矩」「幫忙收拾」「有禮貌」…… 3. 檢討一下是否有需要改進的事情，是否有人未能遵守規則。		
活動評量	1. 能說出各兩項好客人與壞客人的行為表現。 2. 能確實遵守當小客人應有的禮貌。 3. 能說出至少一項當小客人的感覺。		
注意事項	應事先與其他班老師聯絡好相關事項。		
延伸活動	改去小朋友家，進行家庭拜訪活動。		

尊重品格教學活動教案 2-4-4

設計者：楊淑雅　　　　　　　　　進行日期：　年　月　日星期

活動名稱	尊重表揚大會	教學領域	社會（4）──品格體驗
		活動時間	五十分鐘
品格主題	尊重	適用年齡	三～六歲
具體目標	1. 能說出一項微笑天使得獎的原因。 2. 能說出自己班所立「和善禮貌」的約的內容。 3. 能積極參與尊重表揚大會。		
活動資源	立「和善禮貌」的約卡（已護貝）、小禮物、收音機、微笑天使肩帶、佈置舞台		
活動過程	引起動機（十分鐘） 1. 集合全所小朋友在大團體區。 2. 玩「笑」的遊戲，有大笑、笑、微笑、不笑與小朋友互動遊戲。 3. 複習尊重品格主題歌「我是特別的人」、「尊重」口訣。 發展活動（三十分鐘） 1. 公布班上票選出的微笑天使，請微笑天使出列（走一下台步），接受小禮物及掛肩帶儀式，以及主持人的訪問「你為什麼會是大家選出來的微笑天使呢？」 2. 主持人請小朋友給予微笑天使熱烈的掌聲。「我們要向微笑天使學習喔！」「要如何成為微笑天使？」「經常微笑、對人有禮貌、不會大聲罵人……」 3. 分享各班所立「和善禮貌」的約（請該班小朋友起立，面向大家說出）。 4. 主持人鼓勵小朋友認真的學習，尤其完成約定的事，值得大家拍手鼓勵。 5. 「請小朋友對你旁邊的人說：『你真的很棒ㄟ！』然後互相抱一抱。」 6. 請所長頒發「和善禮貌」的約獎狀，由班上老師唸「家規內容」或小朋友自己說立約的項目，請台下孩子為其鼓掌。 7. 主持人引導小朋友拿到獎狀，要大聲說謝謝！並鞠躬下台回到位置上。 8. 以此類推，完成所有小朋友的領獎。 9. 老師們上台發表小朋友學習尊重，成為禮貌兒童的具體表現。 綜合活動（十分鐘） 1. 請各班表演「尊重」品格的相關學習活動，如口訣、兒歌、主題歌……。 2. 主持人帶領唱「我是特別的人」，結束歡樂氣氛。		
活動評量	1. 能說出一項微笑天使得獎的原因（經常微笑、對人要有禮貌、不會大聲罵人……）。 2. 能完整說出自己班所立「和善禮貌」的約內容。 3. 能參與尊重表揚大會，給予領獎者熱烈的掌聲。		
注意事項	當頒獎時，要讓小朋友學習尊重領獎的孩子。		
延伸活動	可換大組小朋友來帶領尊重歌曲、口訣、兒歌等活動複習。		

尊重表揚大會（2-4-4）

鼓勵小朋友在這個月對於學習「尊重」品格的表現。

尊重品格教學活動教案 2-5-1

設計者：楊淑雅　　　　　　　　　　進行日期：　年　月　日星期

活動名稱	水彩蠟筆畫（放煙火了）	教學領域	藝術（1）——繪畫
		活動時間	五十分鐘
品格主題	尊重	適用年齡	三～六歲
具體目標	1.能說出水彩與蠟筆有不同的特質。 2.能說出水彩與蠟筆所創作出美麗的畫。 3.能說出好朋友如何學習彼此的尊重行為。		
活動資源	水彩筆、水彩、蠟筆、圖畫紙、國慶日放煙火相關圖片、深色廣告顏料（如：藍、綠、棕、黑……等）、塑膠碗、報紙、抹布、吹風機		
活動過程	引起動機（十分鐘） 1.老師展示放煙火的相關圖片。 2.老師分享「放煙火」的相關訊息。「晚上、節慶時、在河邊施放……」 發展活動（三十分鐘） 1.老師請小朋友閉上眼睛想一想「煙火有哪些形狀、有何聲音與圖案？」 2.老師請小朋友動動腦，自行創作出不同的放煙火造型。 3.老師示範如何使用蠟筆，提醒小朋友用蠟筆畫的時候要用力。 4.發給每位小朋友圖畫紙，叫到名字的小朋友到前面領取畫紙，並禮貌地說謝謝。 5.將小朋友分成數組，讓小朋友先用蠟筆畫放煙火。並請畫好的小朋友，和其他小朋友討論作品。 6.老師示範如何使用水彩筆，告訴小朋友「煙火是放在夜空上的，現在我們來選擇想要的夜空顏色。」「黑色、藍色、深藍……」。 7.請小朋友觀察水彩是如何畫上的，「看看有沒有新發現呢？」「ㄟ～水彩和蠟筆分開了！」「蠟筆沒有被蓋住喔！」……。 8.小朋友分組進行，將水彩分放在不同區，畫水彩時，用水彩筆沾水後，可由左塗到右，把整張都塗滿。 9.畫好水彩後，找老師用吹風機吹乾或放在報紙上曬乾。 綜合活動（十分鐘） 1.小朋友想一想，為什麼水彩的水沒有把蠟筆的畫蓋住？「因為水彩是水性的，蠟筆是油性的，它們兩個不能合在一起。」 2.「它們雖然是不同的質料，但運用在一起卻是美麗的一幅畫」「就像嘟嘟和巴豆一樣，好朋友不一定都要做一樣的事，應該學習彼此的尊重行為」。
活動評量	1.能說出水彩是水性的，蠟筆是油性的。 2.能說出水彩與蠟筆雖是不同特質，但能創作出美麗的畫。 3.能說出好朋友不一定都要做一樣的事，要學習尊重和合作的行為。
注意事項	提醒蠟筆需用力地畫，加上水彩時，才會很明顯。
延伸活動	使用水彩顏色可由單色增加到多種顏色。

尊重品格教學活動教案 2-5-2

設計者：楊淑雅　　　　　　　　　　　進行日期：　年　月　日星期

活動名稱	微笑魔鏡（紙黏土鏡邊造型設計）	教學領域	藝術（2）──勞作
		活動時間	五十分鐘
品格主題	尊重	適用年齡	三～六歲
具體目標	1. 能說出創作微笑魔鏡的目的。 2. 能說出創作微笑魔鏡的作法。 3. 能享受創作並示範微笑動作。		
活動資源	各式各樣的鏡子、紙黏土（多色）、木質鏡框、白膠、棉花棒、盤子、濕抹布		
活動過程	引起動機（十分鐘） 1. 老師帶小朋友唱一首歌邊做動作：「小魔鏡呀小魔鏡，世界上誰最美麗，不是你呀不是你，白雪公主得第一，皇后聽了很生氣，變了一個毒蘋果，白馬王子救了她，娶回家裡當新娘。」說明今天要創作鏡子。 2. 老師分享帶來的各式各樣的鏡子，有掛的、手拿的、立著的、摺疊的……，請小朋友輪流欣賞一下。「小朋友也可以照鏡子微笑一下！」 3. 老師和小朋友討論創作微笑魔鏡的目的，「為什麼要照鏡子呢？」「看頭髮有沒有梳好、整理衣服……」「還可以做什麼呢？」「每天早上起床，可以對著鏡子微微笑，就會有好心情喔！」「時常對人微笑也是一種尊重人的表現。」 發展活動（三十分鐘） 1. 老師介紹「微笑魔鏡」的作法，「我們要來用紙黏土做鏡子框邊的造型設計」。 2. 老師取一小塊紙黏土，示範搓條（黏土放在手心上搓一搓，搓成像薯條一樣長長的）。 3. 「長條可以做什麼呢？」「可以做成蝸牛、愛心、圓圈……」「可以把它黏在鏡子的框邊上。」 4. 示範搓圓（把黏土放在手心上兩手搓圓，搓成小圓球）「小圓球可以做什麼？」「可以做成小葡萄、小蘋果、甜甜圈……」「再把它黏在鏡子的框邊上。」 5. 老師發材料給小朋友，讓小朋友在桌子上自由的創作。「小朋友想一想，可以做出什麼特別的鏡子框邊？」 綜合活動（十分鐘） 1. 請小朋友輪流介紹自己的微笑魔鏡，並替自己的微笑魔鏡取名字。 2. 老師請小朋友拿著自己的微笑魔鏡，對著鏡子微微笑或是做做鬼臉。 3. 「微笑是一種尊重人的表現，希望小朋友能常常微笑，成為有禮貌的孩子。」		
活動評量	1. 能說出微笑是一種尊重人的表現。 2. 能完成搓條與搓圓並在鏡子框邊上做造型。 3. 能在自己的微笑魔鏡上，示範微笑動作。		
注意事項	活動前要先把紙黏土做好分配。		
延伸活動	木質鏡框有多種樣子，除了用拿的還可以用掛的。		

鼓勵幼兒每天可以對著鏡子微笑，自重便能重人，
就是尊重的表現。「微笑是一種尊重人的表現，幼
兒能常常微笑，就能成為有禮貌的孩子。」

尊重品格教學活動教案 2-6-1

設計者：楊淑雅　　　　　　　　　進行日期：　年　月　日 星期

活動名稱	我是特別的人	教學領域	音樂律動（1）──品格主題歌
		活動時間	三十分鐘
品格主題	尊重	適用年齡	三～六歲
具體目標	\multicolumn{3}{l}{1. 能說出「我是特別的人」這首歌的意思。}
	\multicolumn{3}{l}{2. 能完整地唱出「我是特別的人」這首歌的歌詞。}
	\multicolumn{3}{l}{3. 能說出喜歡自己，也是一種尊重自己的表現。}
活動資源	\multicolumn{3}{l}{木魚、鈴鼓、響板、大字報（已寫好歌詞在上面）}
活動過程	\multicolumn{3}{l}{引起動機（五分鐘）}

活動過程

引起動機（五分鐘）
1. 老師先放暖身的輕音樂，讓小朋友活動筋骨、動動身體。
2. 請小朋友向左右邊的同學問候「我是○○○，今天很高興看到你！」
發展活動（二十分鐘）
1. 老師分享每個人都是特別的，我們都要愛自己。
2. 老師教唱「我是特別的人」這首歌：

我是特別的人

我是特別的人，無人能像我，大家叫我○○○，我喜歡我自己，

我是特別的人，你也是特別的，相親相愛，我們都是好朋友！

3. 老師帶領小朋友反覆唱幾次，將歌詞唱熟，並解釋歌詞。
4. 「我們每一個人都是世上獨一無有的寶貝」「你知道我們每個人的手紋都不一樣喔！」「你的名字也是大人對你關心所取的」「因此我們每一個人都要喜歡自己」「你喜歡自己嗎？」老師請小朋友發表想法。
5. 「如果有人不喜歡自己那怎麼辦？」「會很可憐、也不會有朋友、不開心……」「所以我們都要常常發現自己的優點」「喜歡自己的人，別人也會喜歡你喔」。
6. 請小朋友出來表演動作，從自創的動作中，把動作帶入歌詞內。
7. 老師加入木魚、鈴鼓、響板等樂器表演，使歌曲更加有趣。
綜合活動（五分鐘）
1. 請小朋友上台表演，透過樂器演奏，做有節奏的練習。
2. 「當我們每一個人都喜歡自己時，就是一種尊重自己的表現。」

活動評量	1. 能知道「我是特別的人」這首歌的意思就是要喜歡自己。
	2. 能完整地唱出「我是特別的人」這首歌的歌詞及做動作。
	3. 能說出喜歡自己，也一種尊重自己的表現。
注意事項	樂器應為每個人備一份，或有多重性的選擇。
延伸活動	1. 樂器有人敲一拍，有人敲兩拍。
	2. 把「我」改成「你」來唱。
	3. 玩錄音遊戲，錄下小朋友唱的，再放給小朋友聽。

尊重品格教學活動教案 2-6-2

設計者：楊淑雅　　　　　　　　　　進行日期：　年　月　日星期

活動名稱	老師說（指令遊戲）	教學領域	音樂律動（2）──遊戲活動
		活動時間	四十分鐘
品格主題	尊重	適用年齡	三～六歲
具體目標			

活動名稱	老師說（指令遊戲）	教學領域	音樂律動（2）──遊戲活動
		活動時間	四十分鐘
品格主題	尊重	適用年齡	三～六歲
具體目標	1. 能夠聽指令並做出動作。 2. 能說出被尊重的感覺。 3. 能喜愛參與遊戲活動。		
活動資源	麥克風（特別設計自製麥克風）一支		
活動過程	引起動機（七分鐘） 1. 請小朋友搬椅子圍坐在集合區上。 2. 老師帶領小朋友玩「請你跟我這樣做」「我會跟你這樣做」。 3. 由老師請一位小朋友來說，請其他小朋友來做。 發展活動（二十五分鐘） 1. 老師將小朋友分成兩組，兩組人數要相同（分成 A、B 兩組）。 2. 老師解釋遊戲規則，這個遊戲叫做「老師說」。 　(1) 由 A1 小朋友挑戰 B1 小朋友先猜拳。 　(2) 贏的人就先說「老師說」，另一個人就要做動作。 　(3) 若沒有說「老師說」那個人就做動作的話就是輸了。 　(4) 最多玩三次，輸的人要回到位置上，換該組的下一位來玩。 3. 看看哪組人數最多，那一組就贏了。 綜合活動（八分鐘） 1. 老師請小朋友分享玩遊戲的心情？「好好玩」「我聽不清楚指令」「會愈來愈知道怎麼玩」「我們這組贏了」……。 2. 「你為什麼覺得好玩呢？」「比賽、比動作、聽到才可以比動作、和好朋友玩……」 3. 請輸的那一組為贏的那一組拍拍手鼓勵。 4. 請輸的那一組來分享為什麼會輸，是不是沒聽清楚指令？ 5. 請小朋友說明遊戲規則。「要聽見『老師說』才能做動作」		
活動評量	1. 能夠聽取指令並做出動作（聽見「老師說」才能做動作）。 2. 能說出被尊重的感覺（輸的一組沒有生氣的表現、能分享輸的原因）。 3. 能說出最喜歡遊戲活動的哪個部分（比賽、比動作、和好朋友玩……）。		
注意事項	1. 注意小朋友所說的指令動作是否適宜。 2. 小朋友是否有將動作做得正確。		
延伸活動	1. 由一組派代表玩，到整組一起參與，若同組有人做錯，整組就算輸。 2. 「老師說」可改成「爸爸說」「媽媽說」或同時有兩種說法存在。例如：聽到「爸爸說」和「老師說」才可以做動作，若是另一個就不算數。		

尊重品格教學活動老師評量表

日期：　　　　　　　　　　　　　　　　　填表者：

編號	活動項目	優 5	佳 4	可 3	普 2	劣 1
2-1-1 語文	品格典範：解放黑奴的林肯總統					
2-1-2 語文	品格學習單：立「和善禮貌」的約（制定班規與家規）					
2-1-3 語文	品格口訣：尊重口訣					
2-1-4 語文	品格兒歌：尊重					
2-1-5 語文	繪本分享：嘟嘟和巴豆					
2-1-6 語文	討論活動：身體你我他（尊重自己和別人的身體、危機處理）					
2-2-1 數學	數數活動：我們都是一家人					
2-2-2 數學	量與符號活動：微笑快樂多（微笑卡 1-10 量與符號配對）					
2-2-3 數學	基本運算活動：上街買禮物去（DM ＋銀行遊戲）					
2-2-4 數學	應用活動：票選微笑天使					
2-3-1 自然	品格觀察家：相親相愛的台灣獼猴					
2-3-2 自然	實驗活動：無字天書					
2-3-3 自然	體驗活動：大家來喝茶					
2-3-4 自然	踏青活動：芝山岩古道					
2-4-1 社會	品格劇場：是蝸牛開始的					
2-4-2 社會	利己活動：寶貝我的家					
2-4-3 社會	利他活動：咱們串門子去					
2-4-4 社會	品格體驗：尊重表揚大會					
2-5-1 藝術	繪畫：水彩蠟筆畫（放煙火了）					
2-5-2 藝術	勞作：微笑魔鏡（紙黏土鏡邊造型設計）					
2-6-1 音樂律動	品格主題歌：我是特別的人					
2-6-2 音樂律動	遊戲活動：老師說（指令遊戲）					
	總分：110 分					

一、進行本次品格活動，我的想法：

_____

二、我在帶領本次品格活動時，最有成就感的一件事：

_____

三、我碰到的難處：

_____

教學主管簽名：

尊重品格教學活動幼兒學習評量表

班級：　　　　　　　幼兒姓名：　　　　　　　日期：

說明：班上老師根據在品格教學活動期間，觀察幼兒學習「尊重」的表現，愈高分表示學習狀況愈好，並以 √ 來表示。

六大領域學習內容		1分	2分	3分	4分	5分
語文	1. 能說出林肯解放黑奴的原因					
	2. 能說出兩樣以上和善禮貌的行為					
	3. 能說出三個尊重口訣並加上動作					
	4. 能完整地唸出一首兒歌內容					
	5. 能說出要尊重朋友之間的一樣和不一樣					
	6. 能說出嘴巴、乳房、屁股與生殖器官是不可以被他人觸摸的身體部位					
數學	7. 能完成四種顏色（紅、黃、黑、白）的分類					
	8. 能完成微笑卡 1-10（1-5）量與符號的配對					
	9. 能說出 10 個 1 = 10、10 個 10 = 100					
	10. 能參與票選微笑天使，畫出三位小朋友					
自然	11. 能模仿一個台灣獼猴相親相愛的動作					
	12. 能說出檸檬汁遇到烘烤後，會出現黑黑的字					
	13. 能說禮貌用語「請、謝謝、不客氣、對不起」					
	14. 能分享尊重大自然的禮貌行為					
社會	15. 能說出至少兩種得罪別人後的處理方法					
	16. 能使用正確稱謂，來介紹相片中的家人					
	17. 能說出三項好客人與壞客人的行為表現					
	18. 能參與尊重表揚大會，並給予得獎者拍手鼓勵					
藝術	19. 能說出水彩是水性的，蠟筆是油性的					
	20. 能創作微笑魔鏡，並示範微笑動作					
音律樂動	21. 能唱出「我是特別的人」這首歌					
	22. 能完成「老師說」的指令並做出動作					

在本次品格活動中，小朋友最感到有興趣的活動為：

老師簽名：　　　　　　　園長簽名：

尊重品格教學活動家長評量表

班級：　　　　幼兒姓名：　　　　　　　　　　　　　日期：

請家長根據對幼兒的觀察，評量孩子「尊重」的表現，愈高分表示您愈贊同，請以 √ 來表示，填完評量表，請隨親子手冊交回班上，謝謝！

學習態度	1分	2分	3分	4分	5分
1. 會說出林肯是尊重品格的代表人物					
2. 能說出三個尊重口訣並加上動作					
3. 能唸出一首尊重兒歌的內容					
4. 能說出自己的嘴巴、乳房、生殖器官與屁股是不可被人觸摸的					
5. 能說出不同人種有不同的膚色：黃種人、白種人……					
6. 有 10 個 1 ＝ 10（10 個 10 ＝ 100）的概念					
7. 能分享班上所票選的微笑天使					
8. 能模仿一個台灣獼猴相親相愛的動作					
9. 會說禮貌用語：「請、謝謝、對不起、不客氣」					
10. 能說出一個尊重大自然的禮貌行為					
11. 能使用正確稱謂來稱呼家人					
12. 能說出好客人與壞客人的行為表現					
13. 能與家長分享自己做的微笑魔鏡					
14. 會唱品格主題歌：我是特別的人					
家長的話：					

家長簽名：

給家長的一封信

親愛的家長您好：

　　從小培養小朋友尊重的美德，因為「尊重是人與人之間建立關係的最佳橋樑，也是尊重大自然、愛護地球等環保概念形成的重要基礎。從小建立『尊重人、事、物』的概念，相信和諧、愉快的人生將如影隨形。」

　　學校將進行的是「尊重」品格，我們給尊重下的定義是：教導小朋友對待別人能將心比心，欣賞和接納彼此的不同，別人講話要仔細聆聽，並且要有禮貌的行為，不做欺負及嘲笑別人的事。

　　為使品格教學活動發揮功效，我們設計了二十二種品格教學活動，在強調品格、要求品格與表揚品格之下，讓孩子能沉浸在這種氛圍裡，在日常生活當中自然地學習並內化。

　　因此，我們更需要家長您的配合，在家園同心下，讓孩子有好的學習開始，請您配合的事項如下：

（一）立「和善禮貌」的約

1. 小朋友將帶回「立『和善禮貌』的約」卡片，在卡片上已有小朋友在班上討論要有的尊重禮貌行為，即為班上的班規，請家長唸給小朋友聽，並肯定支持孩子願意做個有禮貌的小孩，最後請爸爸、媽媽簽上您的大名，以表示重視。

2. 另外在卡片的下方空格處，請家長在家中召開「家庭會議」，和家人們一起討論與制定家庭成員應該遵守的禮貌約定，即為家中的家規，項目勿過多，原則上以一～三項家規即可（若家長臨時想不出可訂什麼，可參考「七十種孩子應該學會的重要禮儀」，選擇出適合家庭成員的項目）。

3. 此卡請於_____前讓小朋友帶回學校，我們將會影印一份讓小朋友帶回張貼，另外我們會為此卡護貝做為獎卡，在「尊重表揚大會」上頒獎。

（二）家庭作業：與親親寶貝愛的約會

1. 小朋友將帶回「與親親寶貝愛的約會」的活動卡，活動內容主要是希望家長找一個時間單獨與您的寶貝相處，共同做些事，可以聊聊天、聽聽寶貝們想說的話……並分享你們的新感受與新發現。

2. 請家長將您與小朋友的新感受與新發現記錄在活動卡上，可以畫圖也可以貼上寶貝的照片，亦可以做活動卡的框邊設計，家長與小朋友可自由發揮。

3. 活動進行時間為＿＿＿，並請於＿＿＿前，讓小朋友將活動卡帶回學校，我們將在團體活動中，請小朋友與大家分享。

實施「尊重」的品格教育，是大人們送給孩子幸福人生最重要的精神禮物。

○○幼兒園啓

尊重──家庭作業

與親親寶貝愛的約會

幼兒姓名：　　　　　　　　　　　　班級：

親愛家長您好：

　　要教導孩子學習尊重的最好方法，就是要讓孩子覺得您重視他（她），並能享受親子在一起美好的氣氛與關係，當孩子確認自己在父母心中所占的重要位置，就能提昇孩子的自尊心，因而能先自重而後重人，這是學習「尊重」的基礎。

　　請家長於＿＿＿＿＿＿之間，安排週間的一個休假，只要半天就好，帶著您的寶貝約會去，這裡的對象只有單獨您與孩子，想想您們可以做的事，討論後就去執行它，最後並與我們分享您與寶貝的新發現。

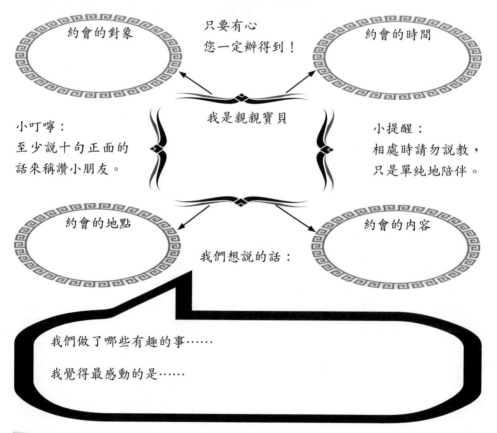

約會的對象

只要有心
您一定辦得到！

約會的時間

我是親親寶貝

小叮嚀：
至少說十句正面的
話來稱讚小朋友。

小提醒：
相處時請勿說教，
只是單純地陪伴。

約會的地點

約會的內容

我們想說的話：

我們做了哪些有趣的事……

我覺得最感動的是……

尊重──家庭作業（範例）

家庭作業
與親親寶貝愛的約會 ♡♡

幼兒姓名：　　　　　　　　班級：

親愛家長您好：

　　要教導孩子學習尊重的最好方法，就是要讓孩子覺得您重視他（她），並能享受親子在一起美好的氣氛與關係，當孩子確認自己在父母心中所佔的重要位置，就能提昇孩子的自尊心，因而能先自重而後重人，這是學習「尊重」的基礎。

　　請家長於 94.10.10-21 之間，安排 週間的一個休假 ，只要半天就好，帶著您的寶貝約會去，這裡的對象只有單獨您與孩子，想想您們可以做的事，討論後就去執行它，最後並與我們分享您與寶貝的新發現。

約會的對象

媽媽

只要有心
您一定辦
得到！

約會的時間
10月22日
家
PM 8:00～9:00

小叮嚀：
至少說 10 句正面的
話來稱讚小朋友。

我是親親寶貝

小提醒：
相處時請勿說教，只
是單純地陪伴。

約會的地點

家中

約會的內容

讀書應
有的態度

我們想說的話：

我們做了那些有趣的事……
姊姊為了準備考試，在看書、邊看書邊聽音樂，弟弟說：「她的態度不好」，於是自己主動拿了一本書坐在椅子上後告訴我，讀書的態度要像他這樣才對

我覺得最感動的是……
○○告訴我：「媽媽妳放心，我現在開始會用功讀書，長大後我當醫生之後會買房子給妹住，買桌子讓妳開」。

　　說明：本卡請於 94 年 10 月 24 日星期一前交回班上老師，謝謝！

1. 品格典範：解放黑奴的林肯總統

    (1) http://celebrity.50g.com/htmlpage/newpage24.htm

    (2) http://tw.knowledge.yahoo.com/question/? qid=1105070606519

    (3) http://www.epochtimes.com/b5/0/11/2/c2595.htm

    (4) http://tw.knowledge.yahoo.com/question/? qid=1405120714638

2. 討論活動：身體你我他（尊重自己和別人的身體、危機處理）

    (1) http://ms1.lpjh.ylc.edu.tw/~jan709/live930103.doc

    (2) http://health.healthonline.com.tw/article/p501.html

    (3) http://www.healthonline.com.tw/article.asp? channelid=64&serial=824

    (4) http://childsafe.isu.edu.tw/

    (5) http://www.goh.org.tw/chinese/main.asp

3. 品格觀察家：相親相愛的台灣獼猴

    (1) 台灣獼猴 http://tw.knowledge.yahoo.com/question/? qid=1305082512566

    (2) 台灣獼猴可以養嗎？http://tw.knowledge.yahoo.com/question/? qid=1105060404
    540

    (3) 柴山的獼猴和高雄人 http://eec.kta.org.tw/naturepark_html/tkmexplain2.htm

    (4) 木柵動物園：http://www.zoo.gov.tw/exhibit/formosa.shtml

    http://www.zoo.gov.tw/searchinfo.asp? si=2&xpaid=13

    （即時影像）

4. 踏青活動：芝山岩古道

    (1) http://www.dortp.gov.tw/rdortp/chishin06.htm

    (2) http://www.taconet.com.tw/dolphin

    (3) http://forum.yam.org.tw/women/backinfo/recreation/nature/trail_1.htm

    (4) http://naturet.ngo.org.tw/naturet2/trail/01_zs/

CHAPTER 5

勇氣品格

【我會面對害怕，接受挑戰，成為一個勇敢的人】

壹、品格能力篇

一、什麼是勇氣

勇氣是一種在我們面對困難、危險或痛苦時，可以讓我們掌控情勢的方法。我們可以正視自己心中的恐懼，認定那是一種挑戰，而思考出應變對策，並藉此來建立我們的勇氣，簡單的說，勇氣是一種不怕困難的力量。

二、說說害怕的感覺

1. 害怕是我們感受到危險的時候自然產生的強烈情緒反應，這種反應發生時，心理上通常會產生痛苦、脆弱的感覺，生理上則可能出現肌肉緊張、手腳發冷、呼吸急促、心跳加速及準備逃離現場等反應。

2. 令人感到害怕的人、事、物，有些是具體、現實的，例如：怕打雷、怕巨聲、怕蛇、怕蟑螂……，有些則是不具體的，例如：怕黑、怕失敗等。

3. 成人對幼兒害怕的迷思：「害怕就是不勇敢！」「不可以覺得害怕！」「沒什麼好怕的！」「怕不可以哭出來！」成人應該協助孩子了解這些都是正常的反應，進一步鼓勵孩子面對害怕的事物與害怕的感覺。

無論大人或小孩都會經歷害怕感覺。

三、問題與反思

1. 回想一個你感到害怕的時刻,你如何反應?你是否在心神安定下來後才開始行動?情況如何?你是否從經驗中學到關於害怕的原因?

2. 回想當你是還是個孩子的時候,某些使你害怕的事物,當時你曾經用什麼樣的策略來面對你的恐懼?你現在有的是什麼樣的恐懼?你現在用的是什麼樣的因應策略?

3. 拿一張紙列出害怕或恐懼的事物,想想這些恐懼的事物是如何影響我們對於恐懼的態度,而這害怕的態度是否也影響了孩子的行為呢?

四、可以與孩子討論

1. 想一想你最害怕什麼東西呢?

2. 當你害怕時,你會做什麼事情,讓自己不害怕?

3. 恐懼、害怕是一件好事嗎?還是一件不好的事呢?

4. 大人也會害怕,當大人害怕時,會做一些什麼事來幫助自己比較不害怕呢?

5. 想一想當我們面對恐懼、害怕時,有什麼處理的好方法?

有時候恐懼是適當的,因恐懼而來的行動會帶給孩子安全。

五、教導「勇氣」的一般性原則

(一)稱讚嘗試

稱讚的是一種願意嘗試的心,不管是否有成。例如:嘗試吃一種新食物、跟新朋友說話、做一個新模型、讀一本難度較高的書、第一次上台說話……等,都值得鼓勵。

（二）以身作則

讓小孩明白大人也會遇到困難，但是如果克服完成它，或是雖然沒有完成它，卻也是勇氣的表現。

（三）幫助孩子了解勇氣的形成

「準備」、「信心」是形成勇氣的要素，如果有充分的準備就會有勇氣，相信自己能把正確的事做好，就是勇氣的關鍵。

> 勇氣是面對危險、痛苦或困難，而不退縮的能力。勇氣是因為知道自己的言行是誠實的、正確的、公正的，而產生的無畏精神和信心。

六、給老師的小叮嚀

1. 鼓勵孩子談論他們的恐懼。
2. 提供遊戲機會來讓孩子們表達他們的恐懼。
3. 透過恐懼主題，做戲劇角色扮演。
4. 留意孩子在學校裡勇敢的行動。
5. 增加知識，有助於減低對某事物的恐懼，以降低心中的害怕。
6. 肯定與支持孩子有勇氣，來忍受嘲弄和面對同儕壓力。
7. 成人示範勇氣的表現，教孩子注視人們的眼睛，這是一個表現勇氣的習慣。
8. 成人不在孩子面前裝勇敢，而是示範如何去面對它。
9. 讓孩子有機會大聲朗讀、練習上台說話、唱歌、分享等，有助於勇氣的培養。
10. 當孩子表現出某種恐懼時，幫助他們想方法加入些創意來勇敢面對。

七、給父母的小叮嚀

1. 培養自信心，信心使人充滿勇氣，讓孩子做好萬全的準備，這樣他才敢勇於表達。例如：老師教唱兒歌後，可以經常練習。

2. 要求孩子回答問題時要大聲，讓別人聽得很清楚。

3. 正視孩子的恐懼，不可嘲笑孩子。

4. 不要在孩子面前重複敘述孩子膽小的問題。

5. 打斷孩子的逃避行為，心平氣和地陪伴在孩子身邊。

6. 循序漸進原則，如：怕蛇，可先從看小張的可愛蛇貼紙開始。

7. 重複強調孩子勇敢的行為，以增強孩子的勇敢特質。

8. 多讓害怕的事物與喜歡的事物一起出現，可以沖淡害怕感覺，進而增加喜歡。

9. 避免第二次傷害，內向的孩子對自己的錯誤總是耿耿於懷，在孩子對你訴說後悔的事，你可以告訴他：「這件事已經過去了，你有勇氣去面對它，真好。」

10. 正面示範，遭遇挫折時消極墮落或力圖奮發？可舉「偉人」的故事激發孩子。

> 我們不該淡化孩子的恐懼，要去承認它，並告訴孩子如何管理它。
>
> 管理要因時因地制宜，有時候恐懼是無來由的，我們可以藉由經歷恐懼的境況，幫助孩子探索恐懼（看看床下有什麼、在黑暗中愉快散步），有時候是必須忍受恐懼（就像打針），但我們可以經由與孩子身體和情緒的親密接觸，幫助孩子忍受（「我在你身邊」）。

∽⌒ 參考文獻 ⌒∽

枳園（譯）（2001）。教孩子正確的價值觀（二版）。台北市：大地。

陳麗蘭（譯）（2001）。與孩子談美德：**16**個影響人生的重要價值觀。台北市：光
　　佑。

黃維明（譯）（2005）。我好害怕。台北市：天下雜誌。

橄欖翻譯小組（譯）（2001）。**40**法建立孩子正確的價值觀。台北市：橄欖基金
　　會。

貳、品格教學篇

一、「勇氣」的相反詞

膽怯（fearfulness）、害怕〔恐懼（fear）〕。

二、「勇氣」的定義

能克服害怕，肯嘗試不同挑戰，激發出解決困難的力量。

> 預期成效：
>
> 幫助幼兒能夠面對害怕，並且想辦法克服害怕，能嘗試不
> 同挑戰，最後可以激發出解決困難的力量。

三、教學目標

1. 認識「勇敢」品格所代表的意思。
2. 知道害怕的感覺並學習分辨反應。
3. 培養孩子能面對害怕的勇氣能力。
4. 利用創意點子來克服害怕。

四、六大領域活動

（一）語文

1. 品格典範：用腳飛翔的女孩——蓮娜瑪麗亞。（3-1-1）
2. 品格學習單：勇敢小戰士（連連看）。（3-1-2）
3. 品格口訣：（3-1-3）
   (1)我會勇敢說出害怕的事。
   (2)我會有勇氣嘗試新的學習。
   (3)當我害怕時，我會使用創意點子。

4. 品格兒歌：

(1) 媽媽不見了。

(2) 流浪狗。

(3) 勇敢的小寶貝。（3-1-4）

(4) 雷雨夜。

(5) 神奇小寶貝。

(6) 成功勝利。

5. 繪本分享：

書名	出版社／年份	內容摘要
我好害怕	天下雜誌／2005	因擔心而產生的害怕情緒及解決方法。
小黑魚	上誼／1993	以群體力量嚇阻大魚的攻擊，有勇氣及方法來克服困難。
勇敢的莎莎	三之三／1993	學習分辨真害怕與假勇敢。（3-1-5）
潔西卡和大野狼	遠流／1998	人人都有害怕的時候，重要的是要相信自己有能力解決。

✻ 延伸閱讀：

(1) 樓梯底下的熊／青林／2003

(2) 鱷魚怕怕牙醫怕怕／信誼／1998

(3) 膽小阿迪和毛毯賊／上誼／2001

(4) 雷公糕／遠流／2000

(5) 第一次拔牙／信誼／1990

(6) 我好擔心／信誼／2000

(7) 床底下的怪物／上誼／1993

(8) 小貓頭鷹／上誼／1998

(9) 子兒吐吐／信誼／1993

(10) 魔奇魔奇樹／和英／2001

6. 討論活動：害怕，不要躲！（3-1-6）

（二）數學

1. 數數活動：膽量大會考——神秘箱。（3-2-1）

2. 量與符號活動：小黑魚（1-10 量與符號配對）。（3-2-2）

3. 基本運算活動：籽兒數數（加起來都是 10）。（3-2-3）

4. 應用活動：一月大二月小。（3-2-4）

（三）自然

1. 品格觀察家：萬獸之王——獅子。（3-3-1）

2. 實驗活動：火山爆發。（3-3-2）

3. 體驗活動：酸甜苦辣大家嚐。（3-3-3）

4. 踏青活動：參觀靖娟兒童安全文教基金會。（3-3-4）

（四）社會

1. 品格劇場：我好害怕（魅力四射電影院）。（3-4-1）

2. 利己活動：三隻小豬逃命路線圖。（3-4-2）

3. 利他活動：三隻羊過橋。（3-4-3）

4. 品格體驗：跟害怕說拜拜——勇氣大會。（3-4-4）

（五）藝術

1. 繪畫：魔奇魔奇樹。（3-5-1）

2. 勞作：勇氣手袋偶。（3-5-2）

（六）音樂律動

1. 品格主題歌：我是勇敢小戰士。（3-6-1）

2. 遊戲活動：棉花糖。（3-6-2）

五、家庭作業──勇氣創意點子

透過家長與幼兒一起構思勇氣創意點子，並且把點子畫下來，最後請爸媽記錄點子功能，協助幼兒完成他（她）的勇氣點子具體物創作，最後為「勇氣創意點子」取一個名字，再帶回班上與同學分享，並在勇氣大會中分享「勇氣創意點子」並接受表揚。

附錄

品格主題歌

我是勇敢小戰士

我是勇敢小戰士，喜愛勇敢不退縮，每天培養好信心，認真學習我努力，勇敢是我好品格，不怕大挑戰，我有勇氣在心裡，一點一點去實現。

品格遊戲

棉花糖

棉花糖，棉花糖，愈走愈害怕，走到一半坐下來，「ㄎㄡ　ㄎㄡ　ㄎㄡ你是誰」「我是棉花糖」「為什麼這麼晚才回來？」「因為我怕○○○」「我就是○○○」。

品格兒歌

媽媽不見了

夜市好熱鬧喔！好多人耶！是呀！哥哥！你要把妹妹牽好，不可以亂跑哦！哇！妹妹！妳看，好多的玩具耶，噫！媽媽呢？媽媽不見了！妹妹！不要哭！不要怕！我們不要亂跑，哥哥陪妳在這裡等，媽媽很快就會來找我們，哈！媽媽從那邊走過來了，媽媽！我們在這裡啦！

流浪狗

姊姊，你看，好可愛的小狗喔！「汪！汪！」妹妹！快把小狗放下來，母狗跑過來了，牠會咬人！妹妹，不要哭！不要跑！我慢慢蹲下去，脫鞋子來嚇牠！你大聲的喊，把牠嚇跑，哇──哇──哈！有大人跑過來了！
母狗也被我們嚇跑了。

勇敢的小寶貝

我是勇敢小寶貝，跌倒、爬起，不會哭！生病、拔牙、看醫生，哈！這是一件小 Case，護士阿姨對我豎姆指，打針吃藥小節目，爸爸誇我小勇士，我要媽媽抱抱、膚一膚。

雷雨夜

哈！老天爺真糊塗，沒開燈、水龍頭也沒關；人老眼睛花，劃起火柴棒是閃電，可惜聲音大了點，害得我家也沒電，姊姊、妹妹不要怕，我們家裡很安全，等老天爺找到手電筒，就不會再劃火柴棒了，關了水龍頭，雨就停了。

神奇小寶貝

我不怕，雖然我不會，但是我肯做，認真學。擦、抓、握、舀、篩，穿脫衣服自己來，鞋子、襪子、綁鞋帶，動作正確，一步一步慢慢來，爬繩網、走獨木、盪鞦韆，一次、兩次、勇敢再嘗試，我是可愛的神奇小寶貝。

成功勝利

我不怕，雖然我不會，但是我肯做，認真學。騎單車，摔倒再爬起，學游泳，教練在旁，沒問題。憋氣悶水、腳踢手划，雖然不是很容易，克服害怕的心理，膽大心細加毅力，成功！勝利！成功！勝利！

勇氣品格教學活動教案 3-1-1

設計者：楊淑雅　　　　　　　　　　進行日期：　年　月　日星期

活動名稱	用腳飛翔的女孩——蓮娜瑪麗亞	教學領域	語文（1）——品格典範
		活動時間	五十分鐘
品格主題	勇氣	適用年齡	三～六歲
具體目標			

具體目標	1. 能說出蓮娜瑪麗亞出生時的樣子。 2. 能說出蓮娜瑪麗亞有什麼特別的地方。 3. 能說出蓮娜瑪麗亞有哪些勇敢的表現。
活動資源	蓮娜瑪莉亞 DVD 或錄影帶（用腳飛翔的女孩）
活動過程	引起動機（五分鐘） 複習唱「我是特別的人」。「有一個人她很特別喔！她沒有手，可是她可以用腳彈琴、煮飯、畫圖，還可以開車喔！她是怎麼辦到的呢？她克服了許多的困難，還成為全世界有名的演唱家，讓我們一起來看看蓮娜瑪麗亞的故事。」 發展活動（四十分鐘） 1. 播放「用腳飛翔的女孩——蓮娜瑪麗亞寫真」，總共有三十分鐘。 2. 老師問小朋友：「蓮娜瑪麗亞出生時是長什麼樣子呢？」「她一出生就沒有雙手，左腿只有右腿的一半長」「她的媽媽要怎麼照顧她呢？」「照顧殘障的孩子是很辛苦的，但她爸媽的愛很特別，教導她看自己的缺陷，所以在她很小的時候，有一次她摔倒在地上，大哭著要媽媽扶她起來，她媽媽不肯，要蓮娜瑪麗亞自己站起來。」「因此蓮娜瑪莉亞很獨立、不怕困難、勇於嘗試」。 3. 「蓮娜瑪麗亞有什麼特別的嗎？」「三歲學游泳、四歲拿針刺繡、五歲時完成了第一幅十字繡作品、並開始學裁縫，中學時縫製了第一件洋裝，十五歲進入瑞典游泳國家代表隊，十八歲參加世界冠軍盃比賽，打破世界紀錄，並且拿下好多面金牌。十九歲拿到汽車駕照，喜歡和朋友駕車出遊。音樂更是她的最愛，成為全球知名演唱家，榮獲瑞典皇后個別接見，在全世界都好有名。」 綜合活動（五分鐘） 1. 老師問小朋友：「蓮娜瑪麗亞是怎麼樣的人？」「是勇敢、有信心的人」。 2. 討論「勇氣是什麼意思呢？」「勇氣就是不怕困難、願意去嘗試」。 3. 「什麼是蓮娜瑪麗亞勇氣的表現呢？」「蓮娜瑪麗亞在生活上的大小事都自己處理，用腳完成所有手能做的事——用腳打字、拿筷子、開車、彈鋼琴……，蓮娜瑪麗亞說：『生活中沒有任何讓我沮喪的事，我花了很多時
活動評量	1. 能描述蓮娜瑪麗亞出生時的樣子（沒有雙手，左腿只有右腿的一半長）。 2. 能說出一～二項蓮娜瑪麗亞特別的地方（三歲學游泳、四歲拿針刺繡……）。
注意事項	留意孩子看到蓮娜瑪麗亞身體殘缺時的反應，能有正向的引導。
延伸活動	在工作或遊戲時間，播放蓮娜瑪麗亞的音樂 CD，讓小朋友來聆聽。

勇氣品格教學活動教案 3-1-2

設計者：楊淑雅　　　　　　　　　　進行日期：　年　月　日 星期

活動名稱	勇敢小戰士（連連看）	教學領域	語文（2）——品格學習單
		活動時間	四十分鐘
品格主題	勇氣	適用年齡	三～六歲
具體目標	\multicolumn{3}{l}{1. 能說出害怕的感覺。 2. 能說出面對害怕時的勇敢表現。 3. 能完成連連看，並自創一個克服害怕的勇氣方法。}
活動資源	\multicolumn{3}{l}{手偶、色筆、鉛筆、「勇敢小戰士」連連看}
活動過程	\multicolumn{3}{l}{引起動機（五分鐘） 1. 老師和小朋友討論「害怕的感覺是什麼？」「會發抖、好緊張、手上會冒汗、呼吸急促、很想上廁所、想要哭……」 2. 「小朋友，有沒有害怕的事呢？」請小朋友發表害怕的經驗。 發展活動（三十分鐘） 1. 老師和小朋友討論怎樣才能克服害怕。「如果你真的很怕黑，那要怎麼辦呢？」「抱抱我的娃娃、找小朋友陪我、找爸媽陪……」「怕同學不和你玩，那要怎麼辦呢？」「要先問一下、主動幫助小朋友……」「怕跟爸爸媽媽分開，那要怎麼辦呢？」「看看爸爸媽媽的相片、抱我的臭臭被、打電話給爸爸媽媽……」「怕上台表演，那要怎麼辦呢？」「找一個小朋友陪我上台、鼓起勇氣上台、不要第一個就表演……」 2. 老師拿出學習單，讓小朋友看左邊四個圖並說明內容「怕跟爸爸媽媽分開、怕黑、怕同學不和我玩、怕上台表演」，再解釋右邊五個圖「找一個小朋友陪我上台、看看爸爸媽媽的相片、抱抱我的娃娃、我會主動幫助小朋友」「還有一個空白沒有圖案的是要自己也想一個」，看左右邊圖能不能連起來。 3. 老師帶領小朋友唸學習單上的字「我想學習當一個有勇氣的孩子，成為一個勇敢的小戰士。想一想當我害怕時，我可以怎麼做？用什麼方法呢？」 4. 發下學習單讓小朋友來做，依照左邊圖片的問題來做右邊圖片的連連看。 綜合活動（五分鐘） 1. 老師請小朋友分享，自創一個克服害怕的勇氣方法。 2. 老師讚美小朋友們能提出好點子來克服自己害怕的事，同時鼓勵小朋友不管遇到什麼害怕的事，都要拿出勇氣及好點子來克服害怕。}
活動評量	\multicolumn{3}{l}{1. 能說出一～二項害怕的感覺（會發抖、冒汗、很想上廁所、想要哭……）。 2. 能完成害怕事物與勇氣圖片的連連看（如：怕黑——抱抱我的娃娃……）。 3. 能說出自創一個克服害怕的勇氣方法的內容。}
注意事項	\multicolumn{3}{l}{如果小朋友想不出如何克服害怕的感覺時，老師需從旁協助引導，並幫忙寫下來。}
延伸活動	\multicolumn{3}{l}{老師將小朋友的學習單展示於教室中。}

勇氣 3-1-2

「勇敢小戰士」連連看

幼兒姓名：　　　　　　日期：　　　　　　老師簽名：

我想學習當一個有勇氣的孩子，成為一個勇敢的小戰士。想一想當我害怕時，我可以怎麼做？用什麼方法呢？（可複選）

怕跟爸爸媽媽分開

怕黑

怕同學不和我

怕上台表演

找一個小朋友陪我上台

看看爸爸媽媽的相片

抱抱我的娃娃

我會主動幫助小朋友

我自己也想一個

勇氣品格教學活動教案 3-1-3

設計者：楊淑雅　　　　　　　　　　進行日期：　年　月　日星期

活動名稱	勇氣口訣	教學領域	語文（3）——品格口訣
		活動時間	三十五分鐘
品格主題	勇氣	適用年齡	三～六歲
具體目標			

具體目標	1. 能說出克服害怕的勇氣方法。 2. 能說出勇氣的口訣及比劃出動作。 3. 能上台表演勇氣口訣給大家看。
活動資源	兩隻手偶（甲、乙）、大字報
活動過程	引起動機（十分鐘） 老師透過兩隻手偶來對話：「我昨天做了個惡夢喔！我好害怕喔！」「你害怕什麼呢？」「就是害怕嘛！」「我在你身邊，你要不要勇敢的說出來呢？」「我夢見一隻大野狼來抓我，後來我就被嚇醒了！」「嗯！難怪你會害怕。」「我好怕大野狼真的會來抓我喔！」「那我們來想想辦法！如果大野狼再出現時，你可以緊緊抓住熊娃娃，然後大聲地叫牠走開，你說這樣好不好啊！」「好耶！我願意試試看這個新方法，我相信我可以解決問題。」「你真棒！」 發展活動（二十分鐘） 1. 老師和小朋友討論：「甲偶做了個惡夢，雖然害怕，可是他有沒有說出來呀？」「有啊！甲偶怕大野狼」「那乙偶幫甲偶想到什麼好方法？」「緊抓住熊娃娃，然後大聲地叫大野狼走開」「那你覺得這是不是好方法呢？」「你也可幫甲偶想到什麼方法呢？」「開小燈、抱洋娃娃、拿著手電筒、用腳踢開、唸魔咒……」讓小朋友自由發表意見。 2. 「我們來教甲偶唸勇敢口訣，幫助甲偶面對害怕接受挑戰，成為勇敢的人。」 3. 老師示範口訣及動作，並且請小朋友跟著做「我會勇敢說出害怕的事」（比出「強壯」後再比劃出雙手雙腳發抖狀）：「我會有勇氣嘗試新的學習」（比出「強壯」後，右腳跨步同時兩手握拳轉大圈）：「當我害怕時，我會使用創意點子」（雙手抱胸之後，左右食指在太陽穴旁比出「想一想」的動作）。 4. 「什麼是當我害怕時，我會使用創意點子？」「就是要相信自己是有能力的，當我害怕時，我會想一想用什麼方法，讓自己有信心去面對挑戰。」 綜合活動（五分鐘） 1. 鼓勵小朋友上台表演勇氣口訣給大家看。 2. 「能主動舉手上台表演也是一種勇氣喔！大家都要為你拍拍手。」
活動評量	1. 能說出一～三種克服害怕的方法（開小燈、抱娃娃、拿手電筒、唸魔咒、用腳踢開……）。 2. 能說出三個勇氣的口訣及比劃出正確動作。 3. 能主動上台表演勇氣口訣給大家看，並接受大家拍手鼓勵。
注意事項	起初老師示範口訣動作要慢，之後可加快動作讓小朋友來跟。
延伸活動	可用手偶來問小朋友：「你是不是也有害怕的事呢？那你怎麼解決的？」

勇氣品格教學活動教案 3-1-4

設計者：楊淑雅		進行日期：　年　月　日星期	
活動名稱	勇敢的小寶貝	**教學領域**	語文（4）──品格兒歌
		活動時間	三十分鐘
品格主題	勇氣	**適用年齡**	三～六歲
具體目標	\(\begin{array}{l}\text{1. 能說出「第一次做的事」的感覺。}\\\text{2. 能完整唸出「勇敢的小寶貝」兒歌內容。}\\\text{3. 能運用兒歌內的問題做回應。}\end{array}\)		
活動資源	大字報		
活動過程	引起動機（五分鐘） 老師放輕音樂，讓小朋友做些伸展活動，如：慢慢轉頭、幫人搥背……。 發展活動（二十分鐘） 1. 老師與小朋友討論「什麼是第一次做的事？」「第一次看牙醫」「第一次打針」「第一次吃新食物」「第一次上學」「會有什麼樣的感覺？」讓小朋友分享。 2. 老師分享自己第一次的經驗，「我第一次自己搭火車，結果是搭錯方向，好緊張、害怕，趕緊問別人，然後下車再坐回來，以後我就知道怎麼搭火車了！」 3. 老師分享「第一次感覺害怕的是正常的，但不用哭的，要想一想怎麼做才是一個勇敢的表現，就像『勇敢的小寶貝』這首兒歌一樣！」 4. 老師帶領小朋友唸「勇敢的小寶貝」兒歌，並加上自創的動作幫助記憶。 **勇敢的小寶貝** 我是勇敢小寶貝，跌倒、爬起，不會哭！生病、拔牙、看醫生， 哈！這是一件小 Case，護士阿姨對我豎姆指，打針吃藥小節目， 爸爸誇我小勇士，我要媽媽抱抱、膚一膚。 5. 老師帶領小朋友玩接話遊戲，例如說：「我是勇敢小……」小朋友說：「……寶貝」。 6. 老師和小朋友玩「問題回應」的遊戲，如：「如果你不小心摔倒了，你會怎麼辦呢？」「就勇敢的爬起來、不大聲哭、去找老師幫忙……」 7. 「如果你生病了不敢吃藥，你會怎麼辦呢？」「捏著鼻子喝下去、想想不會很難喝、會忍耐一口氣喝掉……」 綜合活動（五分鐘） 1. 請小朋友上台分享兒歌，並且大聲地唸給大家聽。 2. 老師或小朋友創作一些問題，讓其他小朋友回答。		
活動評量	1. 能說出一～二種「第一次做的事」的感覺（害怕、緊張、想哭……）。 2. 能完整地唸出「勇敢的小寶貝」兒歌內容。 3. 能回答兒歌內的問題，並做出回應。		
注意事項	「哭」是一種正常情緒發洩，「不准哭」是謬論，宜站孩子立場做轉移處理。		
延伸活動	製作勇氣問題卡「你會怎麼辦？」在銜接活動時運用，請小朋友做問題回應。		

勇氣品格教學活動教案 3-1-5

活動名稱	勇敢的莎莎	教學領域	語文（5）──繪本分享
		活動時間	四十分鐘
品格主題	勇氣	適用年齡	三～六歲
具體目標			

具體目標	1. 能說出膽子大不代表是真勇敢。 2. 能分辨真勇敢與假勇敢的不同。 3. 能完成真勇敢與假勇敢的學習單。
活動資源	繪本《勇敢的莎莎》、真勇敢與假勇敢學習單、筆
活動過程	**引起動機（五分鐘）** 1. 老師和小朋友分享時事新聞「六歲黃書恆很會騎單車，不怕累，跟全家人一起騎單車環島，還去關懷監獄受刑人和單親家庭的小朋友！」 2. 「書恆希望受刑人和單親家庭的小朋友，也像他們一樣勇敢面對挑戰！」「小朋友覺得書恆所做的是什麼行為？」「書恆是一個真正勇敢的小朋友！」 **發展活動（二十五分鐘）** 1. 老師拿出《勇敢的莎莎》繪本，向小朋友介紹書名及作、繪、譯者。 2. 老師說：「有一個小朋友叫莎莎，就像書恆一樣勇敢面對挑戰，她膽子很大什麼都不怕！一般小朋友會怕的事她都不怕，別的小朋友不敢做的事，她都敢做，但是她也和書恆不太一樣喔！請小朋友來發現哪裡不一樣。」 3. 老師開始和小朋友分享繪本。「莎莎常常笑妹妹很膽小，有一天莎莎迷路了，在陌生的地方，莎莎開始覺得很害怕，雖然她告訴自己要勇敢，但是忍不住的哭了。」「膽小像貓的妹妹出現了，帶莎莎回家，後來平安地回到家。」 **綜合活動（十分鐘）** 1. 老師問小朋友「什麼是真勇敢與假勇敢？」「真勇敢是要能去面對困難，就像書恆一樣勇敢面對挑戰。」 2. 「膽子大、什麼都不怕不是真勇敢是假勇敢」「而膽子小不一定不勇敢，像莎莎的妹妹就克服害怕，勇敢的表現讓大家嚇一跳」。 3. 「假勇敢就像是做危險動作、遇到事情用哭的、比誰的力氣大、玩暴力遊戲、看誰說話大聲……這都不是真正的勇敢。」 4. 老師請小朋友做「真勇敢與假勇敢學習單」，分辨什麼行為是真勇敢或假勇敢。
活動評量	1. 能說出膽子大不代表是真勇敢（是假勇敢，因為害怕並不是不勇敢）。 2. 能說出什麼是真勇敢和假勇敢的行為（克服害怕、假裝大膽）。 3. 能完成真勇敢與假勇敢的學習單。
注意事項	1. 了解真勇氣的意義就是去面對害怕，然後想辦法處理，用哭的是不能解決問題的。 2. 適當的害怕（恐懼）也是好的，會讓我們注意安全，想一想後再做。 3. 需解釋學習單上的圖片意義，以幫助小朋友做分辨。
延伸活動	展示小朋友完成的「真勇敢與假勇敢」的學習單。

勇氣 3-1-5

「真勇敢和假勇敢」學習單

班級：　　　　　　　幼兒姓名：　　　　　　　日期：

說明：你覺得是「真勇敢」行為請打○，「假勇敢」的行為請打×。

	上台表演		自己玩鞭炮
	遇到事情用哭的		練習打球
	聽老師說話		打架真是屬害
	學習搖呼拉圈		玩暴力遊戲
	比誰的力氣大		看誰說話大聲

真勇敢是要能去面對困難，膽子大不代表是真勇敢。

勇氣品格教學活動教案 3-1-6

設計者：楊淑雅		進行日期： 年 月 日 星期	
活動名稱	害怕，不要躲！	**教學領域**	語文（6）——討論活動
		活動時間	三十分鐘
品格主題	勇氣	**適用年齡**	三～六歲
具體目標	1. 能說出害怕的感覺。 2. 能說出並畫出自己最害怕的事。 3. 能說出挑戰害怕的創意點子。		
活動資源	色筆、「害怕，不要躲！」學習單放大圖、繪本《我好擔心》		
活動過程	引起動機（五分鐘） 老師分享「我好擔心」的繪本，主角小莉因為對每一件事都好擔心，因此產生的害怕情緒及退縮行為，「太多的擔心就變成害怕了」。 發展活動（二十分鐘） 1. 老師問小朋友「害怕的感覺是什麼？」「會發抖、好緊張、手上會冒汗、呼吸急促、心跳的好快、很想上廁所、想要哭……」。 2. 老師問小朋友，有沒有什麼人、事、物會讓自己感到害怕的？「什麼事情會讓你覺得害怕呢？」「不敢自己一個人睡、晚上不敢上廁所、怕蛇、怕蟑螂……」。 3. 老師向小朋友說明：「害怕是一種正常的感覺喔！大人小孩都會覺得害怕，但是如果有太多的害怕，就會使我們什麼事都不敢做，就像小莉一樣。」 4. 老師引導小朋友：「我們可以想一想，怎麼來挑戰害怕？」「要說出害怕的感覺、不要放在心裡、讓害怕躲不住、把害怕抓出來……」「就可以想方法來處理了！」 5. 老師和小朋友討論克服害怕的創意點子？「如果你真的很怕黑，要怎麼辦呢？」「抱抱我的娃娃、找小朋友陪我、找爸媽陪……」「怕同學不和你玩，那要怎麼辦呢？」「要先問一下、主動幫助小朋友……」「怕跟爸爸媽媽分開，那要怎麼辦呢？」「看看爸爸媽媽的相片、抱臭臭被、打電話給爸爸媽媽……」「怕上台表演，那要怎麼辦呢？」「找小朋友陪我上台、鼓起勇氣上台……」刺激小朋友思考。 6. 老師發給小朋友學習單，請小朋友將害怕的事，畫在學習單的大格子中，然後請老師幫忙將創意點子寫在學習單的下方。 綜合活動（五分鐘） 1. 請小朋友分享自己學習單中的內容。 2. 老師讚美小朋友們能想出好點子來克服自己害怕的事，同時鼓勵小朋友在平時不管遇到什麼害怕的事，都要說出來並且想勇氣點子來克服。		
活動評量	1. 能說出兩種害怕的感覺（會發抖、好緊張、手上會冒汗、呼吸急促、心跳加快）。 2. 能說出並畫出自己最害怕的事（因人而異，只要能表達出來即可）。 3. 能說出一個挑戰害怕的創意點子（抱娃娃、找小朋友陪、找爸媽陪、大叫走開）。		
注意事項	如果小朋友想不出如何克服害怕的感覺時，老師需從旁協助。		
延伸活動	害怕大調查，班上小朋友最怕什麼（動物、食物、事情……）？		

害怕，不要躲！

班級：　　　　　幼兒姓名：　　　　　日期：

請畫下自己最害怕的事。

我害怕的感覺（請老師幫忙寫下或由小朋友自己拼音寫出來）。

我想對「害怕」說什麼呢（請小朋友畫出，或由老師幫忙小朋友寫）？

勇氣品格教學活動教案 3-2-1

設計者：楊淑雅　　　　　　　　　　進行日期：　年　月　日星期

活動名稱	膽量大會考——神秘箱	教學領域	數學（1）——數數活動
		活動時間	四十分鐘
品格主題	勇氣	適用年齡	三～六歲
具體目標			

具體目標	1. 能說出觸摸到物品的感覺。 2. 能正確說出觸摸的物品。 3. 能勇敢地完成摸到物品的配對。
活動資源	紙箱一個（用黑色紙包好，故做神秘感）、絨毛娃娃、短水管、菜瓜布、鋁箔紙、沙包、碰鐘……等各兩個
活動過程	引起動機（五分鐘） 老師和小朋友玩「請你跟我這樣做」的遊戲。 發展活動（二十五分鐘） 1. 老師和小朋友分享，學習任何事物都要有勇氣。 2. 老師向小朋友說明：「我們要來玩『神秘箱』。」 3. 「老師會請小朋友摸摸箱子裡面的東西是什麼。」「說說看是什麼？再從神秘箱裡找出和前面摸的是一樣的東西。」 4. 老師請摸的小朋友，說出觸摸的感覺（如：冰冰的、冷冷的、尖尖的，摸起來薄薄的……），透過摸的小朋友描述，請小朋友猜猜看是什麼。 5. 最後請摸的人取出，公布答案（如：鋁箔紙），再請另一個小朋友出來摸神秘箱，摸出鋁箔紙（找和前面一樣的）並完成配對。 6. 以此類推，老師請小朋友輪流進行此活動。 綜合活動（十分鐘） 1. 老師帶領小朋友，數一數總共完成了幾種配對。 2. 老師問小朋友：「摸神秘箱的東西，有讓你們感到害怕嗎？」讓小朋友自由發表意見，「怕怕的、很好玩、一點也不恐怖、好緊張喔！……」 3. 老師和小朋友討論：「後來公布答案後，還會覺得害怕嗎？」 4. 「其實有許多事，剛開始你可能會覺得怕怕的，但是知道以後，就一點都不會害怕了。」
活動評量	1. 能說出觸摸到物品的感覺（如：刺刺、尖尖、滑滑、毛毛、軟軟……）。 2. 能正確說出觸摸到物品的名稱。 3. 能完成摸到物品的配對（找一樣的物品，完成配對）。
注意事項	1. 注意每個小朋友都有發表自我想法的機會。 2. 如果有較害怕的小朋友，老師可陪同進行活動。
延伸活動	變換神祕箱內容物。

膽量大會考──神秘箱活動（3-2-1）

讓小朋友猜猜箱內有什麼樣的東西並能說出觸摸到
物品的感覺，「其實有許多事，剛開始可能會覺得
怕怕的，但是知道、了解以後，就不會害怕了。

勇氣品格教學活動教案 3-2-2

設計者：楊淑雅　　　　　　　　　　　進行日期：　年　月　日星期

活動名稱	小黑魚（1-10量與符號配對）	教學領域	數學（2）——量與符號活動
		活動時間	三十分鐘
品格主題	勇氣	適用年齡	三～六歲
具體目標	1. 能說出小黑魚如何勇敢地趕走大魚。 2. 能依照數字大小從小排至大。 3. 能將量及符號結合運用。		
活動資源	繪本《小黑魚》、小黑魚圖片卡五十五張、數字卡1-10、托盤、地墊		
活動過程	引起動機（五分鐘） 老師分享「小黑魚」的故事，「小黑魚用大家的力量把大魚嚇跑了，小黑魚有勇氣及方法來克服困難，我們要來向小黑魚學習喔！」 發展活動（二十分鐘） 1. 請幼兒將1-10的數字卡，按順序排列於地墊上（數字小的到數字大的）。 2. 將小黑魚圖片卡與數字卡配對（老師邊說、邊請小朋友仿說）。 3. 如：指卡8，說：這是8，老師將八張小黑魚圖片卡一個一個地放在數字8的下方。 4. 以此類推，完成符號與量的配對。 5. 請願意操作的小朋友試一試。 6. 開始收拾，並告知小朋友此工作要放在哪個教具櫃上。 綜合活動（五分鐘） 1. 與小朋友一同討論總共有多少小黑魚圖片卡，一起數數排在地墊上的數量，總共有五十五張。 2. 老師問小朋友「小黑魚是如何克服困難的啊！」讓小朋友說「小黑魚團結力量大、克服害怕、共同努力……」。 3. 老師：「所以我們碰到困難，可以學習小黑魚精神，想想辦法，有信心一定可以解決的。」		
活動評量	1. 能說出一種小黑魚勇敢趕走大魚的方法（團結一致、共同努力、克服害怕……）。 2. 能依照數字大小從小排至大（由1排到10）。 3. 能將量及符號結合運用（完成小黑魚圖片卡1-10量與符號配對）。		
注意事項	1. 提供克服害怕的另一種選擇，就是團結力量大。 2. 小黑魚圖片卡製作勿太大，以方便拿取就好。		
延伸活動	1. 將小黑魚圖片卡做成評量單，讓小朋友自己畫魚圖案與數字配對。 2. 可帶入奇數與偶數的概念。 3. 摺各式各樣的紙魚，上面別迴紋針，磁鐵綁線，線綁在竹筷上，可玩釣魚的配對遊戲，如：數字卡7，就釣七條魚。		

勇氣品格教學活動教案 3-2-3

設計者：楊淑雅　　　　　　　　　　　進行日期：　年　月　日星期

活動名稱	籽兒數數（加起來都是 10）	教學領域	數學（3）──基本運算活動
		活動時間	四十分鐘
品格主題	勇氣	適用年齡	四～六歲
具體目標			

活動名稱	籽兒數數（加起來都是 10）	教學領域	數學（3）──基本運算活動
		活動時間	四十分鐘
品格主題	勇氣	適用年齡	四～六歲
具體目標	1. 能說出「加」的意思。 2. 能正確將花豆放在紙卡上面。 3. 能說出 10 的合成有哪幾種。		
活動資源	紙卡十條（最長的紙卡可放九顆花豆、最短的紙卡可放一顆花豆，其中放十顆花豆是固定黏好的）、大花豆十顆、數字卡 1-9、數字卡 10 五個、托盤		
活動過程	引起動機（十分鐘） 1. 老師分享《子兒吐吐》繪本的故事內容。 2.「子兒有好多擔心喔！我們可以怎麼來幫他的忙呢？我們來教他玩數數吧！」 發展活動（二十五分鐘） 1. 老師對小朋友說：「我們要用『子兒吐吐』的小籽籽來玩遊戲喔！」 2. 老師示範活動進行，將紙卡從最長排到最短（即 10～1），然後取 1 的紙卡，問小朋友「這是多少？」「這是 1」老師從盤中取出一個大花豆放在紙卡上（紙卡上畫有大花豆的陰影），再拿出數字卡 1 放在 1 的紙卡旁邊。 3. 以此類推，將所有紙卡上放大花豆及放數字卡，但 10 的紙卡上花豆已固定黏好，老師帶領小朋友數完後，放數字卡 10 在旁邊。 4. 老師取出 1 的紙卡說「九個花豆要和幾個花豆合起來是 10 呢？」請小朋友觀察 9 的紙卡和 10 的紙卡之不同，「少一個花豆」，所以 9 再加上 1 就是 10。 5. 老師說「加是什麼意思呢？」「加就是合併的意思」（雙手做合併動作）請小朋友跟著做動作，小心翼翼的把放 1 的紙卡與放 9 的紙卡合併在一起「9 和 1 合併起來就是 10」，取 10 的數字卡放在旁邊。 6. 以此類推，做 10 的合成。「8 和 2 合併起來就是 10」「7 和 3 合併起來就是 10」「6 和 4 合併起來就是 10」「5 和誰合併是 10？」「可以和 2 和 3 一起合併！」 綜合活動（五分鐘） 1. 老師請小朋友觀察所排列的「它們都是 10 耶！」「加起來都是 10 喔！」 2. 老師考小朋友「8 要和誰合併是 10？」「和 2」「6 要和誰合併是 10？」「和 4」。		
活動評量	1. 能說出「加」就是合併的意思，並且表演合併的動作。 2. 能正確將 1-9 花豆的量放在紙卡上面。 3. 能說出 10 的合成有四～五種（9 和 1、8 和 2、7 和 3、6 和 4、5 和 2 和 3）。		
注意事項	裁紙卡有一定的比率，之間都相差一個 1，合併時的長度是要一致的。		
延伸活動	玩分解合成遊戲，如 3 是 2 和 1。4 是 1 和 3 及 2 和 2。5 是 1 和 4 及 2 和 3。6 是 1 和 5 及 2 和 4 與 3 和 3。7 是 1 和 6 及 2 和 5 與 3 和 4……。		

勇氣品格教學活動教案 3-2-4

設計者：楊淑雅　　　　　　　　　　　　進行日期：　年　月　日星期

活動名稱	一月大二月小	教學領域	數學（4）——應用活動
		活動時間	四十分鐘
品格主題	勇氣	適用年齡	五～六歲
具體目標			

具體目標	1. 能說出一年有十二個月份。 2. 能說出有的月份大、有的月份小，並結合珠子做配對。 3. 能做出一月大二月小的動作。
活動資源	珠子三十一顆、托盤、日曆、月曆（有十二個月份的）
活動過程	引起動機（五分鐘） 1. 老師拿出月曆，「一年有幾個月？」老師帶領小朋友一起數月曆上的月份。「一年有十二個月喔！」「每個月份都是一樣的嗎？」「讓我們一起來數一數吧！」 2. 老師拿一月份和二月份做比較，「數一數一月份有幾天？」「有三十一天。」「二月份有幾天？」「有二十八天。」「一月份和二月份有一樣嗎？誰比較大呢？」「一月份大二月份小。」 發展活動（二十五分鐘） 1. 老師說「你知道一月份有三十一天」「三十一天是多少呢？」老師拿出珠子「我們來數一數，1、2、3、4……31」三十一天就是三十一個珠子。 2. 老師解釋「月份大的有三十一天」「月份小的有三十天，也有二十八天，像二月份有二十八天也有二十九天」。 3. 老師帶領小朋友唸「一月大、二月小：三月大、四月小：五月大、六月小：七月大、八月大、九月小：十月大、十一月小：十二月大」。 4. 老師帶領小朋友握拳來做動作，左手握拳，從食指的關節開始算起，「小朋友有沒有發現，握拳的手有凸凸和凹凹的，我們就要用這個來數喔！」右手食指指著左手食指關節凸處說「一月大」，指左手食指關節和中指關節的凹處說「二月小」。 5. 以此類推，左手數完七月大，就換手繼續數，左手食指指著右手食指關節凸處說「八月大」，指右手食指關節和中指關節的凹處說「九月小」。 綜合活動（十分鐘） 1. 老師問小朋友：「月份大的有幾天啊？」「三十一天！」「月份小的有幾天啊？」「有三十天」「二十八天」「二十九天」。「三十一天有幾顆珠子？」「有三十一顆珠子。」 2. 「摸到凸凸的什麼？」「是月份大的」「摸到凹凹的什麼？」「是月份小的」……
活動評量	1. 能說出一年有哪十二個月份（從一月唸到十二月）。 2. 能說出一月大二月小，並將珠子和一月做配對。 3. 能做出一月大、二月小的動作（分辨凸凸是月份大的、凹凹是月份小的）。
注意事項	老師在說明時要慢而且清楚，並且讓小朋友有練習的機會。
延伸活動	將月曆做長條式的張貼，可一目瞭然每一個月份有不同的天數，並標明大與小。

勇氣品格教學活動教案 3-3-1

設計者：楊淑雅　　　　　　　　　　進行日期：　年　月　日星期

活動名稱	萬獸之王——獅子	教學領域	自然（1）——品格觀察家
		活動時間	九十分鐘
品格主題	勇氣	適用年齡	三～六歲
具體目標	1. 能說出獅子和勇氣的關係。 2. 能說出獅子的生活習性。		
活動資源	獅子的圖片、獅子王 DVD（六十分鐘）、網路資料（http://www.zoo.gov.tw/ km/data_animal_result.asp? xpaid=65、即時影像）		
活動過程	引起動機（六十分鐘） 欣賞獅子王 DVD。 發展活動（二十分鐘） 1. 老師與小朋友討論劇情：「小獅王 Simba 本來是一位無憂無慮的小王子，到後來卻經歷了父親 Mufasa 被叔叔 Scar 害了，Simba 很害怕，因此選擇逃避，最後在狒狒 Rafiki 的鼓勵下，決定重返王國，勇敢地承擔起責任。」 2. 老師從影片中找出一些問題問小朋友：「為什麼 Simba 會好害怕呢？」「很擔心、怕自己和爸爸一樣、不敢成為獅子王……」「後來為什麼Simba 會成為獅子王？」「克服害怕、Rafiki 的鼓勵、提起信心、想出方法……」讓小朋友發表意見。 3. 分享獅子習性「獅子是非洲肉食性動物，他們主要在早晨、黃昏及夜間活動，獅子是群居的動物，每群約三～三十隻，成員為雄獅、一群有血緣關係的雌獅和牠們的兒女。每一個獅群都有自己的領域，並且用糞便、尿液或是抓地的痕跡來標示領域，任何侵入的陌生雄獅或雌獅都會被趕走。」 4. 「獅子爸爸經常在早晨和傍晚時分吼叫，主要是宣示主權，獅子的習慣是獅子媽媽負責捕食，獅子爸爸照顧小獅子，獅子跟我們人不同，我們人通常都是爸爸在外面工作，媽媽在家照顧小孩子，獅子牠們的習性是公獅子照顧小獅子，母獅子出外跟獵物打鬥，獅子爸爸要負責看好自己的家，不能讓別人進到牠們家。」 綜合活動（十分鐘） 1. 老師問小朋友：「獅子和勇氣的有什麼關係？」「獅子爸爸照顧小獅子、負責看好自己的家、獅子爸爸吼叫、克服害怕變得很勇敢……」 2. 老師解釋獅子和勇氣之間的關係，「我們可以學習獅子勇氣的精神，獅子保護家人、克服困難、害怕，所以大家都覺得獅子好勇敢喔！」		
活動評量	1. 能說出小獅子克服害怕，最後成為勇敢的獅子王。 2. 能說出一～二項獅子的生活習性（獅爸照顧小獅、獅爸吼叫、獅子群居、獅媽出外獵食……）。		
注意事項	注意每個小朋友都能看到影片及圖片。		
延伸活動	增闢觀察角，展示圖片及請小朋友帶有關獅子的物品來展覽。		

勇氣品格教學活動教案 3-3-2

設計者：楊淑雅　　　　　　　　　　進行日期：　　年　月　日星期・

活動名稱	火山爆發	教學領域	自然（2）——實驗活動
		活動時間	四十分鐘
品格主題	勇氣	適用年齡	三～六歲
具體目標	1.能說出「火山爆發」的情形。 2.能說出「火山爆發」實驗會用到的東西。 3.能說出「火山爆發」實驗的步驟。		
活動資源	大托盤一個、火山模型（棕色黏土裡放小玻璃瓶）、大玻璃瓶、醋、蘇打粉、洗潔精（沙拉脫）、紅色顏料、竹筷子、小桌子、水桶、抹布		
活動過程	引起動機（十分鐘） 老師分享陽明山的故事，「好久好久以前，我們台灣是在海裡的，後來發生板塊運動，就是歐亞板塊推擠菲律賓板塊（用雙手來做比劃），結果把台灣擠出來了，這時候還發生地震，陽明山噴出了許多的岩漿，現在去陽明山會經過的仰德大道就是岩漿流過的地方，冷了就變成了道路喔！仰德大道的旁邊就是火山石頭。」 發展活動（二十五分鐘） 1.老師將小桌子搬到小朋友面前，老師說明要做的實驗叫做「火山爆發」。 2.老師繼續說：「當火山要爆發時，誰會先知道呢？是動物們，牠們會發出驚叫聲，然後趕快找地方躲起來，接下來開始發生地震，然後會從火山口噴出大大小小的石頭，最後會流出岩漿。你知道嗎？岩漿很燙，岩漿流過的地方全部都會融化掉！」「我們今天就是要來看看火山是怎樣流出岩漿的。」 3.老師拿出實驗中要使用的物品，一一地向小朋友介紹物品名稱「大托盤、火山模型、玻璃瓶、醋、蘇打粉、沙拉脫、紅色顏料」。 4.老師示範操作步驟：在大玻璃瓶內混合放入沙拉脫、醋及顏料，使紅色溶液看起來像熔岩，先放旁邊→將蘇打粉倒入小玻璃瓶內→將混合液慢慢倒入小玻璃瓶中，在倒入時需用竹筷子輕輕地攪動（當混合液與蘇打粉完全混合時，便會產生二氧化碳，一種會發泡的氣體，這些加了洗潔精的泡泡就會從火山頂噴出，像火山熔岩一樣）→請小朋友一起來數數，看火山如何爆發。 5.老師將已爆發岩漿倒入水桶中，並邀請小朋友來操作。 綜合活動（五分鐘） 1.老師問小朋友：「我們加了什麼東西呢？」「醋、蘇打粉、沙拉脫、紅色顏料。」 2.老師鼓勵願意嘗試做實驗的小朋友。		
活動評量	1.能說出一～二種火山爆發的情形（動物驚叫聲、發生地震、噴出石頭、流岩漿……）。 2.能說出三種實驗用到的東西（醋、蘇打粉、沙拉脫、紅色顏料……）。 3.能說出實驗的步驟（先加蘇打粉→再加混合液→用筷子攪拌→噴發出來）。		
注意事項	注意每個小朋友是否都願意試試這個實驗，若有小朋友不敢參與時能大量鼓勵。		
延伸活動	將此實驗收在工作櫃中，歡迎小朋友在工作時來操作。		

勇氣 3-3-2

火山爆發

素材預備：

1. 大托盤一個

2. 棕色油黏土

3. 大玻璃容器一只

4. 小玻璃容器一只

5. 醋 1/4 杯

6. 洗潔精（沙拉脫）

7. 水

8. 蘇打粉

9. 紅色、黃色顏料

操作步驟：

1. 在大托盤上，用油黏土做出火山模型，將小玻璃瓶埋在火山口內。

2. 將蘇打粉倒入小玻璃瓶內。

3. 在大玻璃瓶內放入洗潔精、醋及顏料混合，使紅色溶液看起來像熔岩。

4. 將混合液慢慢倒入小玻璃瓶中，在倒入時需輕輕地攪動，當混合液與蘇打粉完全混合時，便會產生二氧化碳，一種會發泡的氣體，這些加了洗潔精的泡泡就會從火山頂噴出，像火山熔岩一樣。

勇氣品格教學活動教案 3-3-3

設計者：楊淑雅　　　　　　　　　　進行日期：　年　月　日星期

活動名稱	酸甜苦辣大家嚐	教學領域	自然（3）──體驗活動
		活動時間	四十分鐘
品格主題	勇氣	適用年齡	三～六歲
具體目標	1. 能勇於嚐試酸、甜、苦、辣的體驗。 2. 能說出酸、甜、苦、辣味道的感覺。 3. 能完成酸、甜、苦、辣實物與其汁配對。		
活動資源	果糖水、辣椒水、檸檬水、苦瓜水分別裝在透明杯子中。豐年果糖一罐、綠辣椒一條、檸檬一顆、苦瓜一條、開水、紙杯、滴管四支、抽取式衛生紙盒		
活動過程	引起動機（十分鐘） 老師拿出果糖罐，讓小朋友猜猜是什麼，吃起來的感覺是什麼。「甜甜的、可以塗在麵包上、淋在草莓上……」再拿出綠辣椒「這是什麼？」「這是辣椒，有紅色辣椒也有綠色辣椒」「吃起來辣辣的」……以此類推介紹完檸檬和苦瓜。 發展活動（二十分鐘） 1. 老師帶領小朋友正確完成洗手步驟，拿著紙杯裝開水，之後坐回白線上。 2. 老師將四個杯子放在桌子上（各裝有果糖水、辣椒水、檸檬汁、苦瓜汁，顏色皆偏白色），讓小朋友猜猜杯子裡面裝什麼。 3. 「我們要來嚐嚐看杯子裡面裝的是什麼喔！」老師拿出裝有果糖水的杯子，用滴管吸果糖水滴在自己左手虎口處，用嘴舔一下，露出驚訝的表情，問小朋友：「你們要不要試試看呀！」老師起身用滴管吸果糖水滴在小朋友左手虎口處，請小朋友舔一下。 4. 老師問小朋友：「這是什麼味道呢？」「甜甜的、香香的……」「這是果糖水喔！」老師請小朋友喝一口紙杯內開水，再用衛生紙擦一下手，再嚐下一個味道。 5. 以此類推，嚐完辣椒水、檸檬水、苦瓜水，並請小朋友說出味道的感覺。 綜合活動（十分鐘） 1. 老師請小朋友分享四種味道的感覺，「果糖水甜甜的、辣椒水辣辣的、檸檬水酸酸的、苦瓜水苦苦的」，杯子內水看起來差不多，其實有不同的味道。 2. 老師問小朋友「你喜歡什麼味道？最不喜歡什麼味道？」讓小朋友自由分享。 3. 請小朋友一個個出來做配對，如：將檸檬放在檸檬水前面……。 4. 老師讚美小朋友有勇於嚐試不同味道的精神「小朋友今天嚐了四種味道，真是很了不起喔！有的小朋友開始會覺得怕怕的，但是還是勇於嚐試喔！」		
活動評量	1. 能完成嚐試酸、甜、苦、辣的體驗。 2. 能說出酸、甜、苦、辣味道的感覺（果糖水甜甜的、辣椒水辣辣的……）。 3. 能完成酸、甜、苦、辣實物與其汁配對（將檸檬放在檸檬水前面……）。		
注意事項	特別注意轉換味道時喝水的步驟，以利保持味覺。		
延伸活動	酸、甜、苦、辣文字卡和四種味道水做配對。		

酸甜苦辣大家嚐（3-3-3）
老師介紹四種不同味道的
水。

請小朋友說說看這是
什麼樣的味道呢？

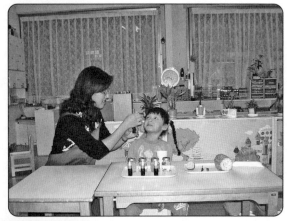

鼓勵小朋友自己來嚐試，
老師要讚美小朋友有勇於
嚐試不同味道的精神。

勇氣品格教學活動教案 3-3-4

設計者：楊淑雅　　　　　　　　　　進行日期：　年　月　日星期

活動名稱	參觀靖娟兒童安全文教基金會	教學領域	自然（4）——踏青活動
		活動時間	9:00am～3:30pm
品格主題	勇氣	適用年齡	三～六歲
具體目標			

具體目標	1. 能說出靖娟老師勇敢救小朋友的故事。 2. 能說出參觀基金會時應注意的事。 3. 能說出看兒童安全影片的感覺。
活動資源	戶外教學通知單、立體電影院，擇一～二篇影片欣賞http://www.carsafety. tw/safe2/safe2_I1.htm（父子篇、出遊篇、安全寶座篇、兩小無猜篇）
活動過程	引起動機 1. 老師向小朋友介紹戶外教學的地點：靖娟兒童安全文教基金會。 2. 老師向小朋友介紹林靖娟老師的故事「十幾年前，有一群小朋友正高興參加校外教學，結果發生火燒遊覽車，林靖娟老師為了救出這群小朋友，把小朋友一個一個地往窗外送，最後犧牲了自己的生命，這個意外事件，奪去了幼稚園老師、小朋友及家長共二十三位的寶貴生命。」 發展活動 1. 老師介紹基金會「為了紀念勇敢的林靖娟老師，犧牲自己生命保護小朋友，更要讓許多人重視的兒童安全，社會熱心的人共同成立基金會。」 2. 老師分享參觀活動流程，寫在白板上。 　由基金會叔叔或阿姨做簡報介紹→基金會參觀及介紹→兒童安全影片播放及有獎徵答→參觀兒童安全書展⋯⋯ 3. 老師引導小朋友能說出參觀基金會時要注意的事，「要跟在老師身邊、小聲說話、牽好我的朋友、用走的不用跑的、用眼睛看不用手摸⋯⋯」請小朋友仿說。 4. 老師引導小朋友看兒童安全影片「看電影時，燈光會暗下來，變得黑黑的，但是沒有關係，老師會在你身邊保護你，你也可以抱著背包，或者閉一下眼睛⋯⋯相信小朋友一定都可以做得到喔！」 綜合活動 1. 老師問小朋友「林靖娟老師為什麼會被火燒死在車上呢？」「為了救小朋友」「那她不害怕嗎？」「會啊！但是靖娟老師選擇很勇敢地去救人」⋯⋯。 2. 問小朋友看影片的感覺「暗暗的有一點怕，但是都沒有哭喔！」「只哭一下下」「抱著老師⋯⋯」。
活動評量	1. 能說出靖娟老師勇敢救小朋友的故事（靖娟老師救小朋友，犧牲自己生命）。 2. 能說出二～三個參觀基金會時應注意的事（跟著老師、小聲說話、牽好朋友⋯⋯）。 3. 能說出一～二個看影片時的感覺（暗暗的、沒有哭、抱著老師、閉一下眼睛⋯⋯）。
注意事項	老師要向小朋友保證學校的娃娃車或租來的遊覽車是安全的，有經過安全檢查。
延伸活動	靖娟兒童安全文教基金會網路上立體電影院，擇一～二篇短影片欣賞。

勇氣品格教學活動教案 3-4-1

設設計者：楊淑雅　　　　　　　　進行日期：　年　月　日星期

活動名稱	我好害怕（魅力四射電影院）	教學領域	社會（1）——品格劇場
		活動時間	四十五分鐘
品格主題	勇氣	適用年齡	三～六歲
具體目標	1. 能說出害怕的原因。 2. 能說出害怕的感覺。 3. 能說出面對害怕時的處理方法。		
活動資源	繪本《我好害怕》、電腦、單槍、大布幕、音響		
活動過程	引起動機（十分鐘） 1. 各班老師將小朋友集合在看影片的位置。 2. 複習勇氣兒歌、主題歌。 3. 老師歡迎小朋友來到「魅力四射電影院」，老師向小朋友說：「有一隻小熊熊好害怕喔！後來又不害怕了，為什麼呢？讓我們一起來看看。」 發展活動（十五分鐘） 1. 老師用電腦放映魅力四射「我好害怕」，請小朋友欣賞。 2. 影片採手動的，有一位老師負責操作鍵盤，另一位老師負責口白。 綜合活動（二十分鐘） 1. 老師問小朋友問題「小熊害怕什麼事呢？」「突然出現很大的聲音、做噩夢、媽媽離開、覺得可能會受傷、有時不知道為什麼就是會害怕。」 2. 「說說小熊害怕的感覺是怎樣呢？」「冷冷的、緊緊的、想哭、很想跑開、想躲起來、想要有人抱抱、希望害怕的感覺趕快消失。」 3. 「小熊怎樣讓自己不害怕？」「告訴別人好害怕、請媽媽抱、告訴媽媽害怕的事、抱小毛毯、抱小布偶、看最喜歡的書」「看看床下有什麼東西、學著了解黑夜也很美麗、在主人同意後，摸摸友善的小狗、媽媽離開後還會再回來。」 4. 「是不是只有小朋友有害怕的事？」「每一個人都有害怕的時候，不只是小孩，大人也一樣。」 5. 「害怕真的很不好？」「有時候害怕反而可以保護我，離兇巴巴的狗遠一點，不該爬得太高、在車子旁邊玩，或是靠近火。」 6. 「到底害怕的時候要怎麼做？」「可以找人說、要人抱抱我、可以抱著小毛毯或小布偶，或是找個舒服的地方，其實發現有些東西一點都不可怕。」 7. 「如果你是小熊你會讓自己怎樣不害怕呢？」請小朋友發表想法。		
活動評量	1. 能說出兩個小熊害怕的原因（很大的聲音、做噩夢、媽媽離開、受傷、不知道……）。 2. 能說出兩個小熊害怕的感覺（冷冷的、緊緊的、想哭、很想跑開、想要人抱……）。 3. 能說出兩個小熊處理害怕的方法（告訴人、媽媽抱、抱小毛毯或小布偶、看書……）。		
注意事項	1. 請小朋友學習先舉手再發言。 2. 可將繪本掃描以 ppt 的方式來播放。		
延伸活動	透過小熊的陳述，轉換到小朋友身上，可以請小朋友分享害怕處理經驗。		

勇氣品格教學活動教案 3-4-2

設計者：楊淑雅　　　　　　　　　　進行日期：　年　月　日星期

活動名稱	三隻小豬逃命路線圖	教學領域	社會（2）──利己活動
		活動時間	四十分鐘
品格主題	勇氣	適用年齡	三～六歲
具體目標	1. 能說出小豬是如何逃命的。 2. 能完成「三隻小豬逃命路線圖」學習單。 3. 能找人玩自己所設定的路線圖。		
活動資源	鉛筆（蠟筆）、三隻小豬逃命路線圖學習單（放大圖）、筷子一支		
活動過程	引起動機（五分鐘） 老師說三隻小豬與大野狼的故事「大野狼吹倒了三隻小豬的房子後，小豬們都覺得好害怕好緊張喔！小朋友能不能幫幫三隻小豬的忙呢？」 發展活動（二十分鐘） 1. 老師展示「三隻小豬逃命路線圖」學習單，介紹三隻小豬（大豬、二豬和小豬）。 2. 老師說：「當小豬害怕的時候要找誰幫忙呢？」「小豬們想到三個方法，有一隻豬自己一直跑，跑得好快、有一隻豬躲在朋友家裡、有一隻豬找媽媽幫忙。」 3. 「請小朋友想一想大豬想的是什麼方法？二豬想的是什麼方法？小豬想的是什麼方法？然後用鉛筆把它連起來。」 4. 「當小豬們想到方法以後，結果會是怎樣呢？」「有一隻豬送到醫院去、有一隻豬開心地跳舞、有一隻豬受傷難過了」「請小朋友想一想，大豬最後怎麼樣？二豬最後怎麼樣？小豬最後怎麼樣？然後用鉛筆把它連起來。」 5. 「當你畫好的時候，不可以給別人看喔！」老師示範把紙由下往上捲起來（無法捲的可用筷子來幫忙），捲到三隻小豬的位置就可以停住。 6. 老師開始叫小朋友名字，請小朋友回到座位上畫連一連的路線圖，老師提醒「請你自己想一想，不要給別人看到你畫的路線喔！」 7. 畫好的小朋友坐回白線區，等待沒有完成的小朋友。 綜合活動（十五分鐘） 1. 老師說「我們要來玩一個遊戲喔！」請一個小朋友出來「你想看哪一隻豬？」「如：三豬」「那請用你的手指著路線走走看，看看三豬找誰幫忙？最後怎麼了」如：小朋友沿著線到「躲在朋友家裡」，最後「開心地跳舞」，由小朋友說一遍。 2. 以此類推，再找人來玩，也請小朋友找三個人來玩走路線圖。		
活動評量	1. 能說出三隻小豬是如何逃命的（三豬躲在朋友家裡開心的跳舞……）。 2. 能完成「三隻小豬逃命路線圖」連一連路線的學習單。 3. 能找三位小朋友玩「三隻小豬逃命路線圖」學習單。		
注意事項	老師不可預先畫下路線，以免小朋友被制約而模仿。		
延伸活動	把圖案去除，留下空格，讓小朋友自己想，然後再畫下來，再來連路線。		

勇氣 4-2

三隻小豬逃命路線圖

班級：　　　　　　　幼兒姓名：　　　　　　　日期：

說明：當三隻小豬害怕時，應該要怎麼處理呢？當小豬們想到方法以
　　　後，結果會是怎樣呢？請小朋友來連連看。

大豬

二豬

三豬

趕快跑

躲在朋友家裡

找豬媽媽幫忙

送到醫院去

開心地跳舞

難過受傷了

勇氣品格教學活動教案 3-4-3

設計者：楊淑雅		進行日期：　年　月　日星期	
活動名稱	三隻羊過橋	**教學領域**	社會（3）──利他活動
		活動時間	四十分鐘
品格主題	勇氣	**適用年齡**	三～六歲
具體目標	\multicolumn{3}{l}{1. 能說出三隻羊過橋與勇氣的關係。}
	\multicolumn{3}{l}{2. 能參與三隻羊過橋的表演。}
	\multicolumn{3}{l}{3. 學會唱三隻羊過橋的歌。}
活動資源	\multicolumn{3}{l}{平衡木（若沒有就以貼直線來取代）、大野狼披風、三個羊角髮箍（大、中、小）}
活動過程	\multicolumn{3}{l}{引起動機（五分鐘）}

活動過程

引起動機（五分鐘）

小朋友圍坐在集合區域中，中間已放有一個平衡木。老師邊唱邊說三隻羊過橋故事給小朋友聽「有三隻羊要過橋去吃草，結果碰到了大野狼，那該怎麼辦呢？」

發展活動（二十五分鐘）

1. 老師請小朋友學大野狼說話：「我是大野狼，今天我要吃掉你」「好吧！好吧！你走吧！」
2. 老師教小朋友比羊角的動作「大山羊，兩手舉高比尖角狀；中山羊，兩手放在頭兩側比尖角狀；小山羊，兩手放臉頰旁比尖角狀」請小朋友反覆練習。
3. 老師邀請四位小朋友出來分別飾大羊、中羊、小羊和大野狼，由老師旁白。
4. 老師開始唱「今天天氣好，我們要過橋，你看那邊有青草……」（三隻羊圍著圈圈唱）「小羊肚子好餓想先過橋，牠就走上獨木橋」（大野狼躲在橋旁）「小羊唱『我是小山羊，我要過橋去吃草』，結果小羊發現大野狼要吃牠，大野狼說『我是大野狼，今天我要吃掉你』」（請台下小朋友跟著說）「小羊好害怕喔！唱著說『請你不要吃我，我的身體太小啦，等我長大了，你再吃我好不好。』大野狼就說『好吧！好吧！你走吧！』」「小羊就過橋去吃草了。」
5. 以此類推，唱完中山羊（瘦→胖）、大山羊。
6. 大山羊和大野狼在平衡木上比力氣，最後大野狼掉到橋下被水沖走了，「三隻小羊好高興唱著歌『今天真快樂、今天真快樂，我們把野狼趕走了……』，勇敢的大山羊幫了大家好大的忙喔！」

綜合活動（十分鐘）

1. 「三隻羊過橋和勇氣有什麼關係？」「中羊和小羊會勇敢地拒絕大野狼」「中羊和小羊有智慧、很冷靜的面對困難，也是有勇氣的表現」。
2. 「大山羊願意放下害怕，接受挑戰保護其他的羊，也是個有勇氣的行為喔！」

活動評量	1. 能說出三隻羊很有勇氣的原因（勇敢說不、接受挑戰）。
	2. 能參與三隻羊過橋的表演。
	3. 學會唱三隻羊過橋的歌。
注意事項	由小組至全體的活動演出，需留意彼此的互動關係，能一起和諧地表演。
延伸活動	邀請別班的小朋友，來班上欣賞小朋友的演出。

勇氣 3-4-3

三隻羊過橋

資料來源：楊淑雅自編

* 旁白：在森林裡有好多隻羊，牠們每天都很快樂地去上學，牠們正開心地唱著歌呢！
　　　　在上學的路上，牠們會碰到什麼事呢！

小羊圍圈圈唱歌

今天天氣好，我們要過橋，你看那邊有青草，青草青草綠油油，看來美麗又好吃，我們一同去，吃個飽，快快樂上學去。

小山羊過橋

※我是小山羊，我要過橋去吃草。

※我是大野狼，今天我要吃掉你。（很大聲）

※請你不要吃我，我的身體太小啦，等我長大了，你再吃我好不好。

※好吧！好吧！你走吧！

中山羊過橋

※我是中山羊，我要過橋去吃草。

※我是大野狼，今天我要吃掉你。（很大聲）

※請你不要吃我，我的身體太瘦了，等我長胖了，你再吃我好不好。

※好吧！好吧！你走吧！

大山羊過橋

※我是大山羊，我要過橋去吃草。

※我是大野狼，今天我要吃掉你。（很大聲）

※請你現在吃我，我的身體很強壯，我要和你比力氣，看看誰能得第一。

※好吧！好吧！比一比！

* 旁白：大野狼和大山羊在獨木橋上比力氣，大野狼的力氣比不過大山羊，跌落橋下，
　　　　被水沖走了。羊兒們都過了橋，很高興地唱著歌。

今天真快樂

今天真快樂、今天真快樂，我們把野狼趕走了，以後我們過橋去，不怕有野狼擋我路，今天真快樂、今天真快樂、我們大家真快樂。

三隻羊過橋（3-4-3）
由小朋友來做扮演遊戲。

比比看，看誰的力氣
比較大。

今天真快樂！我們把野狼趕
走了，以後我們過橋的時
候，就不怕野狼擋我們的路
了。

勇氣品格教學活動教案 3-4-4

設計者：楊淑雅　　　　　　　　　　　進行日期：　年　月　日星期

活動名稱	跟害怕說拜拜——勇氣大會	教學領域	社會（4）——品格體驗
		活動時間	四十分鐘
品格主題	勇氣	適用年齡	三～六歲
具體目標	1. 能說出學習勇氣所進行的活動。 2. 能積極參與勇氣大會並接受表揚。 3. 能欣賞大組小朋友表演的三隻羊過橋。		
活動資源	勇氣獎卡、家庭作業——勇氣創意點子、小禮物		
活動過程	引起動機（十分鐘） 1. 老師集合全體小朋友在大團體區，複習勇氣的兒歌、口訣及歌曲。 2. 老師問小朋友記得進行過什麼活動？「蓮娜瑪麗亞、勇敢小戰士連連看、獅子王、火山爆發實驗、嚐酸甜苦辣、三隻小豬逃命路線圖、三隻羊過橋、我好害怕影片……」問小朋友最喜歡哪一個活動。 發展活動（二十分鐘） 1. 老師說：「這個月大家認真學習當一個有勇氣的小朋友，真值得大家的鼓勵！」請大家給自己拍拍手，「請對旁邊的小朋友說『你能面對害怕接受挑戰，真是一個勇敢的人』。」 2. 老師說：「今天我們要來讚美有做家庭作業的小朋友，他們在家裡和爸爸媽媽討論一個害怕的方法，真的很有創意！」 3. 老師請有做勇氣點子的小朋友上台接受表揚，請大家一起說「你真的很不錯」所長贈送小禮物給完成的小朋友。 4. 以班為單位，由所長頒獎給每位參與這個勇氣活動的小朋友，鼓勵他們的努力，接受獎卡後一起照張相。 5. 主持人訪問幾位小朋友「你害怕的事是什麼？你怎麼克服？」 6. 請老師來分享班上小朋友學習的點滴，如何努力，是大家學習的好榜樣。 綜合活動（十分鐘） 1. 主持人邀請中小組的小朋友，欣賞大哥哥大姊姊的表演「三隻羊過橋」，由老師旁白，大班小朋友演出。 2. 演出完畢，予以熱烈掌聲，邀請所有小朋友起立。 3. 結束表揚的活動。		
活動評量	1. 能說出二～三個學習勇氣所進行的活動（蓮娜瑪麗亞、連連看、獅子……）。 2. 能積極參與勇氣大會並接受表揚。 3. 能欣賞大組小朋友表演的三隻羊過橋。		
注意事項	活動進行先有演練，每個串連緊湊，將孩子情緒帶到高點。		
延伸活動	各班表演一個活動，如：唱歌、唸口訣、兒歌……等皆可。		

跟害怕說拜拜──舉行勇氣大會（3-4-4）
小朋友分享自己的「勇氣創意點子」。

透過和爸媽一起製作的創意點子來克服
所害怕的事。

勇氣──家庭作業

勇氣創意點子

班級：　　　　　幼兒姓名：　　　　　進行日期：

說明：每一個人都有害怕的事，小孩有、大人也有，而學習勇氣的
　　　最好方法就是能去面對它，我們想創造一種動力，成為孩子
　　　學習勇氣的助力。因此，當信心軟弱害怕的時候，一看到自
　　　己所創作的勇氣點子，就能拾起信心來面對它。

◎由「害怕，不要躲」中知道我最害怕的是：

◎勇氣創意點子的構想圖，請畫下來，並請爸媽記錄點子功能：

◎為「勇氣創意點子」取一個名字：

◎給爸爸媽媽的話：

1. 請用耐心及同理的態度，幫助小朋友說出他（她）害怕的事。

2. 請協助小朋友完成他（她）的勇氣點子具體物創作。

3. 請於＿＿前將勇氣點子具體物與此家庭作業單帶至學校與小朋友
　分享。

4. 班上將於＿＿＿舉行「跟害怕說拜拜」的勇氣大會，鼓勵小朋友
　上台分享自己的勇氣點子與家庭作業單。

家長簽名：　　　　　幼兒簽名：

家庭作業「勇氣創意點子」說明

親愛的家長平安：

　　此次品格親子活動「勇氣創意點子」的主要目的是讓家長參與討論孩子最怕什麼？鼓勵孩子談論他們的恐懼，進而學習如何面對害怕的事，而能學習勇敢面對，在您開始要進行親子互動之前，請您先思考並回答以下的問題：

　　1. 回想一個您感到害怕的時刻，您如何反應？

　　2. 回想當您是個孩子的時候，您會怕什麼？

　　3. 因為您的害怕而影響了孩子些什麼？

　　如果您已經認真的思考過以上的問題後，那麼您對引導害怕已有些概念了，現在可以抱起您的小孩，讓他（她）在您的懷裡有段親密、溫馨的時間。

範例：

❈你有沒有一些讓你害怕的事情（害怕會引起的生理心理反應有發抖、想哭、很緊張、想躲起來……等現象）？

—我不敢去上廁所。

❈為什麼你害怕呢（找出害怕的原因，請分辨現實與幻想世界的差異）？

—因為我好怕黑（在單子上寫下最害怕的是：怕黑）。

❈我們來設計一樣東西，可以在你上廁所時增加你的信心。

—我想做手電筒。

❈畫下勇氣手電筒的構想圖，請家長在旁邊加註解（亮亮趕走黑暗、開關有大中小，是控制光線大小的……）。

❈你想幫你的勇氣點子取什麼名稱呢？

—超炫手電筒（請家長協助寫在單子上）。

❈將作業單放在家中明顯處，拿家中現有的手電筒做改裝或用廢紙盒來做。

❈請於_____前將作業單與「自創的勇氣物品」交回班上。

小提醒：

1. 在與孩子討論「害怕」的主題時，我們眞正想了解的是深層的問題，並與自己有關的，不是表層上的事物，如：怕打雷，事實上孩子也許怕的是大聲。

2. 說不害怕的孩子，是眞的不怕？「是不懂得什麼叫做害怕？」「大人教導不可害怕的刻板印象？」「無法表達內心情緒？」值得深思！

3. 勇氣道具的製作可拿現成物再加工，以親子共創爲最高原則。

PS. 若家長對「勇敢」主題探討有疑問或興趣，可請教班上老師或是所長，我們將樂意與您分享！

○○幼兒園啓

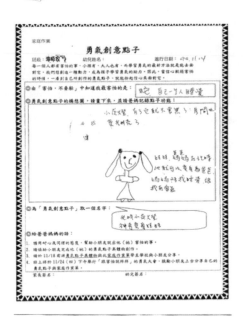

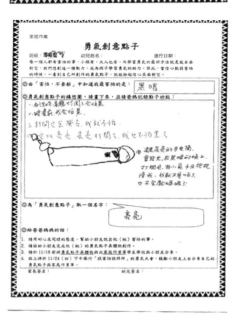

家庭作業——勇氣創意點子

每一個人都有害怕的事，但是我們可以來設計勇氣創意點子，使我們有信心來面對害怕。

勇氣品格教學活動教案 3-5-1

設計者：楊淑雅　　　　　　　　　進行日期：　年　月　日星期

活動名稱	魔奇魔奇樹	教學領域	藝術（1）——繪畫
		活動時間	五十分鐘
品格主題	勇氣	適用年齡	三～六歲
具體目標	1. 能用奇異筆在圖畫紙上畫樹。 2. 能使用蠟筆在樹上做造型。 3. 能說出豆太如何成為勇敢的孩子。		
活動資源	圖畫紙數張、粗的奇異筆數支、報紙數張、蠟筆數盒、輕音樂 CD		
活動過程	引起動機（十分鐘） 老師分享《魔奇魔奇樹》這本繪本，「豆太是一個很膽小的小男孩，他最怕黑黑的晚上，不敢一個人上廁所，尤其最怕家門口的魔奇魔奇樹，可是有一天晚上，爺爺生病了，得要找醫生看病，豆太為了爺爺，終於鼓起勇氣摸黑去找醫生……後來發現魔奇魔奇樹好漂亮喔！」 發展活動（三十分鐘） 1. 老師向小朋友介紹「今天我們就要來畫豆太的魔奇魔奇樹」。 2. 老師說明會用到的工具「奇異筆和蠟筆」「奇異筆是油性的，畫上去就擦不掉了，等一下我們就要用奇異筆來畫樹」「我們要用蠟筆來畫魔奇魔奇樹上的火花，為了讓火花很漂亮，畫的時候要用力一些喔！」。 3. 老師將材料發下去，每位小朋友一人一份（圖畫紙、奇異筆、蠟筆）。 4. 老師放輕音樂讓小朋友自由地創作。 5. 老師提醒小朋友「可以用奇異筆把樹幹塗滿，但只能畫在圖畫紙上面，畫在衣服上就洗不掉了！所以要學習小心地使用」（桌面上可先鋪上報紙）。 綜合活動（十分鐘） 1. 老師請小朋友輪流分享自己的作品「你畫的魔奇魔奇樹，上面的火花有什麼顏色呢？」「魔奇魔奇樹的造型很特別，為什麼會這樣畫呢？」 2. 老師問小朋友「豆太為什麼到晚上就會怕魔奇魔奇樹？」「豆太覺得樹會生氣怕鬼來了」「爺爺說只有勇敢的小孩可以看到什麼？」「看到魔奇魔奇樹起火」「那為什麼豆太會看到魔奇魔奇樹上的火花？」「因為剛好有月亮出來，還有閃閃發光的星星和飄著雪花，看起來就好像點燈一樣！」「因為豆太變勇敢了，所以看得見魔奇魔奇樹上的火花。」 3. 「我們可以學習豆太的什麼精神？」「克服害怕的精神。」		
活動評量	1. 能用奇異筆在圖畫紙上畫樹。 2. 能使用蠟筆在樹上做造型。 3. 能說出豆太克服害怕，最後成為勇敢的孩子。		
注意事項	要教導如何使用奇異筆，必要時可在桌上鋪上報紙。		
延伸活動	可再加上水彩畫底，更能增添色彩的變化性；或是剪貼色紙貼在樹上。		

畫「魔奇魔奇樹」（3-5-1）

透過繪本《魔奇魔奇樹》，看見男主角豆太為了救爺爺終於鼓起勇氣摸黑去找醫生，利用奇異筆與蠟筆與水彩的效果，畫出了豆太的「魔奇魔奇樹」。

勇氣品格教學活動教案 3-5-2

設計者：楊淑雅　　　　　　　　　進行日期：　年　月　日星期

活動名稱	勇氣手袋偶	教學領域	藝術（2）——勞作
		活動時間	五十分鐘
品格主題	勇氣	適用年齡	三～六歲
具體目標	1.能說出勇氣手袋偶的功能。 2.能自行創作勇氣手袋偶。 3.能使用勇氣手袋偶做扮演遊戲。		
活動資源	信封袋、彩色筆、蠟筆、色紙、剪刀、膠水、會動的塑膠眼睛、貼紙、輕音樂 CD		
活動過程	引起動機（十分鐘） 1.老師請小朋友坐在有桌子的位置上。 2.老師拿預先做好的手袋偶，向小朋友問安，「小朋友好，我是手袋偶，我的名字叫做貓咪手袋偶，如果你心情不好的時候，跟我說說話，你的心情就會變好了，如果你很害怕的時候，跟我說說話，我就會給你信心和力量喔！」 3.老師帶小朋友一起喊口號「我會勇敢面對挑戰」三次。 發展活動（三十分鐘） 1.老師與小朋友分享「大家都會有害怕的事，不要感到不好意思或不敢說出來」，「今天我們要來製作『勇氣手袋偶』當小朋友害怕的時候，可以拿出來玩」。 2.老師介紹美勞工具「每個人都有一個信封袋，可以讓我們的手伸進伸出的」「老師準備了彩色筆、蠟筆、色紙、剪刀、膠水、會動的塑膠眼睛、貼紙，小朋友可以自己想一想，你想做什麼造型，可以自己來設計喔！」 3.老師發下材料，讓小朋友來創作。 4.老師放輕音樂，讓小朋友自由地創作手袋偶。 5.老師等待小朋友完成後，指導小朋友共同收拾剩下來的材料。 綜合活動（十分鐘） 1.老師請小朋友輪流出來分享自己的作品，並且能為自己的勇氣手袋偶取一個名字。 2.老師鼓勵小朋友「當你有一點害怕的時候，可以拿出勇氣手袋偶來增加自己的勇氣哦！」 3.讓小朋友戴著手袋偶與自己說話「你真的很棒！」再與旁邊小朋友說話「我會勇敢面對挑戰，不再害怕！」說幾次讓自己充滿信心。 4.在教室內展示小朋友自行創作的勇氣手袋偶。		
活動評量	1.能說出一個勇氣手袋偶的功能（害怕時跟手袋偶說話、增加信心……）。 2.能自行創作勇氣手袋偶（取材料做出與他人不同的作品）。 3.能拿勇氣手袋偶對自己及旁邊的人說話。		
注意事項	原則手袋偶以動物造型為主，若不是動物造型也沒關係。		
延伸活動	改成襪子偶（用長統襪），若增加劇情，還可以演戲。		

勇氣手袋偶（3-5-2）

大家都有害怕的事，不要感到不好意思或不敢說出來，「勇氣手袋偶」，當小朋友有害怕的時候，就可以拿出來玩。

勇氣品格教學活動教案 3-6-1

設設計者：楊淑雅　　　　　　　　　進行日期：　年　月　日星期

活動名稱	我是勇敢小戰士	教學領域	音樂律動（1）——品格主題歌
		活動時間	三十分鐘
品格主題	勇氣	適用年齡	三～六歲
具體目標			

具體目標	1. 能說出「我是勇敢小戰士」歌詞的涵義。 2. 能正確唱出「我是勇敢小戰士」歌詞及做動作。 3. 能勇敢上台表演唱歌。
活動資源	「小小實踐家」CD（天韻有聲出版社／2004）、歌詞海報
活動過程	引起動機（五分鐘） 1. 老師請小朋友圍坐在白線區域中。 2. 玩「猜猜我是誰？」以吸引小朋友的目光。 發展活動（十五分鐘） 1. 老師放一次音樂給小朋友聽。 2. 老師帶領小朋友唸幾次歌詞。 我是勇敢小戰士 　我是勇敢小戰士，喜愛勇敢不退縮，每天培養好信心，認真學習我努力， 　　勇敢是我好品格，不怕大挑戰，我有勇氣在心裡，一點一點去實現。 3. 老師解釋歌詞裡面的涵義「我們每一個人都可以成為勇敢小戰士，能夠學習做一個不退縮的孩子」「勇敢是好品格喔！」 4. 老師鼓勵小朋友「只要我們願意學習好品格，好品格就會住在我的心中，好品格會幫助我，讓我做一個棒小孩，我就會做好的決定，成為討爸爸媽媽和老師喜歡的好小孩」。 5. 老師教小朋友唱，並且加上動作，「我是勇敢小戰士（雙手雙腳踏步），喜愛勇敢不退縮（比打××動作），每天培養好信心（雙手打開），認真學習我努力（雙手交叉拍胸），勇敢是我好品格（雙手往上慢慢合攏），不怕大挑戰（做擦玻璃狀），我有勇氣在心裡（雙手在胸前比出愛心），一點一點去實現（拍手）」。 綜合活動（十分鐘） 1. 老師請小朋友主動上台表演這首歌及動作。 2. 老師和小朋友說明「這一首歌是代表願意學習勇敢好品格」。 3. 「小朋友可以常常唱這一首歌給自己聽，可以增加勇氣和力量哦！」
活動評量	1. 能說出「勇敢」是一種好品格。 2. 能正確唱出說出「我是勇敢小戰士」歌詞及做動作。 3. 能勇敢上台表演唱歌。
注意事項	老師需先熟悉歌詞及動作，方能教導孩子來唱。
延伸活動	可請小朋友自行創作屬於自己的歌曲動作。

勇氣品格教學活動教案 3-6-2

設計者：楊淑雅　　　　　　　　　　進行日期：　年　月　日星期

活動名稱	棉花糖	教學領域	音樂律動（2）——遊戲活動
		活動時間	三十分鐘
品格主題	勇氣	適用年齡	三～六歲
具體目標	1.能唸出棉花糖遊戲的兒歌內容。 2.能參與活動及遵守遊戲規則。 3.能改編棉花糖兒歌內容。		
活動資源	無障礙空間場地		

活動過程	引起動機（五分鐘） 1.老師請小朋友圍坐在集合區上。 2.老師帶小朋友玩「請你跟我這樣做」的遊戲。 發展活動（十五分鐘） 1.老師教小朋友唸兒歌內容。 **棉花糖**　棉花糖，棉花糖，愈走愈害怕，走到一半坐下來，「ㄎㄡ ㄎㄡ ㄎㄡ你是誰」「我是棉花糖」「為什麼這麼晚才回來？」「因為我怕○○○」「我就是○○○」。 2.老師說明遊戲規則「小朋友要圍成一個圈圈，一位小朋友要在外面當棉花糖，棉花糖在外面繞著圈圈走的時候，嘴巴要說『棉花糖、棉花糖、愈走愈害怕，走到一半坐下來』。」 3.「然後坐在一個小朋友的背後，敲著小朋友的背說『ㄎㄡ ㄎㄡ ㄎㄡ你是誰』，棉花糖就要說『我是棉花糖』，那麼大家就要一起說『為什麼這麼晚才回來』，棉花糖說『因為我怕大野狼』，坐在棉花糖前面的小朋友就要轉過頭來說『我就是大野狼』，然後當大野狼的小朋友開始追棉花糖。」 4.「如果棉花糖坐到大野狼的位置，那麼當大野狼的小朋友就必須當棉花糖了。」 5.老師當棉花糖，示範玩一次。 6.老師和小朋友開始進行此活動的遊戲。 7.遊戲活動進行數次後，老師邀請小朋友改歌詞「把怕大野狼改成什麼呢？」「如改成怕大獅子、大老虎⋯⋯」可由小朋友投票決定要選哪種動物。 綜合活動（十分鐘） 1.老師和小朋友一同分享玩此遊戲的感想。 2.「為什麼棉花糖要怕大野狼呢？」讓小朋友自由發表意見。
活動評量	1.能完整唸出遊戲的兒歌內容。 2.能參與活動及遵守遊戲規則。 3.能改編「怕○○○」的兒歌內容。
注意事項	注意每個小朋友都有輪流玩過此遊戲。
延伸活動	可將大野狼這個角色換成小朋友較害怕的人、事、物。

棉花糖遊戲（3-6-2）

說說看害怕什麼事物呢？

勇氣品格教學活動老師評量表

日期：　　　　　　　　　　　　　　填表者：

編號	活動項目	優5	佳4	可3	普2	劣1
3-1-1 語文	品格典範：用腳飛翔的女孩——蓮娜瑪麗亞					
3-1-2 語文	品格學習單：勇敢小戰士（連連看）					
3-1-3 語文	品格口訣：勇氣口訣					
3-1-4 語文	品格兒歌：勇敢的小寶貝					
3-1-5 語文	繪本分享：勇敢的莎莎					
3-1-6 語文	討論活動：害怕，不要躲！					
3-2-1 數學	數數活動：膽量大會考——神秘箱					
3-2-2 數學	量與符號活動：小黑魚（1-10 量與符號配對）					
3-2-3 數學	基本運算活動：籽兒數數（加起來都是 10）					
3-2-4 數學	應用活動：一月大二月小					
3-3-1 自然	品格觀察家：萬獸之王——獅子					
3-3-2 自然	實驗活動：火山爆發					
3-3-3 自然	體驗活動：酸甜苦辣大家嚐					
3-3-4 自然	踏青活動：參觀靖娟兒童安全文教基金會					
3-4-1 社會	品格劇場：我好害怕（魅力四射電影院）					
3-4-2 社會	利己活動：三隻小豬逃命路線圖					
3-4-3 社會	利他活動：三隻羊過橋					
3-4-4 社會	品格體驗：跟害怕說拜拜——勇氣大會					
3-5-1 藝術	繪畫：魔奇魔奇樹					
3-5-2 藝術	勞作：勇氣手袋偶					
3-6-1 音樂律動	品格主題歌：我是勇敢小戰士					
3-6-2 音樂律動	遊戲活動：棉花糖					
	總分：110 分					

一、進行本次品格活動，我的想法：

_____

二、我在帶領本次品格活動時，最有成就感的一件事：

_____

三、我碰到的難處：

_____

教學主管簽名：

勇氣品格教學活動幼兒學習評量表

班級：　　　　　　　　幼兒姓名：　　　　　　　　日期：

說明：班上老師根據在品格教學活動期間，觀察幼兒學習「勇氣」的表現，愈高分表示
　　　學習狀況愈好，並以 √ 來表示。

六大領域學習內容		1分	2分	3分	4分	5分
語文	1. 能說出蓮娜瑪麗亞有哪些勇敢的表現					
	2. 能完成害怕事物與勇氣圖片的連連看					
	3. 能說出三個勇氣的口訣及比劃出正確動作					
	4. 能完整地唸出兒歌內容					
	5. 能完成真勇敢與假勇敢的學習單					
	6. 能說出並畫出自己最害怕的事					
數學	7. 能說出觸摸到物品的感覺					
	8. 完成小黑魚圖片卡 1-10 量與符號配對					
	9. 能說出 10 的合成二～三種。如：7 和 3、2 和 8					
	10. 能做出一月大二月小的動作（凸凸與凹凹）					
自然	11. 能說出小獅克服害怕，最後成為勇敢的獅子王					
	12. 能說出三種實驗用到的東西					
	13. 能說出酸、甜、苦、辣味道的感覺					
	14. 能說出靖娟老師勇敢救小朋友的故事					
社會	15. 能說出兩個小熊處理害怕的方法					
	16. 能完成「三隻小豬逃命路線圖」的學習單					
	17. 能說出三隻羊很有勇氣的原因					
	18. 能說出兩個學習勇氣所進行的活動					
藝術	19. 能用奇異筆、蠟筆在圖畫紙上畫魔奇魔奇樹					
	20. 能自行創作勇氣手袋偶					
音律樂動	21. 能正確唱出歌詞及做動作					
	22. 能參與遊戲活動及遵守遊戲規則					
在本次品格活動中，小朋友最感到有興趣的活動為：						

老師簽名：　　　　　　　　園長簽名：

勇氣品格教學活動家長評量表

班級：　　　　　幼兒姓名：　　　　　　　　　　　日期：

請家長根據對幼兒的觀察，評量孩子「勇氣」的表現，愈高分表示您愈贊同，請以 √
來表示，填完評量表，請隨親子手冊交回班上，謝謝！

學習態度	1分	2分	3分	4分	5分
1. 能說出蓮娜瑪麗亞是勇敢的品格典範					
2. 能說出三個勇氣的口訣及比劃出正確動作					
3. 能完整地唸出兒歌內容給家長聽					
4. 能說出並畫出自己最害怕的事					
5. 能說出小獅克服害怕，最後成為勇敢的獅子王					
6. 能分辨酸、甜、苦、辣味道的感覺					
7. 能說出靖娟老師勇敢救小朋友的故事					
8. 能說出害怕的原因					
9. 能說出害怕時候的感覺					
10. 能說出如何處理害怕的方法					
11. 能和家長分享自創的畫——魔奇魔奇樹					
12. 能自行創作勇氣手袋偶					
13. 能完成家庭作業：勇氣創意點子					
14. 會唱品格主題歌：我是勇敢小戰士					
家長的話：					

家長簽名：

給家長的一封信

親愛的家長平安：

　　什麼是勇氣？勇氣是一種在我們面對困難、危險或痛苦時，可以讓我們掌控情勢的方法。我們可以正視自己心中的害怕，認定那是一種挑戰，而思考出應變對策，並藉此來建立我們的勇氣。

　　害怕是我們感受到危險的時候，自然會產生的強烈情緒反應，這種反應發生時，心理上通常會產生痛苦、脆弱的感覺，生理上則可能出現肌肉緊張、手腳發冷、呼吸急促、心跳加速，以及準備逃離現場等反應。

　　令人感到害怕的人、事、物，有些是具體、現實的，例如：怕鬼、怕打雷，有些則是預期性、不具體的，例如：怕黑、怕失敗等。成人對害怕的謬論與迷思：「害怕就是不勇敢」「不可以覺得害怕」「沒什麼好怕的」，應該協助孩子了解這些都是正常的反應，進一步鼓勵孩子面對害怕的事物與害怕的感覺。

　　於是我們為「勇氣」品格活動，設計了許多的活動，盼望透過具體可行的活動，提供孩子一些有關勇氣的經驗，並且學習如何運用它。因此，我們需要家長您的配合，在家園同心下，讓孩子有好的學習：

（一）家庭作業：勇氣創意點子

　　學習勇氣的最好方法就是能去面對它，我們想創造一種動力，成為孩子學習勇氣的助力。因此，當信心軟弱害怕的時候，一看到自己所創作的勇氣點子，就能拾起信心來面對它。此家庭作業單將於_____隨親子手冊發回，請家長於_____前將勇氣創意點子具體物與家庭作業單帶至學校與小朋友分享。

（二）跟害怕說拜拜：勇氣大會

　　班上將於_____舉行「跟害怕說拜拜」的勇氣大會，鼓勵小朋友上台分享自己的勇氣點子與家庭作業單，非常歡迎家長參加勇氣大會，一同分享寶貝們的勇氣故事。

○○幼兒園 啓

補充網路資料

1. 品格典範：用腳飛翔的女孩——蓮娜瑪麗亞

   (1) http://tw.knowledge.yahoo.com/question/? qid=1005031302034

   (2) http://vod.lib.stu.edu.tw/soft.asp? id=673

   (3) http://www.nani.com.tw/big5/content/2005-04/18/content_33914.htm

   (4) http://home.pchome.com.tw/education/helentw/Maria.htm

2. 品格觀察家：萬獸之王——獅子

   (1) http://www.zoo.gov.tw/km/data_animal_result.asp? xpaid=65、即時影像

   (2) http://hk.geocities.com/odsite005/tanzania/wildlife/lion.htm

   (3) http://stuweb.whes.tpc.edu.tw/~930612/favorite.html

   (4) http://hk.geocities.com/odsite005/tanzania/wildlife/lion.htm

3. 踏青活動：財團法人靖娟兒童安全文教基金會

   (1) http://www.safe.org.tw/action/action_02.asp

   (2) 多媒體服務（放映）http://www.safe.org.tw/media/media.html

   (3) 立體電影院 http://www.carsafety.com.tw/safe2/safe2_I1.htm

    （父子篇、出遊篇、安全寶座篇、兩小無猜篇）

   (4) 地址：台北市汀州路一段 123 號　電話：(02)2301-2727

CHAPTER **6**

關懷品格

【我會以行動幫助人，成為一個有愛心的人】

壹、品格能力篇

一、什麼是關懷？

1. 關懷是一種助人的行為，是支持和協助他人的實際行動，也是我們藉著主動尋找機會來貢獻自己，進而可以培養出來的態度。

2. 關懷是一個人表現對某人、事、物的關注及興趣。

3. 關懷是不斷地學習尊重自己與他人。

4. 關懷包括了六個層面（內涵）：

   (1) 關懷自己：對自我的理解。

   (2) 關懷親密與周遭熟識的人：由被關懷者的感受出發。

   (3) 關懷陌生與遠方的人：學習不同文化，培養感同身受、設身處地的能力。

   (4) 關懷動植物與自然環境：關懷地球的自然生態。

   (5) 關懷人為環境：體會各種擺設的意義，有實做的經驗。

   (6) 關懷理念：以學生為主體、由孩子的興趣與能力出發而發展的。

二、缺乏關懷的危機

1. 缺乏父母及其他成人做表率。

2. 對關懷行為鼓勵不足。

3. 受同儕不良的影響。

4. 對殘暴行徑的敏感度減低。

「關懷」的正負面情緒辭彙：

正面：平安、滿足、高興、感激、快樂、歡喜、愉快、舒服、有自信、溫暖、得意……。

負面：不耐煩、不舒服、生氣、討厭、痛苦、害怕、害羞、緊張、失望、難為情、疲勞……。

三、有關關懷的言行典範

關懷會「說」的話	關懷會「做」的事
「你還好吧？你看起來有些難過。」	看到有人欺負人會加以阻止。
「你看來不太高興。」	主動幫忙有需要的人（上前安慰受痛苦的
「我了解你的感受。」	人）。
「我為你感到高興。」	當別人傷心時會表達關懷動作。
「我可以幫什麼忙？」	拒絕參與捉弄別人。
「你要不要加入我們？」	顧慮到別人的需求。
「我可以為你做什麼？」	以實際行動為人們帶來快樂。
「對不起，我讓你難過了。」	當別人得勝時，也為他感到高興。
「這件事你做得太棒了。」	用心處理環境。

資料來源：安艾（譯）（2004）。

四、問題與反思

1. 有哪些職業是以助人工作為主？在自己的工作中，是不是有某部分是服務和幫助他人的？

2. 當你看到有路人被車撞時，你會如何處理呢？

3. 當你聽到一則助人的故事時，會有什麼想法？是否會帶來某種體會或啟示呢？

4. 你認為助人是一件快樂的事嗎？你相信「施比受更為有福」、「助人為快樂之本」這件事嗎？

5. 你認為「為善不欲人知」與「歌功頌德」之間有什麼差異呢？你傾向
於何種？理由為何？你覺得應如何教導孩子這兩種的差異呢？

五、與孩子討論

1. 你曾經幫助過誰呢？
2. 誰曾經幫助過你呢？
3. 你能想到哪些可以幫助別人的事？
4. 幫助別人會有什麼樣的好處呢？
5. 實例分享有關的助人故事，你聽了會有什麼想法呢？

六、老師如何培養孩子的助人能力

1. 在教室中建立和維持一種助人的態度與情境。
2. 與孩子一起腦力激盪出解決問題的方式。
3. 做團體的計畫性活動，討論每位參與者的角色。
4. 常玩說故事接龍活動，享受與人創作的喜樂。
5. 在班上或園所舉辦一些愛心活動，讓孩子具體地參與。
6. 增加大孩子替較小孩子服務的機會。
7. 老師在日常生活中示範如何助人。
8. 「抓眼光」練習，讓孩子練習眼光接觸，這是友誼機會的開始。

訓練「關懷」的一般性原則：

1. 成人以身作則。

2. 鼓勵孩子在和人講話時直視對方眼睛。

3. 教孩子重視親屬關係，使用正確的稱謂。

七、給父母和老師的叮嚀

1. 關心他人是健康社會的基礎，反映出我們相信每個人都有自己的價值，關心別人也帶給我們滿足與快樂的感覺。

2. 要孩子關心別人，先要讓他們感到被關心，當孩子的需求獲得認可也得到滿足，他們會體認並且願意滿足他人的需求。

3. 如果孩子知道別人跟他們有同樣的感受，當別人受傷或有需要的時候，就會懂得善意回應。

4. 我們可以幫助孩子想像，在某種特殊狀況下，他們會有什麼感覺，再推己及人，想想別人會有什麼感覺。

5. 我們可以告訴孩子，既然不喜歡被人嘲笑，就不能嘲笑別人；不喜歡別人推自己，就不能推別人（若孩子嘲笑、欺負他人，或是態度不友善、行為粗暴，我們不能視若無睹，必須立即介入，清楚說明不允許這樣的行為）。

6. 孩子也可以理解，如果他喜歡別人友善相待，他也必須友善待人，孩子會學習到，想要別人接納他，他必須接納別人。

7. 培養孩子的同情心要持之以恆，我們必須以身作則，表現同情的行為給孩子看，孩子看到父母或照護者關心家人以外的人，如鄰居、朋友與社會大眾時，無形中就養成孩子關懷所有人類的價值觀。

參考文獻

安艾（譯）（2004）。MQ百分百：開發道德智商完全手冊。台北市：光啟。

枳園（譯）（2001）。教孩子正確的價值觀（二版）。台北市：大地。

陳麗蘭（譯）（2001）。與孩子談美德：16個影響人生的重要價值觀。台北市：光佑。

黃維明（譯）（2005）。我會關心別人。台北市：天下雜誌。

橄欖翻譯小組（譯）（2001）。40法建立孩子正確的價值觀。台北市：橄欖基金會。

貳、品格教學篇

一、「關懷」的相反詞

冷漠（indifference）、偏見（prejudice）、苛刻（harshness）。

二、「關懷」的定義

對別人的感受敏銳，體會別人的需要，原諒得罪自己的人，用行動幫助有需要的人，不做出或說出傷害別人的事。

> 預期成效：
> 幫助幼兒能體會別人的需要，學習原諒得罪自己的人，會用行動幫助有需要的人，並且不做出或說出傷害別人的事。

三、教學目標

1. 認識「關懷」品格所代表的意義。
2. 學習關懷人、事、物的正確態度。
3. 鼓勵關懷的行為，培養幼兒對他人的關心。
4. 能為家人或同學做一件事，以實際行動付出關懷。

四、六大領域活動

（一）語文

1. 品格典範：白衣天使──南丁格爾。（4-1-1）
2. 品格學習單：尋找關懷天使。（4-1-2）
3. 品格口訣：（4-1-3）

    (1)我會主動幫助人。

(2) 我會注意別人的感受。

(3) 我能原諒讓我生氣的人。

4. 品格兒歌：

(1) 爺爺。

(2) 爺爺生病了嗎？（4-1-4）

(3) 奶奶搬家了。

(4) 蝴蝶。

(5) 社區伯伯。

(6) 颱風。

(7) 好朋友。

5. 繪本分享：

書名	出版社／年份	內容摘要
誰要我幫忙？	漢聲／1985	小榮藉幫忙家人得到被肯定、被需要的感覺。（4-1-5-1）
永遠愛你	和英／2005	體會家人（母親）無私的愛，學習付出關懷。（4-1-5-2）
我的妹妹聽不見	遠流／1998	培養孩子對特殊兒童的關懷與接納。（4-1-5-3）
我最討厭你了	遠流／1996	處理心中的不平，想對方的好。（4-1-5-4）
我會關心別人	天下雜誌／2005	將心比心地關懷別人，我希望別人對我很好，就像我對他們一樣。

＊ 延伸閱讀：

(1) 愛織毛線的尼克先生／上誼／1999

(2) 月亮，生日快樂／上誼／1995

(3) 先左腳，再右腳／漢聲／1984

(4) 我永遠愛你／上誼／1999

(5) 我們的樹／上堤／1999

(6) 湯姆爺爺／上誼／1991

(7) 獾的禮物／遠流／1997

(8) 培培點燈／三之三／ 2002

(9) 活了一百萬次的貓／上誼／ 1997

(10) 一片披薩一塊錢／格林／ 2001

6. 討論活動：誰是幫助我們的人（各行各業）。（4-1-6）

（二）數學

1. 數數活動：情緒寶盒。（4-2-1）

2. 量與符號活動：好好愛我（愛心圖卡 1-10 量與符號配對）。（4-2-2）

3. 基本運算活動：發票大集合。（4-2-3）

4. 應用活動：跳蚤市場。（4-2-4）

（三）自然

1. 品格觀察家：跟著袋鼠媽媽走。（4-3-1）

2. 實驗活動：橘子發油囉！（4-3-2）

3. 體驗活動：聞聖誕樹的味道。（4-3-3）

4. 踏青活動：社區巡禮（拜訪消防隊）。（4-3-4）

（四）社會

1. 品格劇場：我會關心別人（魅力四射電影院）。（4-4-1）

2. 利己活動：為聖誕樹繫上一張讚美卡。（4-4-2）

3. 利他活動：給我抱抱（學習愛的擁抱法）。（4-4-3）

4. 品格體驗：爺爺奶奶我愛您（參觀老人中心）。（4-4-4）

（五）藝術

1. 繪畫：光明太陽花。（4-5-1）

2. 勞作：聖誕紅花開了。（4-5-2）

（六）音樂律動

　　1. 品格主題歌：愛使我們相聚在一起。（4-6-1）
　　2. 遊戲活動：丟手絹。（4-6-2）

五、家庭作業──幫家人做一件事

　　為體諒家人的辛勞，以具體行動付出關懷、付出愛，關懷家人的需要，如：為家人排鞋子、為家人按摩……。

附錄

品格主題歌

愛使我們相聚在一起

愛使我們相聚在一起，愛使我們相聚在一起。我們手拉手，讓世界知道，愛使我們相聚在一起。

我永遠愛你

我永遠愛你，我永遠疼你，在媽媽（小孩；小孩名字）的心裡，你是我永遠的寶貝。

品格兒歌

爺爺

爸爸媽媽工作很辛苦，每天很晚才回到家。爺爺陪伴我，照顧我，包水餃給我吃，帶我到公園玩，可是爺爺老了，眼睛看不清楚，耳朵也重聽了。

爺爺生病了嗎？

我好難過喔！抱著爺爺，親著爺爺，我告訴爺爺：「我做您的拐杖，陪您散步，我會為您讀報和解說。」因為爺爺我愛您。

奶奶搬家了

奶奶生病了，住在養老院，爸爸休假時，就載著媽媽、姊姊還有我去看奶奶，那裡有很多和奶奶一樣的老人家，奶奶見到我們來很高興。可是，有些爺爺奶奶都沒有人陪耶！好可憐喔！奶奶，請您安心靜養，等您病好了，我們會很快地帶您回家，我和姊姊會天天陪著您。

蝴蝶

公園裡花朵開得真美麗。蝴蝶成群飛舞著，蜜蜂忙著採花蜜。一隻小蝴蝶不小心，撞進了蜘蛛網，在那邊掙扎著，飛不出去，「媽媽，小蝴蝶好可憐哦！」「是啊！小生命也需要珍惜。來！你去撿一支樹枝，我們來助牠一臂之力，讓牠重回大自然的懷抱，翩翩飛舞。」

社區伯伯

社區伯伯每天很辛苦，站在門口保護我們。夏天太陽晒，刮風下雨不休息，冬天到了，冷颼颼，講話嘴巴會吐氣，媽媽煮火鍋，吃起來暖和和的。我請媽媽留一鍋，送去給社區伯伯暖暖身。

颱風

颱風來了，刮大風，下大雨，有些人家好可憐，土石流，道路塌，橋樑斷，沒水又沒電，生活成問題，我的年紀小，捐出零用錢獻薄力。

好朋友

仔仔跌倒了，哭得好傷心，擦破了皮，好痛喔！我拿衛生紙幫他擦眼淚，請老師幫他擦擦藥。我坐在仔仔旁邊安慰他，仔仔很快就不哭了。

律動遊戲

丟手絹

丟呀！丟呀！丟手絹，輕輕地丟在小朋友的後面，請你不要告訴他，請你不要告訴他！

關懷品格教學活動教案 4-1-1

設計者：楊淑雅　　　　　　　　　　進行日期：　年　月　日 星期

活動名稱	白衣天使——南丁格爾	教學領域	語文（1）——品格典範
		活動時間	四十分鐘
品格主題	關懷	適用年齡	三～六歲
具體目標	1. 能說出南丁格爾從小的心願。 2. 能說出白衣天使護士節的由來。 3. 能說出南丁格爾助人的事蹟。		
活動資源	護士服、護士帽、南丁格爾照片或圖片		
活動過程	引起動機（十分鐘） 1. 老師拿出護士服、護士帽和小朋友討論，在什麼地方看過這件衣服？穿這件衣服的人是誰呀？那他是在哪裡上班呢？為什麼又叫做白衣天使呢？ 2. 請小朋友發表護士的工作內容有哪些？「打針、擦藥、換藥、量血壓……」 發展活動（二十分鐘） 1. 老師拿出「南丁格爾」的圖畫（照片），向小朋友介紹南丁格爾的故事。 2. 「南丁格爾從小就很有愛心，立志要幫助貧苦及受病痛折磨的人，南丁格爾六歲的時候，就常和姊姊一起玩『醫生和病人』的遊戲，替洋娃娃治病。」 3. 「克里米亞戰爭爆發了，受傷的官兵不斷地增加，使藥品及醫護人員不夠，因此死亡人數不斷增加，南丁格爾知道了這個消息，就馬上率領著護士們前往戰地醫院，到了晚上大家都很累了，只有南丁格爾不願休息，時常提著煤油燈，到處巡視傷患，所以傷患們都叫南丁格爾是『提燈的戰場天使』。」 4. 「南丁格爾創辦了一所護士學校，在這裡受教育的護士們，個個都有正確的醫療及親切的服務態度，各地的醫院都聘僱從這裡畢業的護士。」 5. 「南丁格爾九十歲生病去世了，人們為了紀念她的貢獻，就以她的生日五月十二日，訂為『護士節』。」 綜合活動（十分鐘） 1. 南丁格爾從小就很有愛心，希望長大後要當什麼？「護士」護士節是誰的生日呢？「是南丁格爾的生日（五月十二日）」 2. 老師和小朋友說明，護士是在幫助病人的，如果在醫院或診所遇到護士，小朋友們要記得和他們說聲謝謝。		
活動評量	1. 能說出南丁格爾小時的心願，就是長大後要當護士。 2. 能說出護士節就是南丁格爾生日，是為紀念南丁格爾的貢獻。 3. 能說出一項南丁格爾助人的事蹟（主動到戰場照顧病患、照顧窮苦人）。		
注意事項	每一種職業都有其價值，職業不分貴賤，引導幼兒認識不同的行業。		
延伸活動	南丁格爾的助人故事專輯。		

關懷品格教學活動教案 4-1-2

設計者：楊淑雅　　　　　　　　　　進行日期：　年　月　日星期

活動名稱	尋找關懷天使	教學領域	語文（2）──品格學習單
		活動時間	四十分鐘
品格主題	關懷	適用年齡	三～六歲
具體目標	1. 能說出什麼是「尋找關懷天使」。 2. 能說出幫助人的方式有哪些。 3. 能說出如何完成學習單。		
活動資源	「尋找關懷天使」學習單、報紙、剪刀、膠水、筆		
活動過程	引起動機（五分鐘） 老師和小朋友一起玩「老師說」的遊戲，以吸引小朋友的注意。 發展活動（二十五分鐘） 1. 老師拿出一份剪報內容「賣紅豆餅的阿公」，分享其內容。 2. 「有一個阿公是賣紅豆餅的，他每一天下午會推著車子去一個山上的小學，等待小朋友下課後，給小朋友吃紅豆餅，為什麼？因為那個小學的小朋友都是原住民，根本沒有錢可以買紅豆餅，所以阿公就請他們吃。」 3. 「有一天，賣紅豆餅的阿公沒有來，一天兩天都沒有來，小朋友都好緊張，後來知道阿公生病了，躺在病床上，於是小朋友就拜託老師帶他們去醫院看阿公，阿公收到了好多小朋友感謝的卡片，大家也才知道有一個人一直都默默地關心這些山上的孩子。」 4. 老師：「小朋友，你覺得賣紅豆餅的阿公，是怎樣的一個人呢？」「默默關心人、很有愛心的人、他主動幫助人……」 5. 「賣紅豆餅的阿公做了什麼幫助別人的事呢？」「請山上的孩子吃紅豆餅。」 6. 老師拿出「尋找關懷天使」的學習單，說明「這是小朋友回家要和爸爸媽媽一起做的功課喔！你們可以剪報紙，請爸爸媽媽唸給你聽，然後請你把報紙貼在空格裡面，你可以把你的想法畫下來，再請爸爸媽媽幫你寫」。 7. 老師示範完成自己的「尋找關懷天使」學習單，再分享一次內容。 綜合活動（十分鐘） 1. 「尋找關懷天使」是什麼意思？「就是去找一些幫助別人的小故事。」 2. 「聽了幫助別人的故事後，你也可以怎麼做呢？」「我也可以學習去幫助別人。」 3. 「你可以做哪些幫助別人的事呢？」「別人哭時，拿衛生紙給他擦；可以幫媽媽搥背；可以幫忙倒垃圾；可以唱一首歌讓人心情變好……。」		
活動評量	1. 能說出「尋找關懷天使」就是去找幫助人的小故事。 2. 能說出一～二種幫助人的方式（安慰人、幫忙倒垃圾、幫媽媽搥背……）。 3. 能說出要和爸媽一起完成學習單。		
注意事項	提醒小朋友交回「尋找關懷天使」學習單的日期。		
延伸活動	每日早上要開始工作前，老師唸一則小朋友學習單上的關懷天使給大家聽。		

品格學習單：尋找關懷天使

班級：　　　　　幼兒姓名：　　　　　日期：

新聞剪貼（有關愛心助人的事蹟；或是曾發生在身邊、親身經歷的故事）：

請回答以下問題

關懷天使的名字：

他（她）做了什麼幫助別人的事：

我的想法（可用畫的，再請家長幫忙小朋友寫下）：

說明：請家長帶領小朋友完成學習單，完成後請讓小朋友帶回班上分享。

關懷品格教學活動教案 4-1-3

設計者：楊淑雅　　　　　　　　　進行日期：　年　月　日星期

活動名稱	關懷口訣	教學領域	語文（3）──品格口訣
		活動時間	三十五分鐘
品格主題	關懷	適用年齡	三～六歲
具體目標			

具體目標	1. 能說出關懷的口訣所代表的意思。 2. 能說出關懷的口訣及比劃出動作。 3. 能上台表演關懷口訣給大家看。
活動資源	大字報、手偶兩隻（如：兔子與貓咪）
活動過程	引起動機（十分鐘） 1. 老師用兔子與貓咪手偶來做彼此的對話：「我好生氣喔！」「為什麼呢？」「小熊每次都搶我的玩具。」「那怎麼辦？」「我就大叫。」「那小熊就還你玩具了嗎？」「沒有！小熊就哭得更大聲，結果我就被老師罵了。」「嗯！難怪你會生氣。」「那我該怎麼辦呢？」「我來問問小朋友有什麼樣的好主意！」 2. 貓咪手偶問小朋友「兔子好生氣喔！怎麼辦呢？」讓小朋友想想、思考一下「兔子可以好好跟小熊說、先跟老師說、也許小熊也需要幫助、小熊不對，他沒有尊重人、也許小熊想跟兔子玩，不會表達……」。 3. 兔子：「我知道了！其實，我沒有那麼討厭小熊，也許他也需要幫助，我可以好好跟他說，先不和他生氣好了！」 發展活動（二十分鐘） 1. 今天我們要來學三個關懷口訣喔！老師示範口訣及動作，並且請小朋友跟著做「我會主動幫助人」（雙手抱胸後，再將雙手攤開）；「我會注意別人的感受」（雙手比 ok 的動作放在兩眼上方）；「我能原諒讓我生氣的人」（雙手合攏放在下巴處，跺一下右腳做生氣狀）。 2. 「什麼叫做主動幫助人？」「就是當人有困難的時候，我可以去幫助他」「主動幫媽媽提菜、幫忙摺衣服、幫忙擺碗筷，不用媽媽說我就做……」。「什麼叫做我會注意別人的感受？」「就是想一想別人的感覺、要幫真正的忙、別人難過時，我不會笑他或是覺得好玩……」。「什麼叫做我能原諒讓我生氣的人？」「就像是兔子呀！他願意原諒讓他生氣的小熊，想想要怎麼辦，就是原諒人呀！……」 綜合活動（五分鐘） 老師鼓勵小朋友上台表演關懷口訣給大家看。
活動評量	1. 能說出至少一種關懷口訣所代表的意思（如：主動幫助人就是幫媽媽摺衣服）。 2. 能完成三個關懷口訣及比劃出動作。 3. 能上台表演關懷口訣給大家看。
注意事項	「想要主動幫助人」之前要先問：「你需要我幫忙嗎？」才不會有弄巧成拙之事。
延伸活動	「比手劃腳」猜口訣。

關懷品格教學活動教案 4-1-4

設計者：楊淑雅　　　　　　　　　　進行日期：　年　月　日星期

活動名稱	爺爺生病了嗎？	教學領域	語文（4）——品格兒歌
		活動時間	四十分鐘
品格主題	關懷	適用年齡	三～六歲
具體目標			

具體目標	1. 能分享自己與爺爺互動的關係。 2. 能完整唸出兒歌內容。 3. 能回答兒歌內的問題。
活動資源	繪本《先左腳，再右腳》、大字報
活動過程	引起動機（十分鐘） 1. 老師分享《先左腳，再右腳》繪本給小朋友聽。 2. 老師問小朋友「是誰教小包走路的呀？」「爺爺。」「爺爺怎麼教小包走路？」「爺爺教小包，先左腳再右腳。」「後來爺爺怎麼了？」「爺爺生病了！」「爺爺生病不會走路了，那誰教他走呢？」「小包。」「小包怎麼教呢？」「小包教爺爺，先左腳再右腳。」 3. 老師問小朋友「你有沒有爺爺？」「你的爺爺跟誰住呢？」請小朋友自由的發表意見「我的爺爺住鄉下、爺爺和我們住、爺爺在美國、爺爺已經上天堂了……。」 發展活動（二十分鐘） 1. 老師分享朋友的經驗，「我朋友的爺爺和小包的爺爺一樣中風了！住在醫院裡，我的朋友每天都去看爺爺，餵爺爺吃飯、唸報紙給爺爺聽，我的朋友覺得和爺爺在一起很快樂！」 2. 「你的爺爺健康嗎？」「有的爺爺身體很健康，很會保養身體，每天會做運動。」「你的爺爺對你很好嗎？」「爺爺會照顧我、陪我玩、帶我去公園玩、煮東西給我吃、接我放學……」請小朋友分享自己與爺爺的關係。 3. 「有的爺爺身體不是很健康，需要家人一起來照顧，就像這首兒歌一樣。」 4. 老師帶領小朋友唸兒歌：<u>爺爺生病了嗎？</u> 　我好難過喔！抱著爺爺，親著爺爺，我告訴爺爺：「我做您的拐杖，陪您散步，我會為您讀報和解說。」因為爺爺我愛您。 5. 老師說：「你要怎麼愛你的爺爺？」「幫爺爺搥背、唱歌給爺爺聽……」鼓勵發表。 綜合活動（十分鐘） 1. 「如果爺爺生病了，你可以怎麼做？」「我可以抱爺爺、親爺爺、陪爺爺散步、讀書或唱歌給爺爺聽……」老師鼓勵小朋友舉手發表。 2. 老師將小朋友分成男女生，上台唸兒歌給大家聽。
活動評量	1. 能說出自己和爺爺互動的關係（爺爺照顧我、陪我玩、帶我去玩、接我放學……）。 2. 能完整唸出兒歌內容。 3. 能回答「如果爺爺生病了，我可以怎麼做」的問題（抱爺爺、親爺爺、陪散步……）。
注意事項	每個人對爺爺的認知不同，有的親密有的疏離，但強調爺爺基本上是愛孫子的。
延伸活動	帶自己爺爺的照片和大家分享。

關懷品格教學活動教案 4-1-5-1

設計者：楊淑雅	進行日期：　　年　　月　　日 星期		
活動名稱	誰要我幫忙？	教學領域	語文（5）——繪本分享 1
		活動時間	三十分鐘
品格主題	關懷	適用年齡	三～六歲
具體目標	1. 能說出小榮幫了誰的忙。 2. 能說出在家可以主動幫忙的事。		
活動資源	繪本《誰要我幫忙？》		
活動過程	引起動機（五分鐘） 1. 老師帶領手指謠來吸引小朋友的目光「鵝爸爸來了，鵝媽媽來了，點點頭，握握手，鵝爸爸再見，鵝媽媽再見，小手擺後面」。 2. 老師問：「在家裡，有幫忙爸爸媽媽做過哪些家事呢？」請小朋友發表意見。 發展活動（十五分鐘） 1. 老師告訴小朋友，今天我們要來看看故事裡的小榮發生了什麼事哦？ 2. 老師介紹繪本的名字及作者「書名叫做《誰要我幫忙？》，這是一本翻譯的書，寫書和畫書的是同一個人，他的名字叫做喬賴斯克」。 3. 「小榮想要主動幫爸爸、媽媽、哥哥的忙，可是大家都不需要他幫忙，小榮覺得好難過喔！所以他就跑出去，結果幫了大家好多的忙。」 4. 「小榮幫修車叔叔看車燈，修車叔叔送小榮一張地圖；小榮幫丁先生掛臘腸，丁先生送小榮好吃的臘腸；小榮幫梅阿姨蓋麵包袋子上的日期，梅阿姨送小榮熱麵包；小榮幫賣水果的方伯伯提水給馬喝，方伯伯送小榮一些水果；小榮幫湯先生送鞋給梅阿姨，湯先生送小榮一雙長筒鞋；小榮幫包媽媽餵小動物，包媽媽送小榮一隻小狗。」 5. 「小榮手上拿著一大堆因幫忙而得來的禮物，想想其實大家都需要他，結果爸爸、媽媽、哥哥因為找不到小榮好緊張喔！小榮和家人分享這些禮物，爸爸、媽媽、哥哥緊緊抱著小榮，因為大家都很愛他，也很需要他。」 綜合活動（十分鐘） 1. 老師問小朋友：「小榮幫了誰的忙？」「幫修車叔叔看車燈、幫丁先生掛臘腸、幫梅阿姨蓋日期、幫方伯伯給馬喝水、幫湯先生送鞋給梅阿姨、幫包媽媽餵小動物」，考考小朋友的記憶力，是否能記得大家送小榮什麼禮物。 2. 「如果是你會做的事情，你會主動幫忙爸爸媽媽做什麼呢？」「像是什麼呢？」「玩具自己收、飯自己吃、練習自己洗澡、整理自己的書包……」		
活動評量	1. 能說出三個小榮幫的忙。 2. 能說出三個在家裡可以主動幫忙的事。		
注意事項	鼓勵小朋友有幫忙的心，就算被拒絕了也不要灰心。		
延伸活動	小朋友在學校可以主動幫老師什麼忙？如：擦桌子、收玩具、排鞋子……。		

關懷品格教學活動教案 4-1-5-2

設計者：楊淑雅　　　　　　　　　　　進行日期：　年　月　日星期

活動名稱	永遠愛你	教學領域	語文（5）——繪本分享2
		活動時間	三十分鐘
品格主題	關懷	適用年齡	三～六歲
具體目標	1.能說出媽媽愛孩子的表現方式。 2.能說出關心媽媽的方式有哪些。 3.能學唱繪本內的自編歌曲。		
活動資源	繪本《永遠愛你》		
活動過程	引起動機（五分鐘） 1.老師向小朋友分享：「今天早上老師接到了一通電話，有一位小朋友的媽媽說，他的寶貝在家裡都不收玩具，請他收他都不聽，讓她好難過哦！」 2.我們來聽一個故事，聽完後我們再來討論怎麼幫助這位媽媽。 發展活動（二十分鐘） 1.老師拿出繪本和小朋友介紹繪本的名字及作者。 2.老師和小朋友分享故事裡的內容。 3.老師與小朋友邊說邊互動，教唱「我永遠愛你，我永遠疼你，在媽媽的心裡，你是我永遠的寶貝」，老師每說一頁，就與小朋友一起模仿媽媽唱這首自編歌，到最後一頁，學兒子的聲音把這首自編歌唱完。 4.老師留一點時間，讓小朋友想一想，媽媽怎麼了？「媽媽最後老了，生病了，過世了，但是她還是很愛她的小孩，不管她的小孩已經長大，也變成爸爸了，但是媽媽愛孩子的心是不會改變的。」 5.老師請小朋友想一想「你的媽媽是怎樣愛你呢？」「煮飯給我吃、幫我洗澡、講故事給我聽、陪我玩、會抱著我親我的臉、賺錢讓我上學……」 綜合活動（五分鐘） 1.「我們要如何幫助打電話給老師的媽媽呢？她好煩惱，因為小朋友不聽話！」「告訴小朋友要改變、安慰媽媽、請小朋友向媽媽說對不起……」 2.老師請小朋友唱「我永遠愛你」，把歌詞改成「我永遠愛你，我永遠疼你，在○○（小孩名）的心裡，你是我永遠的寶貝」，請小朋友回家唱給媽媽聽。 3.老師引導小朋友說出「關心媽媽的方式有哪些？」「倒水給爸爸媽媽喝、幫爸爸媽媽收衣服、抱抱爸爸媽媽親親他們、唱『永遠愛你』給爸媽聽。」		
活動評量	1.能說出兩種媽媽愛孩子的表現方式。 2.能說出兩種關心媽媽的方式。 3.能學唱繪本內的自編歌曲的改編版。		
注意事項	鼓勵小朋友回家唱「我永遠愛你」給媽媽聽。		
延伸活動	媽媽職業大調查。		

關懷品格教學活動教案 4-1-5-3

設計者：楊淑雅　　　　　　　　　　進行日期：　年　月　日 星期

活動名稱	我的妹妹聽不見	教學領域	語文（5）──繪本分享 3
		活動時間	三十分鐘
品格主題	關懷	適用年齡	三～六歲
具體目標	1. 能說出故事中的姊姊是怎麼幫助聽不見的妹妹。 2. 能說出聽不見的妹妹是怎麼表達自己。 3. 能用手語做出「我愛你」的動作。		
活動資源	繪本《我的妹妹聽不見》		
活動過程	引起動機（五分鐘） 1. 老師拿出耳罩戴在耳朵上，引起小朋友注意。 2. 老師請一位小朋友出來戴耳罩，然後在他旁邊講話，之後請他取下耳罩，問他是否知道我們在說什麼？「當你聽不清楚或聽不見時，你會有什麼感覺呢？」 發展活動（二十分鐘） 1. 老師說：「有一些小朋友和我們很不一樣喔！他們聽不見，有的小朋友可以戴助聽器，這樣就可以聽出一些聲音，但是也有些小朋友，戴助聽器也聽不到。」 2. 「有一個姊姊，她的妹妹聽不見聲音，但是姊姊好好愛愛她的妹妹。」 3. 老師拿出繪本向小朋友介紹繪本的名字「我的妹妹聽不見」及作者。 4. 老師分享故事內容「妹妹聽不見聲音，但喜歡彈鋼琴、跑跳、翻滾和攀爬，也常跟著姊姊到草叢裡玩，妹妹不能用說話表達，但是常會用手勢、表情和肩膀來表達她的感覺、想法。」 5. 「妹妹學說話、讀唇語，但發音不清楚，可是姊姊很用心地去聽，明白妹妹的意思，妹妹也懂得姊姊所說的，姊姊沒有因為妹妹很特別而討厭及排斥她，不僅照顧妹妹，帶著妹妹一起玩，分享妹妹的心情，關心妹妹的感覺。」 6. 老師與小朋友討論聽完故事內容「如果今天你也是故事裡的小妹妹，一樣聽不見時，你會怎麼辦？」 7. 老師帶領小朋友做「我愛你」的手語（右手食指放在鼻子上→左手握拳，右手張開在左拳上劃圈→右手食指指人），請小朋友跟著做，也對旁邊人做。 綜合活動（五分鐘） 1. 「故事中的姊姊怎樣幫助聽不見的妹妹？」「姊姊很用心聽、明白妹妹的意思、沒有因為妹妹特別而討厭她或排斥她、照顧妹妹、帶妹妹玩……」 2. 「聽不見的妹妹是怎樣地表達自己？」「用手勢、表情和肩膀來表達她的感覺。」		
活動評量	1. 能說出故事中的姊姊是怎樣幫助聽不見的妹妹。 2. 能說出聽不見的妹妹是怎樣地表達自己。 3. 能用手語做出「我愛你」的動作。		
注意事項	聽不見的妹妹是「聽障」孩子，可加強說明不方便的地方及要如何幫助他們。		
延伸活動	玩比手劃腳的遊戲。		

關懷品格教學活動教案 4-1-5-4

設計者：楊淑雅		進行日期： 年 月 日星期
活動名稱	我最討厭你了	**教學領域** 語文（5）——繪本分享4
		活動時間 三十分鐘
品格主題	關懷	**適用年齡** 三～六歲
具體目標	1. 能說出和好朋友吵架時會怎樣。 2. 能說出怎麼樣才能和朋友和好。 3. 能說出朋友之間要互相關懷與接納。	
活動資源	繪本《我最討厭你了》	
活動過程	引起動機（十分鐘） 1. 兩位老師一起演一段戲給小朋友看，內容是兩位老師互罵彼此，最後甩頭說「哼！我不理你了，你最壞了，我最討厭你了！」 2. 老師和小朋友共同討論，用這樣的方式來溝通是不是好方法呢？ 發展活動（十五分鐘） 1. 老師拿出繪本和小朋友介紹繪本的名字《我最討厭你了》及介紹作者。 2. 老師分享故事內容「有兩個好朋友吵架了，他們決定不要再做好朋友了，而且決定要絕交，要『切！切！』」。 3. 「但是他們又想到以前他們常常在一起玩，甚至一起長水痘，實在有許多的捨不得，想了又想決定和好，兩人又一起玩了。」 4. 老師和小朋友討論「如果你和好朋友吵架時會怎樣？」「會哭、會生氣、很想罵人……」 5. 「那要怎麼辦才能和好？」「原諒他、互相關懷、想想對方的好……」 綜合活動（五分鐘） 1. 最後兩位老師互相和對方說對不起，並說：「我不應該說我討厭你了！我們還是好朋友，請你原諒我。」 2. 「你有沒有曾經生朋友的氣呢？你們和好了嗎？」「讓我們一起和旁邊的小朋友說：『我們都是好朋友喔！』」鼓勵小朋友之間互相抱一抱。 3. 「我們每個人都不一樣，但是只要朋友間互相關懷與接納，就會成為好朋友喔！」「怎樣關心朋友？」「和朋友一起玩、雖然會吵架但要和好……」	
活動評量	1. 能說出和好朋友吵架時會怎樣（會哭、會生氣、很想罵人……）。 2. 能說出怎樣才能和朋友和好（原諒他、互相關懷、想對方的好……）。 3. 能說出朋友之間雖然會吵架但要和好。	
注意事項	注意讓每位小朋友都有發表想法的機會。	
延伸活動	玩角色扮演遊戲。	

關懷品格教學活動教案 4-1-6

設計者：楊淑雅　　　　　　　　　　　　進行日期：　年　月　日 星期

活動名稱	誰是幫助我們的人（各行各業）	教學領域	語文（6）──討論活動
		活動時間	四十分鐘
品格主題	關懷	適用年齡	三～六歲
具體目標	1. 能說出哪些人是幫助我們的人。 2. 能說出各行各業辛苦的地方。 3. 能說出要如何關心幫助我們的人。		
活動資源	各行各業的圖片（警察、護士、消防人員、醫生、老師、社區警衛）		
活動過程	引起動機（五分鐘） 1. 老師帶領小朋友唱「愛使我們相聚在一起」。 　「愛使我們相聚在一起，愛使我們相聚在一起，我們手拉手，讓世界知道，愛使我們相聚在一起。」 2. 老師問小朋友「你長大想當什麼？」「當爸爸、媽媽、老師、警察、護士、消防人員、醫生、阿兵哥、老闆、去上班……」讓小朋友輪流發表。 發展活動（三十分鐘） 1. 老師分享「在我們的周遭有許多人幫助我們，想想看誰會幫助你呢？」「爸爸、媽媽、老師、小朋友、爺爺、奶奶……」「那還有誰呢？」「司機伯伯、我們社區的警衛、警察、還有醫生、護士……」鼓勵小朋友儘量的思考與表達。 2. 「小朋友說的都是幫助我們的人。」老師拿出各行各業的圖片，與小朋友確認職業名稱「這是警察、護士、消防人員、醫生、老師、社區警衛」，老師取出其中一張圖片問「警察叔叔是怎麼幫助我們呢？」「指揮交通、抓壞人、可以向他問路、迷路可以找他、開罰單……」 3. 「那警察叔叔有沒有辛苦的地方呢？」「有啊！指揮交通很危險，而且上班的時間久；抓壞人時要很小心，才不會被槍射到……」鼓勵小朋友回應。 4. 「那我們要怎麼幫助警察叔叔？」「遵守交通規則、跟警察叔叔說謝謝！對警察叔叔微笑、和警察叔叔握握手……」鼓勵小朋友回應。 5. 以此類推，介紹其他的職業內容，與小朋友做互動式的討論。 綜合活動（五分鐘） 1. 「哪些人是幫助我們的人？」「警察、護士、消防人員、醫生、老師、社區警衛……」 2. 「護士辛苦的地方是什麼呢？」「如果被打針的人不配合、提很重的東西、要輪班、避免有傳染病、要一直戴著口罩……」 3. 「我們要如何關心幫助我們的人？」「要向他們說謝謝！尊重他們、配合……」		
活動評量	1. 能說出三種幫助我們的人（警察、護士、消防人員、醫生、老師……）。 2. 能說出一種職業辛苦的地方（警察叔叔指揮交通、抓壞人……）。 3. 能說出要如何關心幫助我們的人（向他們說謝謝！尊重他們、配合）。		
注意事項	討論活動鼓勵小朋友發表，老師以「開放性問題」來做提問，有回答者予以讚美。		
延伸活動	各行各業的角色扮演。		

關懷品格教學活動教案 4-2-1

設計者：楊淑雅	進行日期： 年 月 日星期	
活動名稱	情緒寶盒	**教學領域**	數學（1）——數數活動
		活動時間	四十分鐘
品格主題	關懷	**適用年齡**	三～六歲
具體目標	1. 能做出不同情緒的表情變化。 2. 能完成情緒表情的配對。		
活動資源	變臉娃娃、精美紙盒一個、表情卡多個（喜表情卡六個、怒表情卡七個、哀表情卡五個、樂表情卡八個）		
活動過程	引起動機（五分鐘） 1. 老師請小朋友圍坐在團體討論區域內。 2. 老師拿出變臉娃娃，和小朋友玩變臉遊戲，並問小朋友「變臉娃娃的表情代表什麼意思？」「有的哭、有的笑、有的生氣……」 3. 老師請小朋友跟著變臉娃娃做表情，一下快，一下慢，讓小朋友能跟著做出來。 發展活動（二十五分鐘） 1. 老師拿出一個盒子，請小朋友猜一猜這個盒子裡面裝的是什麼？ 2. 老師向小朋友說：「這個盒子叫做『情緒寶盒』，它裡面裝了好多的表情卡。老師要和小朋友玩一個遊戲，老師從寶盒裡面拿出什麼表情卡，小朋友就要跟著做表情喔！」 3. 老師拿出一張表情卡「這是什麼？」「請小朋友跟著做表情」，例如：拿出生氣表情，小朋友就要做出生氣的表情來，然後將生氣表情卡放在地上。 4. 老師再拿出另一張表情卡「這是什麼？」拿到哭臉，就請小朋友跟著做表情，然後將哭臉表情卡放在地上。 5. 以此類推，老師介紹了喜、怒、哀、樂四種表情卡，並問小朋友什麼時候會有這些表情出現？「你什麼時候會想哭呢？」「難過時、跌倒了、小朋友不和我玩……」「你什麼時候會很高興呢？」「玩玩具、出去玩、和朋友一起玩……」 6. 老師再從情緒寶盒中取出表情卡，請小朋友在地上找到相同的表情，然後把表情卡放在一起「這是傷心表情卡」以此類推，完成所有表情卡的配對。 綜合活動（十分鐘） 1. 老師帶領小朋友數一數有多少表情卡，例如：「高興表情卡六個、生氣表情卡七個、傷心表情卡五個、快樂表情卡八個」。 2. 「每個人都有不同的情緒，我們只要學習多去關心別人，就能使生氣變成快樂喔！」		
活動評量	1. 能做出喜、怒、哀、樂四種情緒的表情變化。 2. 能完成喜、怒、哀、樂四種情緒表情的配對。		
注意事項	注意每位小朋友都有輪流配對的機會。		
延伸活動	1. 老師將情緒配對卡放在教具櫃供小朋友操作。 2. 老師可另做喜、怒、哀、樂字卡與表情卡一起進行配對。		

關懷品格教學活動教案 4-2-2

設計者：楊淑雅　　　　　　　　　　進行日期：　年　月　日 星期

活動名稱	好好愛我（愛心圖卡 1-10 量與符號配對）	教學領域	數學（2）——量與符號活動
		活動時間	四十分鐘
品格主題	關懷	適用年齡	三～六歲
具體目標	* 1. 能說出什麼是有愛心的人的行為。 2. 能分辨偶數與奇數。 3. 能完成 1-10 量及符號的配對活動。		
活動資源	數字卡 1-10、愛心卡五十五張、奇數卡、偶數卡、愛心量與符號配對表		
活動過程	引起動機（八分鐘） 1. 老師帶領小朋友唱「愛使我們相聚在一起」，唱到「我們手拉手，讓世界知道，愛使我們相聚在一起」時，請小朋友和旁邊的人手拉著手。 2. 老師請小朋友站起來，去找三位小朋友抱一抱說：「我愛你」。 3. 全體坐回白線區，再唱一次完整的「愛使我們相聚在一起」做結束。 發展活動（二十五分鐘） 1. 老師問小朋友：「剛才你被人家抱一抱，說我愛你的時候，是什麼感覺呢？」「覺得好溫暖喔、好喜歡、有一點熱熱的、好快樂……」請小朋友自由表達感受。 2. 老師說：「我們每個人都需要有被人家愛的時候，就像爸爸、媽媽、老師、小朋友愛你一樣，那是一種幸福的感覺，你會覺得自己好重要，也會好快樂！」 3. 老師拿出一張愛心卡「如果你會關心、幫助別人，就是有愛心的人」「如果你常常去關心別人，就會變成什麼？」「變成更有愛心的人，那一定有好多朋友」。 4. 老師請小朋友將 1-10 的數字卡按順序排列於地墊上（數字小的到數字大的）。 5. 將愛心卡與數字卡配對（老師邊說邊請小朋友仿說），以此類推完成配對。 6. 老師拿出奇數卡、偶數卡「有朋友的是偶數、沒有朋友的是奇數」，用手比劃排列好的愛心卡，若是排列雙數的就放上偶數卡，單數的就放上奇數卡。 7. 老師鼓勵願意操作的小朋友試一試。 綜合活動（七分鐘） 1. 老師問小朋友「什麼是奇數？」「沒有朋友的是奇數」「奇數又叫做單數」「什麼是偶數？」「有朋友的是偶數」「偶數又叫做雙數」。 2. 老師與小朋友一起數數總共有五十五張愛心卡。 3. 老師問小朋友「什麼是有愛心？」「會幫助人、安慰人、關心人……」 4. 老師發「愛心量與符號配對表」完成 1-10 量及符號的配對。		
活動評量	1. 能說出一～二種有愛心人的行為（會幫助人、安慰人、關心人……）。 2. 能說出偶數是有朋友的、奇數是沒有朋友的。 3. 能完成 1-10 量及符號配對的紙上作業。		
注意事項	用有無朋友來解釋奇偶數，在操作時要讓小朋友看到愛心卡排列上的不同。		
延伸活動	1-10 量及符號配對，「奇偶數」紙上作業連連看。		

愛心量與符號配對表

班級：　　　　　幼兒姓名：　　　　　日期：

說明：數一數有幾個♥，請在格子內寫（蓋）上數字（印章）。

♥♥ ♥♥	♥♥ ♥♥ ♥♥	♥	♥♥ ♥♥ ♥♥ ♥♥	♥♥ ♥♥ ♥♥ ♥	♥♥	♥♥ ♥♥ ♥	♥♥ ♥	♥♥ ♥ ♥♥	♥♥ ♥♥ ♥♥

說明：請依照數字，在格子內畫下幾個♥。

10	2	3	1	8	6	4	5	7	9

關懷品格教學活動教案 4-2-3

設計者：楊淑雅　　　　　　　　　　進行日期：　年　月　日星期

活動名稱	發票大集合	教學領域	數學（3）——基本運算活動
		活動時間	四十分鐘
品格主題	關懷	適用年齡	三～六歲
具體目標	\multicolumn{3}{l}{1. 能說出創世基金會是要幫助什麼樣的人。 2. 能說出什麼是植物人、獨居老人和遊民。 3. 能說出捐發票給基金會是要幫助需要幫助的人。}

活動資源	蒐集發票箱、植物人、獨居老人和遊民的照片
活動過程	引起動機（五分鐘） 1. 把創世基金會的箱子放在桌上，討論「箱子內所放的發票」是誰放的呢？ 2. 「這發票是要蒐集給誰的呢？」說明這個社會有許多人是需要幫助的。 發展活動（二十五分鐘） 1. 老師解釋基金會，「創世基金會剛開始是一位曹慶伯伯，他很有愛心，他看見植物人的問題，到處去找人來幫忙，但是都被拒絕，但是他不放棄，後來成立了『創世清寒植物人安養院』，幫助許多的家庭及植物人」。 2. 「什麼是植物人？」「植物人躺在床上，沒有辦法說話。需要有人餵他吃東西，也要幫他翻身。」「為什麼會變成植物人？」「有很多人是因為騎機車沒有戴安全帽，發生車禍之後，傷到頭腦就變成了植物人。」 3. 「創世基金會就是幫助三種人，植物人、獨居老人和遊民。」「獨居老人是沒有家人照顧的老人。」「遊民在街上流浪，沒有家人。」「為了怕獨居老人在家時發生意外、生病沒有人知道，基金會的叔叔阿姨們都會去關心他們。」「為了怕遊民餓死或冷死在街頭，基金會的叔叔阿姨們，會提供午餐和晚餐給他們吃。」 4. 「那我們可以怎麼做？」「我們可以努力蒐集發票，將這些發票捐給創世基金會。」「他們會有義工幫忙對獎，如果有對到獎，那麼他們就會有錢幫助這三種需要幫助的人。」 綜合活動（十分鐘） 1. 請小朋友說創世基金會是幫助哪三種人？「植物人、獨居老人和遊民。」 2. 「什麼是植物人？」「沒有辦法說話，不會張開眼睛，只有呼吸。」「什麼是獨居老人？」「沒有家人照顧的老人。」「什麼是遊民？」「在街上流浪沒家人。」 3. 「那我們要怎麼幫助他們呢？」「大家一起蒐集發票、捐發票給基金會。」
活動評量	1. 能說出創世基金會是要幫助植物人、獨居老人和遊民。 2. 能說出什麼是植物人、獨居老人和遊民。 3. 能說出蒐集發票、捐發票給基金會，是要幫助需要幫助的人。
注意事項	植物人、獨居老人和遊民對小朋友來說是陌生的，輔以圖片或影片介紹。
延伸活動	請創世基金會的義工來學校分享，有獎徵答，看 VCD 活動。

發票大集合（2-3）

請創世基金會的阿姨來分享「捐發票」是一種關心
人的表現，可以幫助基金會的植物人、獨居老人和
遊民。

關懷品格教學活動教案 4-2-4

設計者：楊淑雅　　　　　　　　　進行日期：　年　月　日星期

活動名稱	跳蚤市場	教學領域	數學（4）——應用活動
		活動時間	五十分鐘
品格主題	關懷	適用年齡	三～六歲
具體目標	\multicolumn{3}{l}{1. 能介紹自己所帶來玩具的價格。}
	\multicolumn{3}{l}{2. 能從活動中學習到買賣行為。}
	\multicolumn{3}{l}{3. 能分享及珍惜自己買來的玩具。}

活動資源	小朋友從家中帶一樣七八成新的玩具來（老師先在標價單上寫上幼兒姓名及問小朋友要賣多少錢，將價錢標上後，先蒐集起來）、桌子、椅子、紙袋、標價單
活動過程	引起動機（十分鐘） 1. 老師與小朋友一起佈置場地，將桌子合併排成長桌（亦可鋪上桌巾，以示慎重）。 2. 老師請小朋友搬椅子圍坐在長桌的四周。 3. 老師將事先蒐集小朋友帶來的玩具，發回給小朋友。 發展活動（三十分鐘） 1. 老師請小朋友介紹自己帶來的玩具，老師先行示範「這是我帶來的布偶熊，我想賣五十五元」，說完就把布偶熊放在長桌上。 2. 以此類推，老師請小朋友介紹完，就把標好價的玩具放在桌子上。 3. 老師拿出跳蚤市場鈔票，面額有一元、五元、十元的，老師說明每一個人各有五張，可以拿著這個假鈔票來買玩具。 4. 老師示範拿著錢去長桌上買玩具「我想買一個鉛筆盒，賣二十五元」「那我要給老闆兩張十元和一張五元，給老闆錢之後，這個玩具就是我的了」。 5. 老師特別說明「我們每一個人只能買一個喔！這個玩具是我們今年的聖誕禮物，是我們自己買的，不要讓爸爸媽媽再買囉。」 6. 老師分配角色「我們需要兩個老闆，他要負責收小朋友的錢」，選出兩位老闆之後，請老闆先購買玩具後開始當老闆，老師鼓勵小朋友準備好之後，宣布開始進行今天的跳蚤市場活動。 綜合活動（十分鐘） 1. 老師請買好玩具的小朋友坐回位置上，並分享他所買到的玩具及價錢。 2. 老師引導小朋友說出感謝話：「謝謝○○的玩具，我很喜歡、也會學習保護它。」
活動評量	1. 能說出自己所訂玩具的價格（如：我的布偶熊賣十五元）。 2. 能從活動中完成買賣活動（如：鉛筆盒六元，會拿出一張五元以及一張一元）。 3. 能謝謝玩具本來的主人，能說出會好好珍惜它。
注意事項	此活動採分班進行，紙鈔面額的使用一～一百由各班自行做決定。
延伸活動	製作購物袋。

關懷品格教學活動教案 4-3-1

設計者：楊淑雅　　　　　　　　　進行日期：　年　月　日星期

活動名稱	跟著袋鼠媽媽走	教學領域	自然（1）——品格觀察家
		活動時間	四十分鐘
品格主題	關懷	適用年齡	三～六歲
具體目標			

具體目標	1. 能說出袋鼠媽媽如何照顧小袋鼠。 2. 能模仿袋鼠走路的樣子。 3. 能畫出袋鼠的外型及特徵。
活動資源	袋鼠影片、袋鼠圖片、布袋、袋鼠偶、畫紙、筆、木柵動物園網站 http://www.zoo.gov.tw/km/data_animal_result.asp? xpaid=50
活動過程	引起動機（十分鐘） 老師播放一小段澳洲袋鼠有趣的影片，看到袋鼠是用後腳一跳一跳而前腳抬起，牠的尾巴有平衡的功用。 發展活動（二十五分鐘） 1. 老師拿出袋鼠偶介紹袋鼠的成長「袋鼠的英文是 kangaroo，袋鼠剛出生只有三公分大，袋鼠媽媽讓剛出生的袋鼠寶寶自己爬進育嬰袋，當袋鼠寶寶找到袋子就會鑽進去找乳頭，袋鼠媽媽有四個乳頭，一找到袋鼠媽媽的乳頭，袋鼠寶寶就會含著乳頭，乳頭受到刺激就會排出乳汁，而袋鼠寶寶就能喝到母奶了。」 2. 老師向小朋友介紹「小袋鼠到了七、八個月就可以爬出袋子外面活動了，但是小袋鼠並未完全斷奶，偶爾還會探頭入育嬰袋內吃奶，但當有危險的時候，媽媽還是會讓小袋鼠躲在袋子中接受保護，有時育嬰袋又有新生的幼袋鼠。」 3. 老師拿出布袋，請一～二位小朋友出來示範袋鼠走路，再躲進布袋裡面，感受一下在袋子裡的感覺，老師讓小朋友輪流體驗。 4. 老師請小朋友分享在袋子裡的感覺「好溫暖喔！好有趣喔！真好玩……」「袋鼠媽媽很愛小袋鼠，小袋鼠總是跟在袋鼠媽媽的身邊」。 5. 老師發下紙和筆，請小朋友畫出袋鼠的外型及特徵。 綜合活動（五分鐘） 1. 老師問小朋友袋鼠是吃什麼長大的？「吃袋鼠媽媽乳汁長大。」「袋鼠媽媽是怎麼照顧小袋鼠？」「是在媽媽的育嬰袋中成長。」「小袋鼠總跟在袋鼠媽媽身邊。」 2. 老師請小朋友形容袋鼠的樣子，「袋鼠前腳又短又小，後腳又長又有力，走路時，完全是用後腳來跳，袋鼠粗粗長長的尾巴則用來保持平衡。」
活動評量	1. 能說出袋鼠媽媽是用育嬰袋照顧小袋鼠長大。 2. 能模仿袋鼠走路的樣子（手當前腳，雙腳當後腳蹬跟跳）。 3. 能畫出袋鼠的外型及特徵（前腳短小，後腳長，尾巴粗粗長長的）。
注意事項	請小朋友觀察袋鼠媽媽和小袋鼠是如何互動、互相依賴及相親相愛的。
延伸活動	1. 木柵動物園網路袋鼠問與答。 2. 玩袋鼠跳接力賽。

關懷品格教學活動教案 4-3-2

設計者：楊淑雅　　　　　　　　　　進行日期：　年　月　日星期

活動名稱	橘子發油囉！	教學領域	自然（2）——實驗活動
		活動時間	四十分鐘
品格主題	關懷	適用年齡	三～六歲
具體目標			

具體目標	1. 能說出橘子可做出的食品加工食物。 2. 能說出橘子皮可以幫助燃燒。 3. 能說出「橘子發油」與關懷品格的相關性。
活動資源	橘子兩顆、陳皮罐頭、蠟燭台、打火機、橘子相關加工食品數樣
活動過程	引起動機（十分鐘） 1. 老師將橘子藏在衣服下擺中，讓小朋友來猜猜是什麼東西。「是圓圓的、黃色的、吃起來有些酸酸的，那是什麼呀？」最後公布答案「是橘子」。 2. 老師拿起橘子摸摸其表皮說：「橘子是冬天的水果喔！橘子要怎麼吃呢？」「要剝皮！」「橘子可以做成什麼呢？」「橘子醬、橘子汁、橘子糖……」老師拿出橘子加工食品分享。 3. 「橘子和什麼水果很像呢？」「柳丁。」「橘子和柳丁哪裡不一樣？」「吃柳丁要用切的、吃橘子是用剝的。」 發展活動（二十分鐘） 1. 老師介紹橘子皮的功能，「橘子皮曬乾或烘乾之後，可以做成中藥，可以預防感冒，像陳皮，吃了對氣管很有幫助喔！」老師發下陳皮讓小朋友品嚐一下。 2. 「橘子皮除了可以做成食物來吃，還可以做實驗喔！」 3. 老師取一片橘子皮在蠟燭台上，擠出汁來滴在蠟燭上，會聽見「嘶～」的聲音，接下來火燒得更旺了，老師問小朋友：「你看到了什麼？」「有聲音ㄟ、火花變大了、好像要燒火了、有點恐怖ㄟ……」 4. 老師解釋其原理「因為橘子汁裡有植物油喔！所以滴在火上會讓火燒得更大了，所以橘子油可以幫助燃燒，意思是說會讓火更大喔！」 5. 就像關懷人一樣，「橘子油滴下的火花」，那樣給人溫暖的感覺喔！ 綜合活動（十分鐘） 1. 老師問「橘子可以做成什麼！」「橘子醬、橘子汁、橘子糖、陳皮……」 2. 「為什麼橘子汁會讓火燒得更旺？」「橘子汁裡有植物油，可以幫助燃燒！」 3. 「關懷也是一種幫助人的行為，就像橘子油可以幫助火燃燒！」
活動評量	1. 能說出兩種橘子可以做出的東西（橘子汁、橘子糖、陳皮……）。 2. 能說出橘子皮有植物油可以幫助燃燒。 3. 能說出「橘子助長燃燒」像是關懷也是一種幫助人的行為。
注意事項	此項實驗具危險性，宜由老師操作，讓小朋友來做觀察。
延伸活動	可嘗試其他柑橘類的水果，是否也有助燃功能，如：柳丁、金桔、檸檬、葡萄柚……。

橘子發油了（4-3-2）

請小朋友先剝橘子皮。

老師拿橘子皮在蠟燭台上擠出汁來滴在蠟燭上會聽
見「嘶」的聲音，火燒的更旺了。

關懷品格教學活動教案 4-3-3

設計者：楊淑雅　　　　　　　　　　進行日期：　年　月　日 星期

活動名稱	聞聖誕樹的味道	教學領域	自然（3）——體驗活動
		活動時間	四十分鐘
品格主題	關懷	適用年齡	三～六歲
具體目標	1. 能說出聖誕樹真正的名稱。 2. 能說出聖誕樹葉的樣子。 3. 能搓揉樹葉聞其味道。		
活動資源	真的聖誕樹一株		
活動過程	引起動機（八分鐘） 1. 老師引導小朋友圍坐在白線上。 2. 老師帶小朋友唱有關聖誕節的歌，問小朋友：「聖誕節快到了，你的家有沒有佈置？大部分的人都會佈置一種樹，叫做什麼？」「是聖誕樹！」 3. 「聖誕樹上面會有什麼裝飾？」「有球球、天使、聖誕老公公、亮亮的燈、亮晶晶的線（金蔥）、卡片、蝴蝶結、各種裝飾品……」 發展活動（二十五分鐘） 1. 老師拿出小聖誕樹「你們說的聖誕樹是這個嗎？」「聖誕樹其實就叫松柏樹，它的葉子和一般的葉子是不一樣的，讓我們一起來看看。」 2. 老師拿出事先已摘好的一些松柏樹的葉子，傳給每一位小朋友，讓每一位小朋友手上都有一～二根小葉子。 3. 老師說：「小朋友請觀察一下聖誕樹的葉子，哪裡有特別的地方？」「葉子長得好像是針、像叉子、好尖好細喔！……」 4. 「這種葉子的形狀大部分都是細細長長的針狀，是因為聖誕樹（松柏樹）是高山植物，為了避免寒冷的天氣對植物造成傷害，像是凍傷或枯掉，就變成這樣細細長長的。」 5. 老師鼓勵小朋友搓揉樹葉，「我們來搓搓葉子，聞看看是什麼味道？」「有香味、草味、一點刺刺的味道……」讓小朋友自由發表聞到的感覺。 綜合活動（七分鐘） 1. 「聖誕樹真正的名稱是什麼？」「叫做松柏樹，是住在高山上的。」 2. 「聖誕樹的葉子長得是什麼樣子？」「細細長長的針狀，為避免寒冷凍傷或枯掉。」 3. 「你能說出聖誕樹葉的味道嗎？」「香味、草味、一點刺刺的味道……」		
活動評量	1. 能說出聖誕樹真正的名稱是松柏樹。 2. 能說出聖誕樹葉長得細細長長的像針一樣。 3. 能搓揉樹葉聞其味道並說出感覺來。		
注意事項	1. 每位小朋友手上都要有一～二根的葉子。 2. 不要在小朋友面前拔樹葉，宜在進行活動之前就先預備好，避免有不良的示範。		
延伸活動	進行聖誕樹葉拓印畫造型設計。		

關懷品格教學活動教案 4-3-4

設計者：楊淑雅　　　　　　　　　　進行日期：　年　月　日星期

活動名稱	社區巡禮（拜訪消防隊）	教學領域	自然（4）——踏青活動
		活動時間	六十分鐘
品格主題	關懷	適用年齡	三～六歲
具體目標	1. 能說出消防人員的工作內容。 2. 能說出消防人員工作的危險。 3. 能用行動去關心消防人員。		
活動資源	消防隊、消防隊影片		
活動過程	引起動機（二十分鐘） 1. 老師出謎語給小朋友猜：「身穿紅衣打火去，不怕辛苦不怕難，人人稱他大英雄！」請小朋友猜是哪種工作，公布謎底是打火英雄——消防人員。 2. 「為什麼消防人員要穿紅色衣服呢？」讓小朋友自由發表猜猜看。「因為大家認為『紅色』是一種很『緊急』的狀況，所以有種警告的作用。」 3. 請小朋友欣賞○○消防隊網站影片。 4. 老師問小朋友「你知道消防叔叔的工作是什麼嗎？」「救火、去救人……」「消防叔叔的工作很多，像是開救護車、滅火、抓放爆竹煙火的人、檢查消防安全、拆炸彈、當救生員、潛水員，甚至還有抓各種動物昆蟲，我們曾聽過大蟒蛇跑到人的家裡，通知消防叔叔去抓大蟒蛇哩！」 5. 「消防叔叔的工作有沒有危險呢？」「消防叔叔的工作，常常是在危險的地方救人，所以消防叔叔本身也會碰到許多的危險，像有的消防叔叔因為在火災現場救人，有時候不小心也會被燒死。」 發展活動（三十分鐘） 1. 老師帶領小朋友前往「學校附近的消防隊」參觀。 2. 帶著一份小朋友真心的感謝卡片及小禮物前往拜訪。 綜合活動（十分鐘） 1. 老師請小朋友輪流分享自己參觀後的想法。 2. 「消防人員的工作有哪些？」「滅火、拆炸彈、當救生員、抓昆蟲……」 3. 「消防人員在工作上有什麼危險？」「消防人員的工作是很危險的」「常是去很危險的地方、要救人而最後自己的生命發生危險……」 4. 「那我們要怎樣關心消防人員？」「鼓勵他們、送卡片給他們……」		
活動評量	1. 能說出二～三項消防人員的工作內容。 2. 能說出消防人員工作的危險。 3. 能用行動去關心消防人員，為他們打氣加油。		
注意事項	在參觀拜訪過程中，提醒小朋友要有禮貌，能大方地向消防人員問好。		
延伸活動	畫回顧日誌圖，將所見所聞，透過畫圖記錄下來。		

拜訪消防隊（4-3-4）

謝謝消防叔叔們對社會的貢獻。

關懷品格教學活動教案 4-4-1

設計者：楊淑雅　　　　　　　　　　　進行日期：　年　月　日星期

活動名稱	我會關心別人（魅力四射電影院）	教學領域	社會（1）——品格劇場
		活動時間	四十分鐘
品格主題	關懷	適用年齡	三～六歲
具體目標	1. 能說出他人對自己關心的感覺。 2. 能說出關心別人的方法。 3. 能說出對自己好就是對別人好。		
活動資源	繪本《我會關心別人》、筆記型電腦、單槍		
活動過程	引起動機（十分鐘） 1. 各班老師將小朋友集合坐定看影片的位置。 2. 老師帶領小朋友唱「愛使我們相聚在一起」。 3. 老師歡迎小朋友來到「魅力四射電影院」，老師向小朋友說：「有一隻小熊熊好會關心人喔！大家都好喜歡他喔！讓我們一起來看看。」 發展活動（十分鐘） 1. 老師放映老師製作的魅力四射或是 power point「我會關心別人」，請小朋友欣賞。 2. 影片採手動的，一位老師負責操作鍵盤，另一位老師負責口白。 3. 遇到可討論的畫面時，會停下來與小朋友進行討論。 4. 老師邊看也可邊提問：「誰跌倒哭了？」「誰照顧生病的小熊呢？」「如果有人生病了，我可以怎麼做呢？」讓小朋友看著影片來回答問題。 綜合活動（二十分鐘） 1. 老師問小朋友問題，「你什麼時候需要人關心呢？」「我受傷的時候、生病的時候、難過的時候。」「關心的感覺是什麼呢？」「會讓自己覺得好過些。」 2. 「你什麼時候會去關心人呢？」「別人受傷、生病、難過的時候。」 3. 「討厭別人怎樣對你？」「討厭別人笑我、推我、罵我、不理我……」 4. 「那你喜歡別人怎樣對待你？」「對我很友善、和我一起分享玩具……」 5. 「怎樣會讓你快樂？」「別人讚美我的時候我好快樂、幫助別人的時候我好快樂……」 6. 「如果你希望別人對你好，你要怎麼做？」「我就對別人好啊！我關心別人，別人也會關心我喔！」		
活動評量	1. 能說出他人對自己關心的感覺，會讓自己覺得好過些。 2. 能說出兩種關心別人的方法（對人友善、一起分享玩具、想想對方的優點……）。 3. 能說出對自己好就是對別人好（因為關心別人，別人也會關心我）。		
注意事項	1. 老師對故事的了解程度，將有助於做更多的互動延伸。 2. 可將繪本掃描製作成 ppt 播放。		
延伸活動	與孩子討論如何幫助社會上的其他人。		

關懷品格教學活動教案 4-4-2

設計者：楊淑雅　　　　　　　　　　　進行日期：　年　月　日星期

活動名稱	為聖誕樹繫上一張讚美卡	教學領域	社會（2）——利己活動
		活動時間	五十分鐘
品格主題	關懷	適用年齡	三～六歲
具體目標	1. 能說出聖誕樹的由來。 2. 能完成自己的讚美卡。 3. 能完成用「讚美卡」佈置聖誕樹。		
活動資源	模型大聖誕樹（事先已架好了）、讚美卡、彩色筆、蠟筆、螢光筆、亮粉、緞帶、貼紙、毛根		
活動過程	引起動機（五分鐘） 老師帶小朋友至接待處欣賞架好的聖誕樹（聖誕樹上沒有任何的裝飾物），並圍著聖誕樹唱「稱讚」。「樹上缺了什麼呢？」讓小朋友討論。「沒有聖誕裝飾！」 發展活動（三十分鐘） 1. 老師說聖誕樹由來的故事，「聖誕樹有很多的傳說故事，聖誕樹最早出現在德國，德國人把長青的松柏枝拿到屋子裡，就成了聖誕樹。好久以前有一位農夫，在聖誕節那天遇到一個窮苦小孩，農夫熱情地照顧這個小孩。小孩要走時折下一根松枝插在地上，松枝立即變成一棵樹，上面都掛滿禮物，謝謝農夫的好心。」 2. 「每棵聖誕樹上都掛滿好多的裝飾品，但每棵樹的最上方會有一個特大的星星，象徵三博士跟隨這顆星而找到耶穌，而且也只有家庭的一家之主，就是爸爸，可以把這顆希望之星掛上去喔！」 3. 「聖誕樹也代表一個家的生命樹，在很多的國家都很重視全家一起佈置聖誕樹，這是他們在聖誕節裡很重要的一件事喔！」 4. 老師說明今年的聖誕裝飾，要請小朋友自己動手來做卡片喔！「小朋友這學期學了很多的好品格，也學會稱讚別人，這都是關心別人的表現喔！」 5. 老師介紹讚美卡「請小朋友想想，你想讚美誰呢？」「有誰曾經幫助過你呢！我們可以把它畫下來，然後再請老師幫你寫下來喔！」 6. 老師介紹材料「你可以用很多材料，每個人也可以畫很多張的讚美卡喔！」 綜合活動（十五分鐘） 1. 老師請小朋友分享自己畫的讚美卡，說說想讚美的人及讚美的事情。 2. 老師帶領小朋友到聖誕樹旁邊，老師示範將讚美卡繫在樹上，接著邀請小朋友一個個的將自己的讚美卡也繫在聖誕樹上（依自己高矮的位置來繫）。		
活動評量	1. 能說出一種聖誕樹的由來（最早出現在德國、農夫的好心、三博士……）。 2. 能畫出自己的讚美卡。 3. 能親手將「讚美卡」佈置在聖誕樹上。		
注意事項	依幼兒不同的高度來掛讚美卡，老師的讚美卡可掛高一點。		
延伸活動	全園性活動，邀請家長寫讚美卡，並親自掛在樹上。		

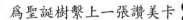

為聖誕樹繫上一張讚美卡

班級：　姓名：　日期：

為聖誕樹繫上一張讚美卡

班級：　姓名：　日期：

為聖誕樹繫上一張讚美卡

班級：　姓名：　日期：

為聖誕樹繫上一張讚美卡

班級：　姓名：　日期：

老師介紹讚美卡「有誰曾經幫助過你呢！我們可以
把它畫下來，或請老師幫忙寫下來」。完成後，老
師帶領幼兒到聖誕樹旁邊，老師示範將讚美卡繫在
樹上，接著邀請幼兒將自己的讚美卡也繫在聖誕樹
上。透過製作讚美卡，幼兒學習要多「關懷」人。

關懷品格教學活動教案 4-4-3

設計者：楊淑雅		進行日期： 年 月 日 星期
活動名稱	給我抱抱（學習愛的擁抱法）	教學領域	社會（3）——利他活動
		活動時間	四十分鐘
品格主題	關懷	適用年齡	三～六歲
具體目標	1. 能說出「愛的擁抱法」的種類。 2. 能說出「愛的擁抱法」的抱法。 3. 能說出被擁抱的感覺。		
活動資源	音樂帶、收音機		
活動過程	**引起動機（十分鐘）** 放輕音樂，請小朋友跟著老師做柔軟操，伸展頭部、頸部、臀部、腳……等，跟著音樂的節拍，放鬆肢體動作。請小朋友輕輕對左右旁邊的人抱一抱說：「我愛你」。 **發展活動（二十五分鐘）** 1. 老師說「我們要來學習五種動物擁抱人和打招呼的方式」這個擁抱方法就叫做「愛的擁抱法」，請小朋友兩人一組坐。（找好朋友坐在一起） 2. 第一是「飛鼠擁抱（飛奔擁抱）」，「小朋友有沒有看過飛鼠？飛鼠會在天上飛，當牠與朋友打招呼時，從遠遠的地方跑過來，然後緊緊地抱在一起。」老師請一個小朋友出來，練習示範一下，之後請兩個兩個小朋友練習。 3. 第二是「愛情鳥擁抱（側肩擁抱）」，「愛情鳥常常表現出相親相愛的樣子，牠們最喜歡就是肩膀碰肩膀，頭碰著頭」，請兩個兩個小朋友練習一下。 4. 第三是「螞蟻擁抱（臉頰擁抱）」，「當螞蟻見面的時候，會用牠的臉碰朋友的臉來說話」，老師請兩個兩個小朋友也練習一下。 5. 第四是「無尾熊擁抱（正面擁抱）」，「無尾熊寶寶喜歡黏在無尾熊媽媽的身上，就像這樣（老師示範），好會撒嬌！」請兩個兩個小朋友練習一下。 6. 第五是「袋鼠擁抱（背後擁抱）」，「袋鼠媽媽在小袋鼠的後面，抱著牠，而小袋鼠就在媽媽的育嬰袋內，好有安全感喔！」請兩個兩個小朋友也練習一下。 7. 老師考考小朋友「當老師說哪一種擁抱法，你和朋友就要做出擁抱動作來喔！」 **綜合活動（五分鐘）** 1. 「有哪五種愛的擁抱法呢？」「飛鼠、愛情鳥、螞蟻、無尾熊、袋鼠擁抱」。 2. 請小朋友分享什麼是自己最喜歡的和最不喜歡的「愛的擁抱法」。 3. 請小朋友分享被擁抱的感覺是什麼「好溫暖、有安全感……」。		
活動評量	1. 能說出五種「愛的擁抱法」（飛鼠、愛情鳥、螞蟻、無尾熊、袋鼠）。 2. 能說出二種「愛的擁抱法」的抱法（愛情鳥擁抱是肩膀碰肩膀，頭碰著頭……）。 3. 能說出被擁抱的感覺是很溫暖的。		
注意事項	在空間運用上，需要有寬闊的場地，以利練習。		
延伸活動	拍下小朋友示範的五種擁抱法做張貼，或是做「愛的擁抱法」的照片配對（分類）。		

飛鼠擁抱（飛奔擁抱）

愛情鳥擁抱（側肩擁抱）

螞蟻擁抱（臉頰擁抱）

無尾熊擁抱（正面擁抱）

袋鼠擁抱（背後擁抱）

關懷品格教學活動教案 4-4-4

設計者：楊淑雅　　　　　　　　　　進行日期：　年　月　日星期

活動名稱	爺爺奶奶我愛您（參觀老人中心）	教學領域	社會（4）——品格體驗
		活動時間	五十分鐘
品格主題	關懷	適用年齡	三～六歲
具體目標	1. 能說出有些爺爺奶奶是住在老人中心的原因。 2. 能說出要如何去關懷老人中心的爺爺奶奶。		
活動資源	聯絡靠近社區的老人中心、錄音帶、錄音機、卡帶		
活動過程	引起動機（十分鐘） 1. 老師帶領小朋友唸「爺爺」、「爺爺生病了嗎？」、「奶奶搬家了」等兒歌，喚起小朋友對爺爺奶奶的關心。老師分享老人中心「有些爺爺奶奶沒有和他們的小孩住在一起，有的是小孩太忙了沒時間照顧、有的是爺爺奶奶本身生病了需要護士照顧、也有的爺爺奶奶是自己想住在老人中心，因為可以認識很多老人朋友」。 2. 「有的小孩會經常去看爺爺奶奶，但也有一些小孩沒有去看爺爺奶奶，爺爺奶奶就會覺得好孤單，好希望家人去看他」。 3. 「我們要如何去關心他們呢？」「我們可以怎麼做呢？」請小朋友發表意見。「我們可以唱歌給爺爺奶奶聽、說故事給他們聽、講笑話抱、抱爺爺奶奶……」 4. 「有的老人中心會有消毒水的味道，怎麼辦？」「會忍耐怪怪的味道」 發展活動（三十分鐘） 1. 老師分享要去機構看爺爺奶奶「我們可以帶什麼禮物去給爺爺奶奶？」「老師有一個想法，我們來錄祝福的話給爺爺奶奶聽好不好？」「我們可以唱唱歌、說祝福的話，這樣爺爺奶奶聽到小朋友的聲音，應該會覺得很開心吧！」 2. 老師帶小朋友複習一些唱過的歌曲及兒歌，然後試錄一下，再放出來給小朋友聽「你有沒有聽到自己的聲音呢？」「有些吵，是因為大家都在說話，等我們正式要錄音的時候，就要尊重講話的小朋友喔！」 3. 老師開始示範錄音「爺爺奶奶您們好，我們是○○幼兒園的老師和小朋友，我們想去看看您們，我們都好愛您，想要唱歌給您聽，第一首是○○○○」，老師按暫停鍵，請小朋友準備好，錄下小朋友唱歌。 4. 以此類推，錄下多首小朋友唱及唸的兒歌及想要說的話。 綜合活動（十分鐘） 1. 「如果老人中心的味道不好聞，怎麼辦呢？」「要忍耐、不可以捏住鼻子……」 2. 「爺爺奶奶好愛小孩，我們可以和他們握手、抱他們，這都是有愛心的表現喔！」		
活動評量	1. 能說出一項有些爺爺奶奶住在老人中心的原因。 2. 能完成錄音，表達出對爺爺奶奶的祝福與關心。		
注意事項	1. 當確定老人中心的機構時，就其機構所收托老人的種類與狀況做分享。 2. 此參觀活動適合中大組的孩子參與，比較能控制情緒、大方地表達。		
延伸活動	1. 安排參觀的日期與流程。2. 學校預備小禮物（如：毛襪或手套）。		

關懷品格教學活動教案 4-5-1

設計者：楊淑雅		進行日期：　年　月　日星期	
活動名稱	光明太陽花	**教學領域**	藝術（1）——繪畫
		活動時間	五十分鐘
品格主題	關懷	**適用年齡**	三～六歲
具體目標	1. 能完成每一個操作的步驟。 2. 能運用繪畫的材料來完成創作。 3. 能說出對別人祝福的話。		
活動資源	水彩（黃色）、水彩筆、毛筆、墨水、棉紙、報紙、吹風機、向日葵圖片		
活動過程	引起動機（十分鐘） 1. 老師請小朋友坐在自己的位置上。 2. 老師將小朋友分成數組，在小朋友桌上先鋪上報紙之後再鋪上八開大的棉紙。 3. 老師拿出所蒐集的向日葵圖片，介紹給小朋友看，「向日葵會朝向陽光的方向長大哦！所以又叫做太陽花。」 發展活動（三十分鐘） 1. 老師拿出繪畫的材料，有「水彩、水彩筆、毛筆、墨水、棉紙」。 2. 老師介紹如何使用材料及使用時該注意的事。 3. 老師示範「水彩筆沾黃色水彩，塗在整張棉紙上，用吹風機將紙吹乾，左手手掌上塗滿墨水（切忌勿塗太多的墨汁），然後蓋印在棉紙上，再用吹風機吹乾後剪下來」。 4. 老師將畫筆及水彩發下去，請小朋友將整張棉紙畫滿黃色水彩，完成後請老師幫忙吹乾。 5. 等待畫紙乾了後，老師請小朋友將手上塗滿墨水蓋印在畫紙上，另一手則請同學幫忙塗上墨水。 6. 小朋友的手印都蓋好後，老師請小朋友剪下自己的手。 7. 老師將小朋友剪下的手印，組合黏貼「光明太陽花」，並問小朋友「你想對別人說什麼祝福的話呢？」老師將小朋友的回答寫在手印上。 綜合活動（十分鐘） 1. 請每個小朋友分享「對別人祝福的話」的內容。 2. 老師將完成的畫展示於教室中，提醒小朋友去欣賞自己的畫。		
活動評量	1. 能完成每一個操作的步驟。 2. 能控制水彩與墨汁使用的量，並運用剪刀剪下來。 3. 能說出對別人祝福的話。		
注意事項	1. 因創作的步驟較多，在引導上更要清楚地說明。 2. 不會使用剪刀的小朋友可改用剌工或是用撕的。		
延伸活動	1. 可使用更多的水彩顏色。 2. 用奇異筆或水彩筆畫手的輪廓再剪下，以避免用吹風機吹兩次。		

關懷品格教學活動教案 4-5-2

設計者：楊淑雅 　　　　　　　　　　　進行日期： 　年　月　日星期

活動名稱	聖誕紅花開了	教學領域	藝術（2）──勞作
		活動時間	四十分鐘
品格主題	關懷	適用年齡	三～六歲
具體目標	1. 能說出聖誕紅是有毒的植物。 2. 能使用材料完成自己作品。 3. 能與他人分享自己的作品。		
活動資源	聖誕紅一盆、紅色、粉紅色、深綠色壁報紙剪成鋸齒狀（一個小朋友約有四～六片）、剪刀、雙面膠帶、金（銀）色膠帶、黃色小珠珠、上漆的松果（金、銀色）		
活動過程	引起動機（十分鐘） 1. 讓小朋友欣賞聖誕紅，觀察其葉子的形狀。「聖誕紅是有毒植物，全株都有毒，乳汁會引起皮膚紅腫發炎、過敏搔癢，對眼睛有相當的傷害；吃到聖誕紅的莖葉、花朵，會造成喉嚨燒痛、吞嚥痛苦，腹瀉、嘔吐。」 2. 「聖誕紅的花在紅色苞片（綠色葉片轉化成為紅色葉片）的中央，像一顆小豆子或壺狀的東西；整個花由四個部分構成，最頂端是三叉狀雌蕊，其下是膨大的子房，再過來是一輪的雄蕊，最下面像嘴巴的東西是蜜槽，能夠分泌花蜜吸引昆蟲來舔食，順便完成授粉的動作，所以聖誕紅會吸引蟲的蟲媒花。」 發展活動（二十五分鐘） 1. 「聖誕節快到了，我們一起來做聖誕紅來佈置教室」，老師拿出活動所要使用的材料，一一做介紹及使用方法。 2. 「每一位小朋友都有六片葉子，黃色小珠珠是聖誕紅的花，我們可以用雙面膠來黏，最後你還可以加上想加的裝飾品，像是金色膠帶、松果……」 3. 老師讓小朋友自行選擇六片葉子的顏色，然後發下材料，讓小朋友自行創作自己的聖誕紅。 4. 「每片葉子都要黏在一起，才能變成一大朵的聖誕紅喔！中間再黏上黃色小珠珠」，請小朋友在聖誕紅上做美化的工作。 綜合活動（五分鐘） 1. 老師將小朋友完成的聖誕紅，張貼在班上的牆面上。 2. 「如果碰到有毒的聖誕紅會怎樣？」「皮膚發炎、搔癢、喉嚨痛、吞嚥痛苦、嘔吐……」 3. 老師請小朋友分享自己的聖誕紅是哪一個。		
活動評量	1. 能說出碰到有毒的聖誕紅會怎樣（皮膚發炎、會癢、喉嚨痛、吞嚥痛苦、嘔吐……）。 2. 能完成創作自己的聖誕紅作品。 3. 能與他人分享自己的作品。		
注意事項	1. 每種材料都需足夠讓每位小朋友使用。 2. 鼓勵小朋友運用其他的裝飾，創作出跟別人不一樣的聖誕紅。		
延伸活動	聖誕節情境畫（裡面有聖誕樹、聖誕紅、聖誕老人……）。		

聖誕紅花開了（4-5-2）

小朋友一起通力合作佈置節慶應景作品。

關懷品格教學活動教案 4-6-1

設計者：楊淑雅　　　　　　　　　　進行日期：　年　月　日星期

活動名稱	愛使我們相聚在一起	教學領域	音樂律動（1）——品格主題歌
		活動時間	三十分鐘
品格主題	關懷	適用年齡	三～六歲
具體目標			

具體目標	1. 能說出「愛」的感覺像什麼。 2. 能正確唱出歌詞及做動作。 3. 能以愛的行動與小朋友互動。
活動資源	歌詞海報
活動過程	引起動機（五分鐘） 1. 老師請小朋友圍坐在團體討論區域中。 2. 老師請小朋友帶領大家複習唱「我永遠愛你，我永遠疼你，在媽媽（小孩名字）的心裡，你是我永遠的寶貝」。 發展活動（二十分鐘） 1. 「老師今天要帶領小朋友唱一首愛的歌」「是我們關懷的主題歌喔」。 2. 老師帶領小朋友唸幾次歌詞。 愛使我們相聚在一起 愛使我們相聚在一起，愛使我們相聚在一起。 我們手拉手，讓世界知道，愛使我們相聚在一起。 3. 老師解釋歌詞裡面的涵義「『愛』的感覺像什麼？」「溫暖的感覺、想要去抱他、有安全感……」 4. 「只要我們願意學習成為一個有愛的人，愛就會住在我們的心中，讓我們成為一個有愛心的小孩！」 5. 老師教小朋友唱，並且加上動作。 　愛使我們相聚在一起（比手語愛之後，雙手舉高揮手），此動作做兩遍。 　我們手拉手（和旁邊的小朋友牽起手來）。 　讓世界知道（放開手後，在前用手比劃一個大圈）。 　愛使我們相聚在一起（比手語愛之後，雙手抱胸）。 綜合活動（五分鐘） 1. 老師請小朋友主動上台表演這首歌及動作。 2. 老師請小朋友在歌曲間奏時，找三個小朋友抱一抱。
活動評量	1. 能說出「愛」的感覺像什麼。 2. 能正確唱出歌詞及做動作。 3. 能以愛的抱抱行動與小朋友互動。
注意事項	老師需先熟悉歌詞及動作方能教導孩子來唱。
延伸活動	可請小朋友自行創作屬於自己的歌曲動作。

關懷品格教學活動教案 4-6-2

設計者：楊淑雅　　　　　　　　　　進行日期：　年　月　日星期

活動名稱	丟手絹	教學領域	音樂律動（2）——遊戲活動
		活動時間	四十分鐘
品格主題	關懷	適用年齡	三～六歲
具體目標	1. 能愉快地參與丟手絹這個遊戲。 2. 能說出丟手絹的遊戲規則。 3. 能說出參與丟手絹遊戲的心得。		
活動資源	紅色的小絲巾		
活動過程	引起動機（十分鐘） 1. 老師拿出一條紅色的小絲巾，問小朋友絲巾可以做什麼呢？ 2. 教小朋友唱「丟手絹」這首歌「丟呀！丟呀！丟手絹，輕輕地丟在小朋友的後面，請你不要告訴他，請你不要告訴他」。 發展活動（二十五分鐘） 1. 老師講解遊戲玩法及規則： 　(1)「一位小朋友拿著絲巾，走在圈圈的外面，然後大家一起唱『丟手絹』； 　(2) 唱到「輕輕地丟在小朋友的後面」，拿絲巾的小朋友輕輕地把絲巾放在一個小朋友的背後； 　(3) 等唱完歌後，大家頭往後看，看誰的後面有絲巾，就可以站起來追丟絲巾的人； 　(4) 如果被追到了，丟絲巾的人還要再玩一次，如果丟絲巾的人已經坐下來了，那就換被丟絲巾的人玩。」 2. 老師帶領小朋友玩一次。 3. 由老師先開始，老師在小朋友背後繞圈圈，並請小朋友邊唱「丟手絹」，老師偷偷丟下絲巾，等待歌曲唱完後，請小朋友回頭看看自己背後有沒有絲巾，被丟絲巾的人要趕快撿起手帕，去追丟絲巾的人，而丟絲巾的人要趕快跑到追的人位置坐下來，如果丟絲巾的人沒有被追到的話，追的人就要唱歌給大家聽。 4. 進行「丟手絹」遊戲幾次，讓小朋友能很盡興地進行互動。 綜合活動（五分鐘） 老師請小朋友舉手分享遊戲的心得。		
活動評量	1. 能快樂地參與丟手絹遊戲活動。 2. 能說出遊戲規則（被丟絲巾的人，要去追丟絲巾的人）。 3. 能說出參與丟手絹遊戲的心得。		
注意事項	注意小朋友追逐時的安全性，要事先將障礙物清除。		
延伸活動	摺絲巾水果。		

關懷品格教學活動老師評量表

日期：　　　　　　　　　　　　　　　　　　　　填表者：

編號	活動項目	優5	佳4	可3	普2	劣1
4-1-1 語文	品格典範：白衣天使——南丁格爾					
4-1-2 語文	品格學習單：尋找關懷天使					
4-1-3 語文	品格口訣：關懷口訣					
4-1-4 語文	品格兒歌：爺爺生病了嗎？					
4-1-5 語文	繪本分享：誰要我幫忙？永遠愛你、我的妹妹聽不見、我最討厭你了					
4-1-6 語文	討論活動：誰是幫助我們的人（各行各業）					
4-2-1 數學	數數活動：情緒寶盒					
4-2-2 數學	量與符號活動：好好愛我（愛心圖卡1-10量與符號配對）					
4-2-3 數學	基本運算活動：發票大集合					
4-2-4 數學	應用活動：跳蚤市場					
4-3-1 自然	品格觀察家：跟著袋鼠媽媽走					
4-3-2 自然	實驗活動：橘子發油囉！					
4-3-3 自然	體驗活動：聞聖誕樹的味道					
4-3-4 自然	踏青活動：社區巡禮（參觀消防隊）					
4-4-1 社會	品格劇場：我會關心別人（魅力四射電影院）					
4-4-2 社會	利己活動：為聖誕樹繫上一張讚美卡					
4-4-3 社會	利他活動：給我抱抱（學習愛的擁抱法）					
4-4-4 社會	品格體驗：爺爺奶奶我愛您（參觀老人中心）					
4-5-1 藝術	繪畫：光明太陽花					
4-5-2 藝術	勞作：聖誕紅花開了					
4-6-1 音樂律動	品格主題歌：愛使我們相聚在一起					
4-6-2 音樂律動	遊戲活動：丟手絹					
	總分：110分					

一、進行本次品格活動，我的想法：

＿＿＿＿＿＿＿＿＿＿＿＿＿＿＿＿＿＿＿＿＿＿＿＿＿＿＿＿＿＿＿＿＿

二、我在帶領本次品格活動時，最有成就感的一件事：

＿＿＿＿＿＿＿＿＿＿＿＿＿＿＿＿＿＿＿＿＿＿＿＿＿＿＿＿＿＿＿＿＿

三、我碰到的難處：

＿＿＿＿＿＿＿＿＿＿＿＿＿＿＿＿＿＿＿＿＿＿＿＿＿＿＿＿＿＿＿＿＿

教學主管簽名：

關懷品格教學活動幼兒學習評量表

班級：　　　　　　　　幼兒姓名：　　　　　　　　日期：

說明：班上老師根據在教學活動期間，觀察幼兒學習「關懷」的表現，愈高分表示學習
狀況愈好，並以√來表示。

六大領域學習內容		1分	2分	3分	4分	5分
語文	1. 能說出南丁格爾助人的事蹟					
	2. 能說出「尋找關懷天使」就是去找幫助人的小故事					
	3. 能完成三個關懷口訣及比劃出動作					
	4. 能完整唸出兒歌內容					
	5. 能回答關懷繪本所提出的問題					
	6. 能說出三種幫助我們的人					
數學	7. 能完成喜、怒、哀、樂四種情緒表情的配對					
	8. 能說出偶數是有朋友的、奇數是沒有朋友的					
	9. 能說出捐發票給基金會，是要幫助需要幫助的人					
	10. 能從跳蚤市場活動中完成買賣活動					
自然	11. 能說出袋鼠媽媽是用育嬰袋照顧小袋鼠長大					
	12. 能說出橘子皮可助燃燒，就像關懷一樣可照亮人					
	13. 能搓揉聖誕樹的葉子，聞其味道並說出感覺來					
	14. 能用行動去關心消防人員，為他們打氣加油					
社會	15. 能說出兩種關心別人的方法					
	16. 能親手將自創的讚美卡佈置在聖誕樹上					
	17. 能用錄音方式，表達出對爺爺奶奶的祝福與關心					
	18. 能說出一種愛的擁抱法					
藝術	19. 能控制水彩與墨汁使用的量，並用剪刀剪下來					
	20. 能完成創作自己的聖誕紅作品					
音律樂動	21. 能唱跳「愛使我們相聚在一起」					
	22. 能快樂地參與丟手絹遊戲活動					

在本次品格活動中，小朋友最感到有興趣的活動為：

老師簽名：　　　　　　　　園長簽名：

關懷品格教學活動家長評量表

班級：　　　　　幼兒姓名：　　　　　　　　　　　日期：

請家長根據對幼兒的觀察，評量孩子「關懷」的表現，愈高分表示您愈贊同，請以√來表示，填完評量表，請隨親子手冊交回班上，謝謝！

學習態度	1分	2分	3分	4分	5分
1. 能說出南丁格爾是關懷的品格代表人物					
2. 能說出三個關懷的口訣及比劃出動作					
3. 能完整地唸出兒歌內容給家長聽					
4. 和爸媽一起完成「尋找關懷天使」的學習單					
5. 會唱「我永遠愛你」的自編歌曲給家長聽					
6. 能說出兩種關心別人的方法					
7. 能做出喜、怒、哀、樂四種情緒的表情變化					
8. 能說出捐發票給基金會，是要幫助需要的人					
9. 能從家中帶一樣玩具來參與跳蚤市場活動					
10. 能模仿袋鼠走路的樣子					
11. 能對住在老人中心的爺爺奶奶表達關心					
12. 能完成家庭作業：幫家人做一件事					
13. 會唱品格主題歌：愛使我們相聚在一起					
14. 能和爸媽玩一種愛的擁抱法					
家長的話：					

家長簽名：

給家長的一封信

親愛的家長平安：

　　關心他人是健康社會的基礎，反映出我們相信每個人都有自己的價值，關心別人也帶給我們滿足與快樂的感覺。要孩子關心別人，先要讓他們感到被關心，當孩子的需求獲得認可也得到滿足，他們會體認並且願意滿足他人的需求。

　　我們希望透過「關懷」品格，培養孩子在家能學習關心自己的父母，在學校能從許多的參觀、教學活動中體會「讓愛走動」，無形中就養成了孩子關懷的價值觀。因此，我們需要家長您的配合，在家園同心下，讓孩子有好的學習，請您配合以下事項：

（一）學習各種愛的擁抱法

　　老師將與小朋友分享不同肢體接觸方法，藉由飛鼠擁抱（飛奔擁抱）、愛情鳥擁抱（側肩擁抱）、螞蟻擁抱（臉頰擁抱）、無尾熊擁抱（正面擁抱）、袋鼠擁抱（背後擁抱）。讓幼兒體會不同的觸覺感受，並且發表什麼是自己最喜歡的和最不喜歡的肢體接觸方法，以了解自己的對情緒的敏感度，鼓勵家長在家中亦可用各種愛的擁抱法來與小朋友互動，一定會有不同的感受喔！

（二）拜訪社區老人中心、消防隊

　　此活動讓小朋友去關心幫助我們的人以及機構中的長者，將關懷化成實際的行動。

（三）舉辦跳蚤市場

　　將舉行全校跳蚤市場活動，請小朋友於＿＿＿＿之間將家中尚七八成新的舊物選擇帶一樣來，學校舉辦舊物新用的買賣遊戲，老師將讓小朋友學習標價、做紙鈔，有人當老闆、有人當顧客，練習社交活動喔！

（四）家庭作業：幫家人做一件事

為幫助小朋友體諒家人的辛勞，以具體行動付出關懷付出愛，並同理家人對家庭的努力，就是給家人的最好禮物，如：為家人排鞋子、為家人按摩……。請家長和孩子討論可為家人做的事，並訂下幾個，請多給孩子動手的機會，請家長於_____讓小朋友將此表交回班上分享。

（五）發票大集合

學校於_____邀請創世基金會的義工來學校分享「創世基金會捐發票」的目的，是為幫助植物人、獨居老人和遊民，屆時將會有有獎徵答等活動，也請家長響應「捐發票」的具體行動。

○○幼兒園啟

關懷──家庭作業

幫家人做一件事

班級：　　　　　　　　幼兒姓名：　　　　　　　　日期：

請家長與小朋友討論「可為家人做的事」，有做到就在□中打√。

你學習用行動來關心家人，真
的很棒喔！

請爸爸、媽媽分享
您的心情感動

請於＿＿前
完成此表

讓小朋友帶
回班上分享

關懷——家庭作業（範例）

家庭作業：幫家人做一件事

班級： 　　　　　幼兒姓名： 　　　　　　日期：94. 12. 8

老師先與小朋友討論「可為家人做的事」後記錄下來，請家長評量小

朋友是否有完成，做到就在□中打 ∨，並且給予小朋友正面鼓勵喔！

我想幫爸爸：按摩

12/05	12/06	12/07	12/08	12/09	12/10	12/11	12/12	12/13	12/14
			∨	∨	∨		∨		∨

我想幫媽媽：摺衣服

12/05	12/06	12/07	12/08	12/09	12/10	12/11	12/12	12/13	12/14
					∨	∨		∨	

請小朋友和爸媽想想看，還可以幫那一個家人呢？

我想幫 哥哥 ，我可以為他做 摺衣服 .

可以用行動來關心我的家人，我覺得自己真棒！

相信我一定辦得到

請爸爸、媽媽分享您的心情感動

幫忙做家事，○○一直都表現，尤其於：

1. 捲起袖子洗碗瞹盒、刷馬桶，還良晶呢!!

2. 收拾碗筷、擦桌子 → 一臭也不馬虎!!

3. 拿吸塵器吸地板、拿抹布擦地板 →動作俐落!!

4. 摸柳丁汁給家人喝 →樂在其中。

我們發現，我們的女兒長大了，也相當貼心

請於 12/15 前完成此表

讓小朋友帶回班上分享

補充網路資料

1. 品格典範：白衣天使——南丁格爾

　　(1) http://www.epochtimes.com/b5/2/8/13/c8476.htm

　　(2) http://tw.knowledge.yahoo.com/question/? qid=1105062605000

　　(3) http://myhome.apbb.com.tw/nogiko/nightingalel.htm

　　(4) http://www.epochtimes.com/b5/1/8/13/c3201.htm

2. 品格觀察家：跟著袋鼠媽媽走

　　(1) http://biingchyi.myweb.hinet.net/kangaroo.htm

　　(2) http://travel.wolfnet.com.tw/austra/au02.htm

　　(3) http://www.928n.com.tw/library/animal/a19/a19script1-4-1.htm

　　(4) http://www.zoo.gov.tw/km/data_animal_result.asp? xpaid=50

3. 基本運算活動：發票大集合（創世社會福利基金會）

　　(1) http://www.gensis.org.tw/story.htm

　　(2) 台北總院地址：100 台北市北平東路 28 號 4 樓　　電話：(02)2396-7777

4. 體驗活動：聞聖誕樹的味道

　　(1) http://www.cathvoice.org.tw/x-mas/txt/xmaxtxt02.htm

　　(2) http://y.sina.com.cn/news/2005-01-14/26162.html

　　(3) http://www.peacemacau.org/ccs/mas/tree.html

　　(4) http://www.cathvoice.org.tw/x-mas/pic/tree/tree-1.htm

5. 踏青活動：社區巡禮（拜訪消防隊）

　　(1) http://tw.knowledge.yahoo.com/question/? qid=1405110104918

　　(2) http://tw.knowledge.yahoo.com/question/? qid=1405122203043

　　(3) http://98.to/neihu119/

　　(4) http://home.kimo.com.tw/neihu119/

CHAPTER 7

耐心品格

【我會學習等待，成為一個有耐心的人】

壹、品格能力篇

一、什麼是耐心

1. 對延遲能平靜地忍受「等待」，就是表現了耐心。
2. 學習有計畫及步驟地完成某事，在於計畫如何完成它，面對挫折仍能堅持下去直到完成，不做半途而廢、給人看臉色的事。

> 學校的成就取決於做事有始有終的能力。
>
> 愈早教，孩子會持續地想要完成一份工作，並從中得到樂趣。

二、如何進行耐心

1. 幫助孩子了解，學習某件新而困難的事情是需要時間和練習的，大人要教孩子的是一顆會思考的心。
2. 和孩子談談，大人所做的活動如：游泳、縫紉、打電腦、騎單車、看書，是花多久時間學會它，有否犯錯？是如何學會它的呢？
3. 必須給孩子學習運作的機會，當孩子在做這件事時，大人需要給予讚美，幫助孩子有成功的機會。

> 羅馬不是一天造成的。
>
> 我們的孩子必須學習到，事情並非在頃刻間全部發生，有時甚至也無法很快地發生。
>
> 要達到一個目標或許要花時間、長時間的努力，以及持續的運作，不過這是值得的！
>
> 練習的結果或許不會太完美，但是它有用、它創造、它建立、它完成、它完整。

三、問題與反思

1. 想一想某個你想要的東西（如：生日禮物），當你在等待時心情是如何的？得到時你的心情又是如何的？

2. 想一想有什麼事或物是你曾經需要等待的，但現在卻可以很快地得到？為什麼？

3. 想一想自己的個性是屬於慢條斯理的或較急躁的？這對你有何影響？

4. 當你手頭上有三件事時，你的處理方法是：一件完成再做第二件、同時進行三件事或其他做法？效果如何？

四、與孩子討論

1. 想一想有哪些事情，讓你花很長時間才學會，如：學會騎腳踏車，現在你已經完成目標了，你覺得它是值得等待的嗎？

2. 如果在學校裡，每位小朋友都不排隊輪流玩溜滑梯，會發生什麼事？

五、如何培養孩子的耐心

1. 不催促孩子，讓他有時間去完成手上的工作。

2. 製造機會或提供活動讓孩子有等待的時間，以培養孩子耐心。

3. 跟孩子一起訂定計畫，並期待完成它。

六、給父母、老師的小叮嚀

1. 成人可以多製造「等候的樂趣」，若無機會，反而是傷害了孩子。
2. 觀念澄清：耐心是一種值得保存的價值。
3. 父母、老師本身需具有「耐心」的條件，重過程勝於結果。
4. 可以調查家人（班上同學）最需要學習耐心的項目，針對最需要的項目進行教學。

❧ 參考文獻 ❧

張水金（譯）（2001）。大能力（上）。台北市：信誼。

高明美（2001）。童書久久。台北市：台灣閱讀協會。

陳麗蘭（譯）（2001）。與孩子談美德：**16**個影響人生的重要價值觀。台北市：光佑。

貳、品格教學篇

一、「耐心」的相反詞

浮躁（restlessness）、氣餒（discouragement）、過急（too urgent）。

二、「耐心」的定義

對延遲的事能平靜地忍受「等待」，學習有計畫及步驟地完成某事。

> 預期成效：
>
> 在面對挫折時，仍能堅持直到完成，不做半途而廢的事。

三、教學目標

1. 認識「耐心」品格所代表的意思，並學習增進耐心的方法。
2. 學習為目標訂下計畫及學習按步驟執行完成。
3. 參與社區服務行動，藉以培養幼兒學習等候的樂趣。
4. 與家人共同學習一件新事物，並在練習過程中學習等待。

四、六大領域活動

（一）語文

1. 品格典範：藝術博士——黃美廉。（5-1-1）
2. 品格學習單：我的工作計畫表。（5-1-2）
3. 品格口訣：（5-1-3）

    (1)我著急的時候會再等一下。

    (2)我會努力學習新的事物。

    (3)我會耐心地完成一件事。

4. 品格兒歌：

(1)零用錢。（5-1-4）

(2)小庭院。

(3)老師。

(4)夢。

(5)沒問題。

(6)不得了。

5. 繪本分享：

書名	出版社／年份	內容摘要
安娜的新大衣	東方／2003	安娜經歷從剪羊毛到製作剪裁大衣的等待過程。（5-1-5）
花婆婆	三之三／1998	三個願望是三個目標，在花婆婆努力追求下一一地實現。
叔公的理髮店	三之三／2001	不畏挫折，重新開始的毅力，實現了叔公的夢想。
媽媽的紅沙發	三之三／1998	大家努力存錢，終於買到一張夢想中的紅沙發。

＊ 延伸閱讀：

(1)阿虎開竅了／上誼／1999

(2)小月月的蹦蹦跳跳課／青林／2001

(3)雪花人／三之三／1999

(4)最想做的事／遠流／2001

(5)胡蘿蔔種子／上誼／2001

(6)彼得的口哨／上誼／1993

(7)胖國王／信誼／1999

(8)瘦皇后／信誼／2000

(9)藍弟和口琴／國語日報／1999

6. 討論活動：龜兔賽跑。（5-1-6）

（二）數學

　　1. 數數活動：丟沙包。（5-2-1）

　　2. 量與符號活動：鞭炮 1-10 量與符號配對。（5-2-2）

　　3. 基本運算活動：花兒朵朵開。（5-2-3）

　　4. 應用活動：辦年貨。（5-2-4）

（三）自然

　　1. 品格觀察家：好忙好忙的蜘蛛。（5-3-1）

　　2. 實驗活動：顏色慢慢爬。（5-3-2）

　　3. 體驗活動：火鍋大團圓（說應景吉祥話）。（5-3-3）

　　4. 踏青活動：雞南山之旅。（5-3-4）

（四）社會

　　1. 品格劇場：胖國王。（5-4-1）

　　2. 利己活動：耐心大考驗。（5-4-2）

　　3. 利他活動：環保小尖兵（社區服務活動）。（5-4-3）

　　4. 品格體驗：耐心表揚大會。（5-4-4）

（五）藝術

　　1. 繪畫：點、線、面創作畫（奇異筆＋粉蠟筆）。（5-5-1）

　　2. 勞作：創意存錢筒。（5-5-2）

（六）音樂律動

　　1. 品格主題歌：耐心歌。（5-6-1）

　　2. 遊戲活動：呼拉圈組合性遊戲（5-6-2）、跳房子。

五、家庭作業──「我最想學的一件事」記錄表

請幼兒畫下最想學會的事（請家長評估是能力所及的，才不會有挫折感），再由幼兒畫圖，加上父母文字說明，並將此表放在家中，記錄幼兒學習新事物的過程。

附錄

品格主題歌

耐心歌

告訴你個小秘密，改變一點都不難，下大雨天會放晴，小花小草多開心。
慢點生氣別胡鬧，改變也許會更好，耐著性子等一等，學習耐心有快樂。

假如我生氣

假如我生氣，假如我生氣，算到十，算到十，一二三四五六七八九十，九十，
這個時候，不再生氣，哈哈哈哈哈哈哈哈哈哈哈。

品格兒歌

零用錢

媽媽買了一個小豬撲滿，有時候，奶奶會給我零用錢，每次我都餵小豬撲滿，
媽媽說：「慢慢地餵小豬撲滿，總有一天，它會吃得飽飽的。」

小庭院

爸爸在小庭院種竹節蘭，剛開始，只有一點點葉子，爸爸每天澆水，星期天施
肥，葉子快掉光了，不見花兒開，爸爸還是每天照顧著它，等到過完年，仍未
見開花，但葉子掉光了。爸爸每天早上還是澆水，哇！開花了，好漂亮喔！爸
爸開心地看著盛開的花兒。

老師

小彤上學了，年紀小小，什麼都不會。每天老師教小彤……禮貌、穿鞋、喝水、吃飯、刷牙、上廁所、擦屁股、鋪被子……

老師說：「小彤，一天天地長大，會做的事就更多。」

夢

昨天做了一個夢，夢到我是個飛行員，夢醒後，我每天只會吃飯、買玩具、玩遊戲，什麼都不會。「奇奇，你是年紀小，只要認真學習，夢想是會成真的。」

沒問題

哇！大班哥哥姊姊好厲害哦！他們會唱歌、跳舞、工作。現在，我好多好多事都要大人幫忙。「小勇，你年紀小，不要急，只要多運動、認真學習，總有一天，你會比哥哥姊姊還厲害，沒問題。」

不得了

開開心心上學去，老師說話，注意聽，認真工作，勤學習，用功加努力，不得了；語文算術樣樣精，天文地理每樣行。

耐心品格教學活動教案 5-1-1

設計者：楊淑雅		進行日期：　年　月　日星期	
活動名稱	藝術博士——黃美廉	**教學領域**	語文（1）——品格典範
		活動時間	四十分鐘
品格主題	耐心	**適用年齡**	三～六歲
具體目標	1. 能說出黃美廉為什麼會得到腦性痲痺。 2. 能說出黃美廉如何在求學或生活當中克服困難。 3. 能說出黃美廉如何耐心學習，最後成為成功的人。		
活動資源	故事 CD（上帝寶貝／天韻有聲出版社）、單槍、筆記型電腦、布幕、CD		
活動過程	引起動機（十分鐘） 1. 老師帶領小朋友集合預備欣賞影片的位置，聆聽 CD「如果我能唱」。 2. 老師：「今天我們要介紹一位很特別的人，她的名字叫做黃美廉，她長得和我們不太一樣，可是她很可愛，她有許多的朋友，還是一個藝術博士和畫家喔！我們剛才聽的歌『如果我能唱』就是黃美廉阿姨寫的。」 發展活動（二十分鐘） 1. 老師放映「上帝寶貝」有聲書多媒體給小朋友看。 2. 老師：「黃美廉阿姨為什麼會得到腦性痲痺？」「由於醫師的不小心，造成運動神經的受傷，所以她一出生就罹患了腦性痲痺，一直到五歲還全身軟綿綿的，因為臉部肌肉扭曲、四肢運動不協調，連開口說話都有困難，有些人對她的第一個印象，不是神經病，就是白痴。」 3. 「美廉阿姨一直很容易受驚嚇，爸爸就訓練黃美廉阿姨坐公車；上小學時，小朋友常欺負她，甚至拿石頭丟她，她無力反抗，總是以哭來抗議，媽媽只有將她緊緊抱在懷中來安慰她。」 4. 到了國小二年級時，老師發現美廉阿姨有藝術天分與對色彩的敏感，後來在美國讀書，成為藝術博士及很優秀的畢業生。」 5. 「黃美廉雖然行動上較不方便，但內心卻比一般人更健康，是一位熱情、有責任感、有耐心、有愛心的人，黃美廉阿姨還獲選為『十大傑出青年』。」 綜合活動（十分鐘） 1. 「美廉阿姨為什麼會得到腦性痲痺？」「因為醫師的不小心，但她沒怪醫生。」 2. 「美廉阿姨如何在求學或生活當中克服困難？」「自己學搭公車、學煮飯……」 3. 「美廉阿姨如何成為一個成功的人？」「快樂、熱情，有鬥志、關懷、努力、會鼓勵人、不怕挫折努力學習、有恆心耐心……」		
活動評量	1. 能說出黃美廉因為接生醫師的不小心，而得到了腦性痲痺。 2. 能說出黃美廉克服學搭公車的緊張及耐心地學煮飯照顧自己。 3. 能說出黃美廉耐心學習、克服困難，最後成為成功的人。		
注意事項	解釋「腦性痲痺」只是行動上的不方便，沒有影響智力，也是相當聰明的。		
延伸活動	欣賞黃美廉的藝術作品及「黃美廉詩歌選」CD。		

耐心品格教學活動教案 5-1-2

設計者：楊淑雅		進行日期： 年 月 日 星期	
活動名稱	我的工作計畫表	教學領域	語文（2）——品格學習單
		活動時間	四十分鐘
品格主題	耐心	適用年齡	四～六歲
具體目標	\u003e1. 能說出什麼叫做「做計畫」。 2. 能說出如何完成「我的工作計畫表」學習單。 3. 能和別人分享自己的學習單內容。		
活動資源	「我的工作計畫表」、放大圖（A5 大小）、色筆、幼兒印章、筆		
活動過程	引起動機（五分鐘） 老師和小朋友一起唱「小椅子轉過來、小椅子轉過來、1、2、3、4轉過來」請小朋友面向老師。 發展活動（二十分鐘） 1. 老師問小朋友「在每天的工作中，你最喜歡什麼角落或是活動呢？」讓小朋友自由發表意見。 2. 老師拿出「我的工作計畫表」放大圖，向小朋友說明什麼是工作計畫表。 3. 「我們可以練習來做計畫，就是先想想要做的事，然後再照著計畫進行喔！」 4. 老師請小朋友想一想，教室有哪些角落是小朋友們可以進行的。 5. 「想一想你第一個活動要做什麼？第二個活動要做什麼？」 6. 「有什麼活動是你喜歡做的？你可以把它畫出來，然後老師再幫你寫下來。」 7. 老師示範如何畫「我的工作計畫表」「我想先做○○，再來做○○……。」 8. 老師展示工作計畫表給小朋友看「我這裡有三～四個計畫，在今天（明天）的角落時間，要來做我自己計畫的內容喔！如果我做到了就可以在【 】裡打√。」 9. 老師將工作計畫表發下去，請小朋友開始畫，老師再協助寫下來。 綜合活動（十五分鐘） 1. 老師請小朋友自由地分享自己所計畫的內容。 2. 例如「我第一個要做的計畫是到語文角看一本書→第二個是吃點心→第三個是操作數學教具→第四個是到益智角玩拼圖。」 3. 老師請小朋友拿著工作計畫表開始進行工作，有做到的計畫就打√。		
活動評量	1. 能說出計畫就是先想想要做的事，然後再照著計畫進行。 2. 能在「我的工作計畫表」學習單中畫下三～四個計畫內容。 3. 能在活動前（後）和別人分享自己的學習單內容。		
注意事項	1. 如果不會畫或不知道怎麼完成計畫表的小朋友，老師需從旁協助。 2. 教導如果和別人的工作重複時該怎麼辦？（要等待、先做下一個） 3. 「我的工作計畫表」能放在資料夾中或用較厚的紙進行活動。		
延伸活動	「我的工作計畫表」可以是今天或是隔天、一星期某天的計畫。		

耐心 5-1-2

我的互作計畫表

我的名字：　　　　　　　　　日期：

說明：請小朋友想一想要做哪些活動，然後再把這些活動畫下來。

我的工作計畫	
1【　　】	2【　　】
3【　　】	4【　　】

我完成了幾項計畫：＿＿＿＿＿＿＿＿＿＿＿＿＿＿＿＿＿

有那一項活動沒有完成：＿＿＿＿＿＿＿＿＿＿＿＿＿＿＿

我覺得自己很棒的地方：＿＿＿＿＿＿＿＿＿＿＿＿＿＿＿

老師簽名：

耐心品格教學活動教案 5-1-3

設計者：楊淑雅　　　　　　　　　　進行日期：　年　月　日 星期

活動名稱	耐心口訣	教學領域	語文（3）——品格口訣
		活動時間	三十分鐘
品格主題	耐心	適用年齡	三～六歲
具體目標			

具體目標	1. 能說出耐心的口訣所代表的意思。 2. 能說出耐心的口訣及比劃出動作。 3. 能上台表演耐心口訣給大家看。
活動資源	「耐心口訣」大字報、長條氣球數個
活動過程	引起動機（五分鐘） 1. 老師請小朋友圍坐在集合區域中。 2. 老師拿出長條氣球，試吹幾次給小朋友看「我們要小心吹，不要太急，吹太快很容易就破了，我們要慢慢吹」，讓小朋友觀察氣球如何由小變長。 3. 當氣球被吹得很長時，問小朋友「還要再吹嗎？」觀察小朋友的反應。 發展活動（十五分鐘） 1. 老師從遊戲中帶入口訣及動作，老師請小朋友想一想，這是什麼動作（老師做小跑步後，伸出左手在上右手在下，比出等一下的動作）、這是什麼意思？「我著急的時候會再等一下」，「就是說當你很急的時候，要先忍一下，要等待一下、要想一想後再做！」 2. （學農夫鋤地的動作）這是什麼意思？「農夫很認真地用鋤頭鬆土，把土撥鬆，再種下新種子，新的種子就能長出青翠的青菜來。」「我會努力學習新的事物」，「就是說要學習農夫努力的精神來學習新的事物。」 3. （左右手握拳上下左右敲）這是什麼意思？「木工師傅必須要很有耐心地把很多的釘子釘好，才能做出一個堅固又棒的作品。」「我會耐心地完成一件事」，「就是說要能有耐心地把事情做好」，「小朋友做什麼事情要有耐心呢？」「照顧植物、學騎腳踏車、操作教具……」 4. 老師請小朋友跟著做動作，並且能說出這三種口訣來。 綜合活動（十分鐘） 1. 老師玩「比手劃腳」表演口訣動作，請小朋友說出是哪一個口訣。 2. 請小朋友輪流出來表演口訣加動作。 3. 老師和小朋友討論口訣及動作的使用時機，「如果你想玩這個玩具，但是別人也在玩時，你就可以說什麼？」「我著急的時候會再等一下！」
活動評量	1. 能說出一種耐心的口訣所代表的意思（如：用農夫努力的精神來學習新的事物）。 2. 能完成三個耐心的口訣及比劃出動作。 3. 能上台表演耐心口訣給大家看。
注意事項	解釋口訣涵義時，可用些譬喻方法來引導孩子了解。
延伸活動	猜猜這是哪一個口訣或動作。

耐心品格教學活動教案 5-1-4

設計者：楊淑雅　　　　　　　　　　進行日期：　年　月　日星期

活動名稱	零用錢	教學領域	語文（4）──品格兒歌
		活動時間	三十分鐘
品格主題	耐心	適用年齡	四～五歲
具體目標			

具體目標	1. 能說出存錢筒的功能。 2. 能完整地將兒歌唸出。 3. 能說出如何存零用錢。
活動資源	繪本《媽媽的紅沙發》、「零用錢」兒歌大字報
活動過程	引起動機（十分鐘） 老師分享《媽媽的紅沙發》繪本，「小女孩和媽媽、外婆一起努力工作，她們把賺來的錢都存到大玻璃罐裡，每天存一點，終於買到一張夢想的紅沙發，讓全家人可以舒舒服服地坐在上面休息。」 發展活動（十五分鐘） 1. 老師問小朋友「小女孩家的大玻璃罐是用來做什麼的呢？」「用來存錢、是存錢筒。」「小朋友有沒有自己的存錢筒呢？」「有、沒有……」「你的存錢筒是什麼造型呢？」「小豬、小狗、史努比、玻璃罐……」「沒有存錢筒的小朋友不要著急喔！老師也會教小朋友製作創意存錢筒喔！」 2. 「我們今天先來學一首兒歌，兒歌的名字就叫做零用錢」。 3. 老師帶領小朋友唸兒歌： 零用錢 媽媽買了一個小豬撲滿，有時候，奶奶會給我零用錢，每次我都餵小豬撲滿，媽媽說：「慢慢地餵小豬撲滿，總有一天，它會吃得飽飽的。」 4. 老師問小朋友「什麼叫做撲滿？」「撲滿就是存錢筒。」「什麼叫做零用錢？」「就是家人給的錢。」「小朋友會用錢嗎？」「小朋友的年紀還小，如果爸爸媽媽或爺爺奶奶給你的錢，你可以怎麼處理呢？」「把錢存下來。」「等到你的撲滿裝滿了，就可以請爸爸媽媽帶你去買想要的東西，或者捐給需要幫助的人。」 5. 老師再帶領小朋友唸幾次兒歌。 綜合活動（五分鐘） 1. 老師問小朋友「家人如果給你零用錢，你要怎麼處理呢？」「把它存在撲滿裡。」 2. 「小豬撲滿是怎樣餵飽的呢？」「奶奶給的零用錢會存起來。」「很快就餵飽了嗎？」「是要慢慢餵，要有耐心，這樣有一天一定會存滿的。」 3. 老師請小朋友出來唸兒歌給大家聽。
活動評量	1. 能說出存錢筒是用來存零用錢的。 2. 能將「零用錢」兒歌完整地唸出。 3. 能說出存零用錢是要慢慢地、有耐心地存。
注意事項	老師要指導小朋友，零用錢是不能用要的，若是父母給的時候就要存下來。
延伸活動	玩換零錢的遊戲，如十個 1 元，可以換成一個 10 元。

耐心品格教學活動教案 5-1-5

設計者：楊淑雅　　　　　　　　　　進行日期：　年　月　日星期

活動名稱	安娜的新大衣	教學領域	語文（5）——繪本分享
		活動時間	三十分鐘
品格主題	耐心	適用年齡	三～六歲
具體目標	1. 能說出製作大衣所需的材料。 2. 能說出安娜得到大衣的過程。 3. 能說出安娜耐心等待大衣的心情。		
活動資源	繪本《安娜的新大衣》、外套、學習單		
活動過程	**引起動機（五分鐘）** 1. 老師與小朋友分享冬天的感覺「冬天好冷，大家都穿了什麼保暖的衣服呢？」「外套、帽子、背心、圍巾、口罩、手套……」。「你的外套是誰買的呢？」「爸爸、媽媽、阿嬤、阿公……」「穿起大衣會有什麼感覺呢？」「很溫暖、暖和、不冷了……」 2. 「有一個小朋友叫做安娜，她好想要一件外套，但是她們家沒有錢？怎麼辦呢？讓我們一起來看看，安娜媽媽想了什麼樣的方法呢？」 **發展活動（二十分鐘）** 1. 老師請小朋友觀察繪本「這是安娜，她的新大衣是什麼顏色呢？」「紅色。」 2. 老師將繪本內容說給小朋友聽「媽媽沒有錢為安娜買大衣，於是用家裡的東西換羊毛，請人紡紗織布，最後做成一件紅大衣。」 3. 「安娜如何得到新大衣呢？」「用金錶換羊毛，但是要等到春天剪羊毛的時候→用檯燈請老婆婆把羊毛紡成毛線，但婆婆眼睛不好要等到夏天才能紡好→媽媽和安娜採越橘做顏料，將白毛線染成了紅色，等到乾了捲成毛線球→秋天時用項鍊請織布阿姨將毛線織成布，要等兩個星期→冬天到了，用瓷茶壺請裁縫爺爺將布做成大衣，要再等一個星期→安娜等了一年，終於得到了一件新大衣。」 4. 「安娜在等大衣時心情是怎樣？」「唱歌給綿羊聽、跟媽媽採越橘、曬毛線、拿要交換的東西……」「安娜等得很生氣嗎？」「沒有，安娜等很久但是很快樂。」 **綜合活動（五分鐘）** 1. 「製作大衣需要什麼材料？」「要等綿羊的毛長長了，剪下來就是羊毛。」 2. 「安娜怎樣得到大衣？」「用金錶換羊毛、用檯燈換羊毛紡成毛線、用項鍊換毛線織成布、用瓷茶壺換用布做成大衣。」 3. 「安娜等多久？」「等了一年。」「她心情如何？」「很期待、努力幫忙、感恩……」 4. 「後來安娜又做什麼事？」「邀請幫忙做大衣的人來參加慶祝會、謝謝羊的毛……」		
活動評量	1. 能說出製作大衣需要用到羊的毛。 2. 能說出兩個安娜得到大衣的過程（如：用金錶換羊毛、用檯燈換羊毛紡成毛線……）。 3. 能說出安娜能耐心等待大衣並且有感恩的心。		
注意事項	特別強調安娜等待的過程，總是耐心、享受及參與每一個過程。		
延伸活動	請穿大衣的小朋友走一下台步，展示一下自己的大衣，並回家感謝父母。		

「安娜的新大衣」
製作過程連連看

班級：　　　　　　姓名：　　　　　　日期：

春天

夏天

秋天

冬天

茶壺

檯燈

項鍊

錶

外套

羊毛

毛線球

毛線織成布

耐心品格教學活動教案 5-1-6

設計者：楊淑雅		進行日期： 年 月 日 星期
活動名稱	龜兔賽跑	教學領域	語文（6）──討論活動
		活動時間	三十分鐘
品格主題	耐心	適用年齡	三～六歲
具體目標	1. 能說出龜兔賽跑的故事結局。 2. 能說出烏龜的精神是什麼。 3. 能說出如何成為一個有耐心的人。
活動資源	烏龜、兔子的手偶
活動過程	引起動機（七分鐘） 1. 老師用烏龜、兔子的手偶來說「龜兔賽跑」的故事，「兔子跑得很快，笑烏龜跑得很慢，就在路邊睡覺，烏龜不怕兔子嘲笑，仍然努力往目標前進，雖然很辛苦、很累，烏龜還是很有耐心地往前爬，最後是烏龜贏了。」 2. 「兔子睡醒以後呢？」「很驚訝，但是也沒有辦法，只能怪自己不夠認真。」 發展活動（十五分鐘） 1. 老師問「你覺得為什麼烏龜會贏呢？」「因為烏龜很努力，雖然爬得慢仍然不放棄、不怕辛苦，朝著目標前進。兔子太驕傲了，結果害了自己。」 2. 「做什麼事要有耐心？」「就像是媽媽叫我去洗澡或吃飯，我雖然不想，但仍然要去做。」「收玩具也要有耐心，不是隨便亂收一通，要把玩具分好類收拾起來！」「操作教具也是，碰到不會的不要放棄，可以找老師或小朋友教我！」 3. 「對很著急的事，也是要平靜地忍耐等待嗎？」「對啊，我要和小朋友輪流玩玩具、我會等別人收教具後再去拿、排隊時我不會插隊⋯⋯」 4. 「要怎樣成為有耐心的人呢？」「可以學習做計畫、面對挫折要堅持、好急的時候再等一下、學習新的事物會有耐心、耐心地完成一件事，再做下一件事。」 綜合活動（八分鐘） 1. 「如果大家都沒有耐心，那會變成什麼樣子呢？」「開車的人亂按喇叭、不遵守交通規則、亂闖馬路、隨便罵人⋯⋯」「真是件恐怖的事喔！」 2. 「如果你不想收玩具的時候怎麼辦？」「要有耐心地把玩具分類收好⋯⋯」 3. 「想和別人玩同樣的教具怎麼辦？」「要耐心等待別人操作完再換我⋯⋯」 4. 「如果玩溜滑梯時，大家都不輪流玩時會發生什麼事呢？」「就會搶來搶去很危險，應該要學習排隊、輪流、等候⋯⋯」
活動評量	1. 能說出龜兔賽跑故事結局是烏龜贏了。 2. 能說出烏龜努力、不放棄、不怕辛苦、朝著目標前進的精神。 3. 能說出兩個練習有耐心的方法（如：輪流玩玩具、排隊）。
注意事項	1. 引導小朋友在日常生活的例子中說明耐心的重要。 2. 如果這個世界大家都沒有耐心，那會變成什麼樣子呢？讓小朋友學習做思考。
延伸活動	請小朋友出來做龜兔賽跑的角色扮演。

耐心品格教學活動教案 5-2-1

設計者：楊淑雅　　　　　　　　　　進行日期：　年　月　日 星期

活動名稱	丟沙包	教學領域	數學（1）──數數活動
		活動時間	四十分鐘
品格主題	耐心	適用年齡	三～六歲
具體目標			

具體目標	1. 能說出丟沙包的口訣。 2. 能說出丟沙包的口訣並加上動作。 3. 能在玩丟沙包中學會耐心。
活動資源	沙包數個（依班上小朋友的人數，每位小朋友一人一個）
活動過程	引起動機（七分鐘） 1. 老師請小朋友圍坐在集合區域中複習耐心口訣與兒歌。 2. 老師說「小朋友平常都玩什麼玩具呢？」「芭比娃娃、機器人、彈珠超人、蝙蝠俠、布偶……」請小朋友自由發表意見。 3. 「老師小時候玩的和小朋友不一樣喔！我們會玩跳房子、橡皮筋、爬樹、玩踢毽子、丟沙包……，丟沙包是很有趣的遊戲，今天我們來玩玩看喔！」 發展活動（二十五分鐘） 1. 老師帶領小朋友唸丟沙包的口訣「一摸地，二摸胸，三拍手，四開花，五滾球，六點頭，七摸臉，八摸頭，九九十十上高樓。」多唸幾次以熟悉口訣。 2. 老師示範如何玩丟沙包遊戲「拿一個沙包，嘴巴唸『一摸地』就往上丟，做摸地動作後，趕緊把掉下來的沙包接住。再做下一個動作」。 3. 「二摸胸」（丟沙包→做抱胸動作→接住沙包）「三拍手」（丟沙包→雙手拍一下→接住沙包）「四開花」（丟沙包→兩手做開花狀→接住沙包）「五滾球」（丟沙包→兩手做旋轉狀→接住沙包）「六點頭」（丟沙包→兩手插腰點頭→接住沙包）「七摸臉」（丟沙包→雙手摸臉頰→接住沙包）「八摸頭」（丟沙包→雙手摸頭→接住沙包）「九九十十上高樓」（往上丟沙包→跳起來→接住沙包）。 4. 老師發下沙包給小朋友，每個人有一個。 5. 老師帶領小朋友先練習一到五的口訣，邊數邊唱邊丟，等熟悉之後再加長口訣。 綜合活動（八分鐘） 1. 老師說「三拍手」，請小朋友做出丟沙包→雙手拍一下→接住沙包的動作。 2. 請小朋友出來表演丟沙包的動作。 3. 老師鼓勵小朋友要多多練習，熟悉之後就會愈玩速度愈快了。
活動評量	1. 能完整說出（數出）丟沙包的口訣。 2. 能說出兩個丟沙包的口訣並加上動作（如：二摸胸是丟沙包做抱胸動作接住）。 3. 能在練習玩丟沙包中有耐心，從慢慢玩到速度加快。
注意事項	先學會口訣後加上動作，速度要從慢至快，從四～五個口訣到全部結束。
延伸活動	學另一首「一飛鴨，二跑馬，三分開，四打架，五拍頭，六拍手，七呀七朋友，八呀摸鼻頭，九呀摸耳朵，十摸腳趾頭，十一呀～～全都偷！」可用台語發音。

　　「丟沙包」活動，讓幼兒一邊丟沙包，一邊唸出口
訣，需要手眼協調的能力，特別需要有耐心的學
習，才能學會玩的遊戲。

耐心品格教學活動教案 5-2-2

設計者：楊淑雅		進行日期：　年　月　日星期	
活動名稱	鞭炮 1-10 量與符號配對	教學領域	數學（2）——量與符號活動
		活動時間	四十分鐘
品格主題	耐心	適用年齡	四～六歲
具體目標	\<td colspan="3">1. 能說出何時會有放鞭炮。 2. 能說出什麼叫做守歲的習俗。 3. 能完成鞭炮 1-10 量及符號配對。
活動資源	鞭炮圖片卡五十五個（現成或自製皆可）、數字卡 1-10、托盤、地墊、年獸的故事		
活動過程	引起動機（十分鐘） 1. 老師帶領小朋友唱「新年到」「新年到，新年到，穿上新衣戴新帽，家家戶戶放鞭炮，放了鞭炮霹靂趴啦碰……」一邊唱一邊做放鞭炮的動作。 2. 「什麼時候會放鞭炮？」「結婚、選舉、過年……」老師問「為什麼過年要放鞭炮？」「這有一個傳說，有一隻叫做年的怪獸故事……」老師講述年獸故事的內容。 發展活動（二十分鐘） 1. 「這就是為什麼在吃團圓飯的時候，家人要聚在一起，一起守歲等到過了十二點鐘，就開始放鞭炮，慶祝平安度過一年，大家就會說『過年了！過年了！』」 2. 老師再帶領小朋友唱一次「新年到」的歌。 3. 老師介紹「鞭炮 1-10 量與符號配對」的教具，請小朋友出來做示範。 4. 請幼兒將 1-10 的數字卡，按順序排列於地墊上（數字小的到數字大的）。 5. 將鞭炮模型與數字卡做配對（請小朋友操作）。 6. 如：指卡 5，說：這是五，老師將五個鞭炮模型，一個一個放在數字 5 的下方。 7. 以此類推，完成 1-10 符號與鞭炮模型量的配對。 8. 請剛操作完的小朋友，指定另一個小朋友出來示範。 9. 開始收拾，並告知小朋友此工作要放在哪個教具櫃上。 綜合活動（十分鐘） 1. 老師帶領小朋友唸口訣，「1+2+3+4+5+6+7+8+9+10 就等於 55」，數數總共有五十五個鞭炮模型「加就是合併的意思」。 2. 老師說：「守歲的習俗，一直要等到十二點鐘，小朋友都好累，等不下去怎麼辦？」「去睡覺、要忍耐、等的時候可以聊天、等到最後可以聽到鞭炮聲喔！」 3. 老師說明「等待」是一種有耐心的表現，今年的過年不妨可以試試看喔！		
活動評量	1. 能說出過年的時候會放鞭炮。 2. 能說出守歲就是家人聚在一起，一起等到過了十二點鐘的習俗。 3. 能完成鞭炮 1-10 量及符號配對。		
注意事項	從鞭炮延伸出「守歲」的習俗，特別強調家人凝聚等待其實也是一種樂趣，所以等待不全然是無趣的事，在這過程能體會時間的流逝也是一種耐心的表現。		
延伸活動	請全班小朋友一起製作五十五個鞭炮，並且將它們串起來掛在門邊裝飾，亦可數數。		

耐心品格教學活動教案 5-2-3

設計者：楊淑雅　　　　　　　　進行日期：　年　月　日星期

活動名稱	花兒朵朵開	教學領域	數學（3）——基本運算活動
		活動時間	三十五分鐘
品格主題	耐心	適用年齡	四～六歲
具體目標			

具體目標	1. 能說出符號「＋」所代表的意思。 2. 能說出 1 與 2 所代表的意思。 3. 能耐心地欣賞別人做串連活動。
活動資源	紙花瓣（中間打洞）、吸管（細或粗）、已穿好毛線的針有四～五支（毛線長度適合掛在頸上）、針包、針、毛線、數字卡（1+2+1+2+1+2）、（2+1+2+1 +2+1）、托盤、地墊
活動過程	引起動機（五分鐘） 1. 老師戴上項鍊，讓小朋友猜猜看，今天的老師有什麼不一樣？ 2. 老師介紹自己身上戴的項鍊是怎麼做的？「這是老師自己串的，小朋友也可以自己串一條項鍊喔！」 發展活動（二十分鐘） 1. 老師拿出「花兒朵朵開」的教具盤，介紹托盤內的素材內容「這裡有紙花瓣、吸管、針、毛線和數字卡」。 2. 老師：「這個數字卡有二張，請小朋友來唸唸看。」「（1+2+1+2+1+2）唸成 1 加 2 加 1 加 2 加 1 加 2」「加是什麼意思？」「加就是合起來的意思。」 3. 老師把（1+2+1+2+1+2）的數字卡放在地墊上，「1 代表吸管、2 代表紙花瓣」「所以（1+2+1+2+1+2）就是吸管＋紙花瓣＋吸管＋紙花瓣＋吸管＋紙花瓣」。 4. 「剛才說＋就是合起來的意思，所以我們要把它們串在一起」，老師拿出已穿好毛線的針，照著數字卡中的排列，先串上吸管再穿紙花瓣，以此類推地把吸管和紙花瓣串上，最後抽出針，將針放回針包上，在毛線上打結。 5. 「我們來數數串的對不對？」請小朋友檢查串的和數字卡上排列是否一致。 6. 老師拿出另一張（2+1+2+1+2+1）的數字卡，請小朋友來做排列，「紙花瓣＋吸管＋紙花瓣＋吸管＋紙花瓣＋吸管」再請另一位小朋友來做串的動作，最後再做檢查是否串對了。 綜合活動（十分鐘） 1. 老師考考小朋友「＋就是合起來的意思、1 代表吸管、2 代表紙花瓣」。 2. 老師複習（1+2+1+2+1+2）和（2+1+2+1+2+1）數字卡的唸法。 3. 老師鼓勵小朋友有耐心地完成「花兒朵朵開」的教具。
活動評量	1. 能說出＋就是合起來的意思。 2. 能說出 1 代表吸管、2 代表紙花瓣。 3. 能將數字卡和吸管、紙花瓣依序做配對。
注意事項	在整個示範的過程中，讓小朋友都有機會參與某個操作步驟，請小朋友做確認。
延伸活動	可以讓小朋友每人選擇一種數字卡的排列來做串連。

耐心品格教學活動教案 5-2-4

設計者：楊淑雅　　　　　　　　　進行日期：　年　月　日 星期

活動名稱	辦年貨	教學領域	數學（4）──應用活動
		活動時間	五十分鐘
品格主題	耐心	適用年齡	三～六歲
具體目標	\multicolumn{3}{l}{1. 能說出什麼叫做辦年貨。}		

具體目標	1. 能說出什麼叫做辦年貨。 2. 能說出辦年貨的採購單內容。 3. 能耐心地參與辦年貨的活動。
活動資源	提袋、娃娃車
活動過程	引起動機（十分鐘） 1. 老師放過年的歌曲，讓小朋友感受一下過年的氣氛。 2. 老師分享自己過年經驗「每一次要過年的時候，老師都會很忙喔！除了忙著整理家裡外，還要買很多的東西，因為過年的時候，會有很多客人來，所以要準備一些食物請客人吃。」 3. 「買過年會吃到的東西，就叫做辦年貨。」 發展活動（三十分鐘） 1. 老師與小朋友討論辦年貨要買什麼東西？「辦年貨採買的食物都有特殊意義喔！如：糖果是甜甜蜜蜜，還有哪些食品可買呢？」 2. 「開心果（開開心心）、糖果、冬瓜糖（甜甜蜜蜜）、桂圓乾（大富大貴）、餅乾（平平安安）、小魚乾（年年有餘）、花生（年年大發）……」，老師用白板記錄要買的食品。 3. 老師確定要買五種食品「如：我們要買開心果、冬瓜糖、餅乾、小魚乾、花生」，做成採購單唸給小朋友聽。 4. 老師提醒辦年貨需遵守的規則「超市有許多人在辦年貨，所以小朋友要緊跟在老師身邊，還有照顧和自己牽手的小朋友喔！」 5. 老師帶領小朋友到園所附近的超市辦年貨。 6. 老師帶領小朋友照採購單逐一購買食物，並讓小朋友耐心排隊參與結帳。 綜合活動（十分鐘） 1. 老師將買回來的食品，逐一拿出並說明價錢，告訴小朋友總共花了多少錢，請小朋友加加看。 2. 「和採購單上的內容一樣嗎？有沒有突然想到要買的東西，而不在採購單中？」 3. 「辦年貨的人多，結帳時花好長時間，那怎麼辦呢？」「是學習耐心的時候喔！」
活動評量	1. 能說出買過年會吃到的東西，就叫做辦年貨。 2. 能說出五種年貨的採購單內容（如：開心果、冬瓜糖、小魚乾、花生）。 3. 能有耐心地參與辦年貨的活動。
注意事項	注意小朋友是否都能遵守規則完成採買活動。
延伸活動	辦年貨回顧畫，將採買經驗與想法畫下來。

耐心品格教學活動教案 5-3-1

設計者：楊淑雅		進行日期： 年 月 日星期	
活動名稱	好忙好忙的蜘蛛	**教學領域**	自然（1）──品格觀察家
		活動時間	三十分鐘
品格主題	耐心	**適用年齡**	三～六歲
具體目標	1. 能說出耐心與蜘蛛有什麼關係。 2. 能說出蜘蛛的生態。 3. 能說出蜘蛛結的網有哪些形狀。		
活動資源	蜘蛛模型、有關蜘蛛織網的圖片		
活動過程	引起動機（五分鐘） 1. 老師拿出蜘蛛模型在小朋友面前晃一下就收起，「剛才是什麼動物呢？」 　「蜘蛛。」「蜘蛛有幾隻腳呢？」「六隻？八隻？」「我們來數一數！」 　「蜘蛛有八隻腳。」 2. 老師：「小朋友會怕蜘蛛？今天我要告訴小朋友蜘蛛的祕密喔！」 發展活動（二十分鐘） 1. 老師介紹蜘蛛的生態，「蜘蛛是節肢動物不是昆蟲，蜘蛛是肉食性動物， 　大部分的蜘蛛是紡織好手，蜘蛛在產卵時，都會用絲織成一個繭，來保護 　卵的安全，有些水蜘蛛是利用絲來補充空氣，母蜘蛛在交配後便會吃掉雄 　蜘蛛，於是有些聰明的雄蜘蛛就利用絲把母蜘蛛捆起來，結網的蜘蛛會等 　到獵物黏在網上之後再慢慢地爬過去吃掉。有些蜘蛛的頭像人的臉，所以 　有人說蜘蛛是人面蟲。」 2. 蜘蛛怎樣結網？「蜘蛛的腹部後端有吐絲管可以吐絲，蜘蛛每天都在結 　網，忙得不得了，蜘蛛的網有很多的形狀，有幾何狀的網、薄片狀的網、 　漏斗狀的網、鈴鐺狀的網……有各種不同網的形狀喔！」 3. 老師帶著小朋友觀察蜘蛛織網的圖片。 4. 「蜘蛛和耐心的品格有什麼關係呢？」「因為蜘蛛每天都要織網呀！有些 　蜘蛛織的網很容易就破了，蜘蛛就要重新織網或補網，如果沒有耐心的 　話，早就不結網了，雖然有些蜘蛛有毒很可怕，我們不要接觸它，但可以 　學習它耐心努力織網、補網的精神喔！」 綜合活動（五分鐘） 1. 「蜘蛛有哪些耐心的行為呢？」「耐心的結網、補網喔！」 2. 「蜘蛛網有什麼形狀？」「幾何狀、薄片狀、漏斗狀、鈴鐺狀的網……」 3. 「蜘蛛如何保護卵？」「會用絲織成一個繭，來保護卵的安全。」		
活動評量	1. 能說出蜘蛛能耐心地結網和補網。 2. 能說出一～二樣蜘蛛的生態（織繭保護卵、吃掉黏在網上的獵物……）。 3. 能說出一種蜘蛛網的形狀（幾何狀、薄片狀、漏斗狀、鈴鐺狀……）。		
注意事項	絕大多數蜘蛛皆具毒腺，但只有少數種類會對人體造成危害，需予機會教育。		
延伸活動	1. 分享「蟲蟲世界全集」觀察蜘蛛織網的情況。 2. 分享「黑寡婦蜘蛛」的生態，知道被咬時的反應及中毒的狀況。		

耐心品格教學活動教案 5-3-2

設計者：楊淑雅　　　　　　　　　　進行日期：　年　月　日星期

活動名稱	顏色慢慢爬	教學領域	自然（2）——實驗活動
		活動時間	三十分鐘
品格主題	耐心	適用年齡	三～六歲
具體目標	1. 能說出實驗中會用到的物品有哪些。 2. 能說出植物的莖有什麼功用。 3. 能耐心地等待實驗的變化。		
活動資源	一束滿天星（白色的）、一把美國芹菜、寬口瓶兩個、紅色與藍色食用色素		
活動過程	引起動機（五分鐘） 1. 老師和小朋友討論「如果你口渴的時候會怎麼辦？」「會喝水！」 2. 「那植物渴的時候怎麼辦呢？」「也需要喝水！」「那植物是要怎樣喝水呢？」 發展活動（二十分鐘） 1. 老師介紹植物的莖「就好像是吸管，它會吸收水份，它會使植物長得很好」，老師拿出美國芹菜，指出莖的位置，「這就是美國芹菜的莖，長得怎樣？」「長得粗粗的。」 2. 老師再拿出滿天星，指出莖的位置，「這就是滿天星的莖，長得怎樣？」「長得細細的」，「有的植物的莖是粗粗，有的細細的」。 3. 老師介紹實驗會用到的物品「有一束滿天星、一把美國芹菜、寬口瓶兩個、食用色素紅色和藍色」。 4. 老師解釋「今天我們要來做實驗，來看看植物是怎麼喝水的哦！」 5. 老師示範操作方式，拿出兩個寬口瓶，請兩位小朋友協助裝水，然後在一個寬口瓶中滴幾滴紅色食用色素、另一個寬口瓶中滴幾滴藍色食用色素。 6. 老師將滿天星插在紅色水的寬口瓶中，美國芹菜插在藍色水的寬口瓶中。 7. 老師將滿天星和美國芹菜放在小朋友都可觀察到的地方。 綜合活動（五分鐘） 1. 老師說明觀察莖喝水要一些時間，所以大家要用耐心來等待。 2. 老師請小朋友觀察滿天星和美國芹菜會有什麼樣的變化？如果有發現了哪裡不一樣，就要報告老師。		
活動評量	1. 能說出四種實驗會用到的物品（滿天星、美國芹菜、紅色與藍色食用色素、瓶子）。 2. 能說出莖好像是吸管，會吸收水份。 3. 能從實驗活動中學習耐心等待發現。		
注意事項	1. 實驗進行時間適宜於早上進行，有充裕時間進行莖吸收有色的水。 2. 老師鼓勵每位小朋友觀察植物，看看有什麼樣的變化。		
延伸活動	1. 可利用不同的植物來做實驗如：白玫瑰花、康乃馨……等。 2. 可將材料放在自然角，提供小朋友自行實驗。		

　　透過實驗的活動，引導幼兒能專注於觀察實驗，並
從耐心等待吸水的過程中，學習等待及訓練其耐
心。

耐心品格教學活動教案 5-3-3

設計者：楊淑雅　　　　　　　　　　　進行日期：　年　月　日星期

活動名稱	火鍋大團圓（說應景吉祥話）	教學領域	自然（3）──體驗活動
		活動時間	六十分鐘
品格主題	耐心	適用年齡	三～六歲
具體目標	1. 能說出火鍋料的內容並做分類。 2. 能說出什麼叫做圍爐及吉祥話。 3. 能參與清洗過程，並耐心等待享受火鍋。		
活動資源	活動前發出通知單，內容說明小朋友要帶來的火鍋料。電磁爐、鍋子（可放在電磁爐上面的）、火鍋料（蝦子、冬粉、青菜、玉米、豆腐、魚餃、蛋餃、香菇、沙茶醬……等）、碗、筷子、大湯匙、塑膠籃及盤數個、砧板、菜刀、過年應景的音樂		
活動過程	引起動機（十分鐘） 1. 老師帶領小朋友把桌子合併成大桌，並將小朋友帶的火鍋料放在桌子上。 2. 老師分享圍爐的涵義「小朋友你知道什麼叫做圍爐？」請小朋友發表意見。 3. 「圍爐就是要過年的前一個晚上，全家人聚在一起吃飯，現在的人喜歡吃火鍋，因為準備起來方便多了，所以全家人聚在一起吃年夜飯就叫做圍爐。」 發展活動（四十分鐘） 1. 老師介紹火鍋料「我們來學習分類各種的火鍋料！」「分成三類，肉類、海鮮類、蔬菜類」「肉類像是雞肉、牛肉、豬肉……；海鮮類像是魚、蝦子、鮮蚵……；蔬菜類像是白菜、蘿蔔、茼蒿菜」「○○帶玉米來，玉米、金針菇是什麼類？」「蔬菜類」「豬肉片呢？」「是肉類」「蝦子呢？」「海鮮類」……以確定其分類。 2. 老師請小朋友一個個把自己所帶來的火鍋料放在分類區上，「魚板是什麼類呢？」「魚板是用魚漿做的，當然是海鮮類」「豆腐呢？」「豆腐是黃豆做的所以是蔬菜類」「那魚餃、花枝餃也是海鮮類喔！」 3. 老師指導如何清洗「我們要來分配工作喔！有的小朋友洗菜、切豆腐、有的幫忙擺碗筷、有的幫忙把包裝打開放在塑膠盤上。」老師開始做分配。 4. 把整理好的菜放在桌子上，請小朋友圍著桌子坐下來，老師示範將火鍋料放進鍋子內「要先將煮很久才會熟的食物放進去，像是玉米、蘿蔔……」老師邀請小朋友也來放火鍋料，最後蓋上蓋子。 5. 等待火鍋料熟之前，老師問小朋友食物的吉祥話「吃魚代表什麼？」「年年有餘」「魚丸？」「團圓」「菜頭就是白蘿蔔」「好彩頭」……亦可請小朋友自創吉祥話。 綜合活動（十分鐘） 分享完畢火鍋大餐，請小朋友協助收拾，並分享其感受。		
活動評量	1. 能說出火鍋料的內容並分成肉類、海鮮類及蔬菜類三類。 2. 能說出全家人聚在一起吃年夜飯叫做圍爐；吉祥話就是過年說好聽的話。 3. 能參與清洗過程，並耐心等待享受火鍋。		
注意事項	予以安全教育，勿碰燙鍋子，能請求協助盛火鍋料湯，並鼓勵不偏食，每樣都要吃。		
延伸活動	應景物或應景物照片與吉祥話配對。		

耐心品格教學活動教案 5-3-4

設計者：楊淑雅　　　　　　　　進行日期：　年　月　日星期

活動名稱	雞南山之旅	教學領域	自然（4）——踏青活動
		活動時間	9:00am～2:00pm
品格主題	耐心	適用年齡	三～六歲
具體目標	1. 能說出雞南山有哪些生態。 2. 能說出走路也是訓練肌耐力。 3. 能有耐心地徒步走完全程。		
活動資源	小朋友個人背包、午餐、水壺、白板、白板筆		
活動過程	引起動機（二十分鐘） 1. 老師介紹踏青活動「今天我們要去爬山喔！」「它的名字叫做雞南山」。 2. 老師在白板畫路線圖「從學校搭娃娃車到雞南山的劍南路→開始登雞南山→走下山經大學後門→培英公園用餐→回學校」。 發展活動 1. 老師分享有關雞南山的故事「雞南山本來是蝴蝶樂園，後來因為颱風遭到破壞，還發生土石流」。 2. 「後來經過大家的努力，已經恢復了一些，又可以看到蝴蝶及幼蟲，雞南山山上有很多相思樹，步道也設計得很好，假日的時候會有很多人去爬山。」 3. 老師鼓勵小朋友走步道上的台階，吸收大自然空氣，認認哪一棵樹叫做相思樹。 4. 沿途上可唱著學校教的品格歌曲、兒歌、口訣……，邊走邊享受樂趣。 5. 鼓勵小朋友觀察植物「找找車前草在哪裡？什麼是蕨類呢？」 6. 從雞南山徒步走下山，走人行道到培英公園。 7. 在培英公園用餐、進行大肌肉活動，之後再回園所。 8. 老師沿路不斷鼓勵小朋友，「小朋友都很有耐心地走完全程，真是太了不起了！」 綜合活動（二十分鐘） 1. 老師與小朋友進行回顧「你在雞南山有發現什麼嗎？」 2. 「走了那麼長的一段路，覺得怎麼樣呢？」「好累唷！不想走了、好想休息、腳好痠喔！」 3. 老師鼓勵小朋友「走路是一種運動喔，會幫助我們身體更健康，如果你的腳會痠，是正常、也是好現象，表示在訓練我們的腳更有力氣、更有忍耐力。」 4. 「我們為自己今天耐心的表現拍拍手」，老師請小朋友也彼此擁抱說「你真棒！」		
活動評量	1. 能說出雞南山有美麗的蝴蝶和相思樹。 2. 能說出走路也是訓練肌耐力。 3. 能有耐心地徒步走完全程。		
注意事項	老師需事先勘察過地形，以確定是否安全無虞，在行進中鼓勵及堅持小朋友走完。		
延伸活動	可進行戶外景物的寫生。		

雞南山之旅（5-3-4）

有耐心地徒步走完全程。

耐心品格教學活動教案 5-4-1

設計者：楊淑雅　　　　　　　　　　進行日期：　年　月　日 星期

活動名稱	胖國王	教學領域	社會（1）──品格劇場
		活動時間	四十分鐘
品格主題	耐心	適用年齡	三～六歲
具體目標	1. 能說出胖國王太胖的原因。 2. 能說出胖國王減肥成功的原因。 3. 能說出耐心的意思是什麼。		
活動資源	《胖國王》CD、收音機、三個皇冠、國王、皇后、公主衣、呼啦圈、聽診器（醫生）、圍裙、鍋鏟（廚師）、椅子、問題卡		
活動過程	引起動機（十分鐘） 1. 老師請小朋友圍坐在欣賞戲劇演出的位置上。 2. 老師帶領小朋友唸唱「奇先生和妙小姐」的歌，「人人都會有缺點，懶惰調皮愛遲到，努力改掉壞毛病，快快做個好寶寶」。 3. 老師分享「我們每一個人都有缺點喔！但是可以學習有耐心地去改變它，只要努力，就有機會產生變化喔！就像是胖國王，他真的很胖，怎麼辦呢？大家都想幫助胖國王，到最後到底能不能減肥成功呢？讓我們一起來看看！」 發展活動（十五分鐘） 1. 老師配合 CD 中的曲目做表演（曲目 2、4、6、8）。 2. 角色分配：胖國王～○老師，醫生、皇后～○老師，公主、廚師～○老師。 綜合活動（十五分鐘） 1. 老師問小朋友「胖國王為什麼為很胖？」「因為胖國王很貪吃、吃了很多垃圾食物、貪睡、不喜歡做運動」「那胖國王為什麼要減肥呢？」「因為太胖了、身體不健康、會想睡覺。」 2. 「大家勸胖國王減肥，就成功了嗎？」「沒有，國王受不了、覺得太辛苦了、不能吃自己最喜歡吃的東西。」 3. 「那怎麼辦？」「大家都給胖國王加油！」「胖國王忍耐一段時間，改掉壞習慣，終於瘦下來，胖國王用毅力及耐心幫助他度過難關！」 4. 「我們可以向胖國王學習什麼精神呢？」「要有耐心。」 5. 「什麼是耐心呢？」「耐心就是能平靜地忍受『等待』。」 6. 「並且要有計畫地去完成計畫，雖然有挫折，也能堅持下去直到完成。」		
活動評量	1. 能說出兩個胖國王太胖的原因（如：貪吃、貪睡、不喜歡運動……）。 2. 能說出胖國王改掉壞習慣，忍耐一段時間之後就減肥成功。 3. 能說出耐心就是能平靜地忍受「等待」，不怕挫折堅持下去。		
注意事項	注意位置安排上勿有太擠或不舒服的狀況發生。		
延伸活動	可在圖書角放置身體健康相關書籍，提供小朋友閱讀。		

耐心品格教學活動教案 5-4-2

設計者：楊淑雅		進行日期：　年　月　日 星期	
活動名稱	耐心大考驗	教學領域	社會（2）──利己活動
		活動時間	四十分鐘
品格主題	耐心	適用年齡	三～六歲
具體目標	1. 能說出沒耐心的行為有哪些。 2. 能說出有耐心的行為有哪些。 3. 能說出成為有耐心的方法。		
活動資源	布偶（貓咪阿耐、猴子阿急）、耐心調查表		
活動過程	引起動機（七分鐘） 1. 老師帶領小朋友複習「耐心」的口訣，並再次說說口訣的意思。 2. 老師說「今天老師要來分享貓咪阿耐和猴子阿急的故事，小朋友要聽清楚了，等一下會讓小朋友來找問題喔！」 發展活動（二十五分鐘） 1. 老師說自編故事「猴子阿急做事情都很急，常常飯沒吃完就急著要出門，有時候因為太急了，連鞋都會穿反了，公車來的時候，立刻往前衝，把一個小妹妹推倒了，上了公車沒有座位，就對司機很沒有禮貌。」 2.「小朋友你覺得阿急怎麼樣？」「沒耐心、沒禮貌、不會等待、太急了事情就會做不好……」「沒耐心的人會讓人喜歡嗎？」「不會，會讓人不舒服……」 3.「那你會對阿急說什麼呢？」「跟他說要慢慢來、不要太著急、好好地跟他說……」請小朋友到猴子阿急的面前對他說「你要慢慢來，不要太著急！」 4. 老師說另一個自編故事「貓咪阿耐做事情也很急，但是他常告訴自己要慢點來，他會很早就起床吃完早餐就出門，公車來的時候，會排著隊上車，上了車雖然沒有位置，但是他會對司機微微笑，司機也會對阿耐微微笑。」 5.「小朋友，你覺得阿耐的表現怎麼樣？」「會提醒自己、會等待、有耐心、有禮貌……」 6.「那你會對阿耐說什麼呢？」「你真的很棒、你很有耐心！」 7.「小朋友你想學貓咪阿耐，還是猴子阿急？」「為什麼呢？」「考驗小朋友一下喔！請小朋友想一想！」給小朋友想一下。 8. 老師問：「你準備好了嗎？」「你想學習貓咪阿耐的請站右邊」（老師左手套著貓咪）「你想學習猴子阿急的請站左邊」（老師右手套著猴子）。 綜合活動（八分鐘） 「什麼是有耐心的方法呢？」「會提醒自己要等待、要有耐心、有禮貌……」		
活動評量	1. 能說出兩種沒耐心的行為（如：飯沒吃完就急著出門、強擠公車……）。 2. 能說出兩種有耐心的行為（如：排隊上車、吃完飯上學……）。 3. 能說出兩種成為有耐心的方法。（如：等待、忍耐……）。		
注意事項	貓咪阿耐和猴子阿急是對照組，藉以讓小朋友去思考，並用行動與人互動。		
延伸活動	1. 讓小朋友參與貓咪阿耐和猴子阿急的角色扮演。 2. 老師可在班上先進行「耐心調查表」。		

耐心 5-4-2

耐心調查表

班級：　　　　　　　　　　　年齡層：

親愛的老師您好：

　　「耐心」是做事的基本態度，讓我們一同來建立孩子良好的耐心品格吧！現在請您幫忙圈選出班上每位孩子們一件最沒耐心的事，並將代碼填入□中謝謝！

幼兒姓名	待學習耐心的項目	幼兒姓名	待學習耐心的項目

項目	代碼
草率做整潔工作	1
不輪流玩遊樂設施	2
上廁所脫褲子很急	3
遇到不會的事發脾氣	4
操作教具沒耐心完成	5
隨隨便便的整理書包	6
未經同意大力擁抱人	7
上下樓梯會推人	8
不輪流等待說話（插嘴）	9
排隊時會推擠別人	10
吃飯不會細嚼慢嚥	11
找老師協助時很急躁	12
很急地喝水（湯）	13
在走廊上用跑的	14
沒耐心完成老師交代的事	15
其他（不符合以上自填）	16

　　說明：1. 此調查是要找出班上小朋友最缺乏耐心的項目，可單複選。

　　　　　2. 可從班上統整出最需要學習的耐心項目。

　　　　　3. 經過全校班級統計後，可找出○○托兒所最缺乏的耐心項目。

耐心品格教學活動教案 5-4-3

設計者：楊淑雅　　　　　　　　　　　進行日期：　年　月　日星期

活動名稱	環保小尖兵（社區服務活動）	教學領域	社會（3）──利他活動
		活動時間	九十分鐘
品格主題	耐心	適用年齡	三～六歲
具體目標	1. 能說出自己是社區當中的一份子。 2. 能用實際行動參與社區服務活動。 3. 能夠耐心地完成垃圾的分類。		
活動資源	繪本《花婆婆》、帽子、○○幼兒園運動服（目標明顯且安全）、垃圾袋、掃把、畚箕、夾子		
活動過程	引起動機（十分鐘） 1. 老師請小朋友圍坐在白線區域中，分享花婆婆的故事。「花婆婆做了哪三件事呢？」「花婆婆的三件讓世界更美麗的事，她做到了嗎？」 2. 老師請小朋友說出自己所住的社區有什麼建築「麥當勞、摩斯漢堡、早餐店、書局、美容院、學校、公園、摩天輪……」讓小朋友自由表達所認識的社區。 3. 「我們都是社區的一份子，要愛護及珍惜所住的地方」「如果我們要來學花婆婆，你覺得怎樣會讓我們的社區更美麗呢？」 發展活動（六十分鐘） 1. 老師介紹學校附近的公園「我們可以去○○公園做什麼事呢？」「撿垃圾、撿落葉……」 2. 「什麼是社區服務活動呢？」「就是要幫我們常去玩的公園變得很乾淨，雖然這是一件很辛苦的事情，但是很有意義！」 3. 「如果小朋友都能認真完成，就是一種社區服務活動，也能學習到耐心的好品格哦！」 4. 老師請小朋友上完廁所及準備好清潔工具，前往學校附近的○○公園。 5. 老師安排打掃路線，先打掃公廁的左側→撿落葉→撿垃圾分類。 6. 活動時間進行約四十分鐘。 綜合活動（二十分鐘） 1. 老師和小朋友一起檢查公園是否變乾淨了？「會不會很辛苦啊？」「剛開始覺得很有趣，但是愈來愈會覺得很無聊，但是會學習忍耐、耐心地把它完成。」 2. 老師鼓勵小朋友「大家都有一顆願意服務的心，是個環保小尖兵喔！」 3. 回校後，請小朋友畫出心情故事。		
活動評量	1. 能說出自己是○○社區的一份子。 2. 能用實際行動參與○○公園的清潔工作。 3. 能夠耐心地完成撿拾垃圾及落葉。		
注意事項	戶外活動首重幼兒安全，小朋友必須在老師視線所及之處做清潔工作。		
延伸活動	學習做垃圾分類。		

到公園撿拾垃圾與落葉，從活動中學習等待動作較慢的同學，並且堅持到最後完成，都是要有耐心才能做到的。

耐心品格教學活動教案 5-4-4

設計者： 楊淑雅		進行日期： 　年　月　日 星期	
活動名稱	耐心表揚大會	**教學領域**	社會（4）──品格體驗
		活動時間	四十分鐘
品格主題	耐心	**適用年齡**	三～六歲
具體目標	1. 能說出學習「耐心」品格所進行的活動。 2. 能積極參與耐心大會並接受表揚。 3. 能和同學分享家庭作業。		
活動資源	耐心獎卡、家庭作業──「我最想學的一件事」記錄表、小禮物		
活動過程	引起動機（五分鐘） 1. 老師集合全體小朋友在大團體區，複習耐心的兒歌、口訣及歌曲。 2. 老師問小朋友記得進行過什麼活動？「品格典範：黃美廉、我的工作計畫表、品格觀察家：蜘蛛、顏色慢慢爬、去超市辦年貨、火鍋大團圓、雞南山之旅、老師演戲：胖國王……」問小朋友最喜歡哪一個活動。 發展活動（三十分鐘） 1. 老師說：「這個月大家認真學習當一個有耐心的小朋友，真值得大家的鼓勵！」請大家給自己拍拍手。 2. 「請對旁邊的小朋友說『真是一個有耐心的人』」。 3. 老師說：「今天我們要來讚美有做家庭作業的小朋友，他們在家裡和爸爸媽媽一起學習一件想學的事，並且認真做記錄喔！」 4. 老師請有做家庭作業的小朋友上台接受表揚，請大家一起說「你真的很不錯」，所長贈送小禮物給完成的小朋友。 5. 以班為單位，由所長頒獎給每位參與這個耐心活動的小朋友，鼓勵他們的努力，以班為單位，接受獎卡後一起照相。 6. 請老師分享班上小朋友學習的點滴，如何經過努力學習，克服了原本很沒有耐心的事，這是大家學習的好榜樣。 綜合活動（五分鐘） 1. 老師鼓勵小朋友以後也要保持耐心去完成每件事情喔！ 2. 請小朋友將耐心獎卡帶回家與爸爸媽媽分享榮譽。 3. 邀請小朋友一起跳律動做為結束。		
活動評量	1. 能說出三個耐心品格所進行的活動。 2. 能積極參與耐心大會並接受表揚。 3. 能大聲的向同學分享自己家庭作業的內容。		
注意事項	耐心獎卡設計要有個人或班上的獨特性。		
延伸活動	玩「不笑」的遊戲，看哪一個小朋友可以憋住不笑最久。		

耐心──家庭作業

「我最想學的一件事」記錄表

親愛的家長您好：

請您協助小朋友完成一件「最想學的事」，這一件事是小朋友還不會的，但您衡量小朋友的年齡與發展，和您的寶貝共同討論出的，並將學習過程做記錄。

學習項目：我最想學的一件事	學習過程記錄	
◎請小朋友畫出，家長協助文字說明	日期	符號記錄
	例：95.1.6	×／（表示家長示範第一次，還不會）
我要學的是：		

符號記錄說明：
　×還不會　　△學習中　　○學會了
　／家長示範次數【／（一次）、／／（二次）依此類推】

我們一起學習的心情故事：

※此單請於　　年　　月　　日前完成交回，謝謝！

家長簽名：　　　　　　　　　　　小朋友簽名：

耐心品格教學活動教案 5-5-1

設計者：楊淑雅　　　　　　　　　　　進行日期：　年　月　日 星期

活動名稱	點、線、面創作畫（奇異筆＋粉蠟筆）	教學領域	藝術（1）──繪畫
		活動時間	五十分鐘
品格主題	耐心	適用年齡	三～六歲
具體目標			

<table>
<tr><td>活動名稱</td><td>點、線、面創作畫（奇異筆＋粉蠟筆）</td><td>教學領域</td><td>藝術（1）──繪畫</td></tr>
<tr><td></td><td></td><td>活動時間</td><td>五十分鐘</td></tr>
<tr><td>品格主題</td><td>耐心</td><td>適用年齡</td><td>三～六歲</td></tr>
<tr><td>具體目標</td><td colspan="3">1. 能說出什麼是點、線、面。
2. 能使用奇異筆與蠟筆完成作品。
3. 能從繪圖中學習耐心地完成作品。</td></tr>
<tr><td>活動資源</td><td colspan="3">圖畫紙半開、奇異筆數枝、蠟筆數盒、A4 壁報紙數張、雙面膠</td></tr>
<tr><td>活動過程</td><td colspan="3">引起動機（十分鐘）
1. 老師用白板畫圖給小朋友看，在白板上畫上好多小黑點，問小朋友「這是什麼？」「是小點點」老師說明「這個叫點，我們數數有幾個點……」
2. 「如果我們將兩個點點連起來，就變成什麼呢？」「就變成了一條線」「那我們來連連看有多少條線？」把所有的點點連成了線。
3. 「這麼多的線連在一起像什麼呢？」「像蜘蛛結的網、撈魚的網、過濾網、好多的三角形……」「如果我們把連在一起的線中間塗上顏色，就變成什麼呢？」「不再是點、不再是線，這就叫做面了。」
發展活動（三十分鐘）
1. 老師說：「我們今天要畫的圖，要塗很多的顏色，小朋友要學習耐心地完成喔！」老師發給小朋友一張圖畫紙和一枝奇異筆。
2. 老師示範在圖畫紙上用奇異筆畫下許多的小點點，也請小朋友跟著做。
3. 老師示範如何將點連成線，也請小朋友自己試試看。
4. 老師再示範如何將線連成面，小朋友自己畫，畫完點線面之後，向老師拿蠟筆。
5. 老師示範用蠟筆在「面」的地方塗滿顏色，塗的時候要用力一點。
6. 老師請小朋友自行創作完成自己的作品。
7. 老師鼓勵小朋友「所有的面都要塗上顏色喔！而且如果每個面都有不同的顏色，那作品一定是很美麗的」，畫完後，把作品貼在 A4 壁報紙上。
綜合活動（十分鐘）
1. 老師問小朋友「什麼是點、線、面？」「點點就是點點、兩個點點連起來就變成了一條線、線連在一起就變成了面。」
2. 老師請小朋友輪流出來分享自己的作品。
3. 老師讚美小朋友有耐心地把作品完成，展示在教室中讓大家欣賞。</td></tr>
<tr><td>活動評量</td><td colspan="3">1. 能說出點就是點、兩個點連起來就變成線、線連在一起就變成了面。
2. 能使用奇異筆畫點線面，用蠟筆在「面」上著色。
3. 能從繪圖中學習耐心地完成點線面作品。</td></tr>
<tr><td>注意事項</td><td colspan="3">點點不畫太多，在連線成面時，著色不會有著不完的感覺。</td></tr>
<tr><td>延伸活動</td><td colspan="3">找出各種形狀中的點、線、面。</td></tr>
</table>

耐心品格教學活動教案 5-5-2

設計者：楊淑雅		進行日期： 年 月 日 星期
活動名稱	創意存錢筒	**教學領域** 藝術（2）──勞作
		活動時間 五十分鐘
品格主題	耐心	**適用年齡** 三～六歲
具體目標	1. 能說出存錢筒的用途。 2. 能在存錢筒上著色畫圖。 3. 能從活動中學習到耐心等待。	
活動資源	陶製存錢筒數個、水彩筆數枝、各式顏色廣告顏料、小朋友名條貼紙、小水桶數個、調色盤數個、抹布數條、報紙、各式各樣的存錢筒、吹風機	
活動過程	引起動機（五分鐘） 1. 老師展示出各式各樣的存錢筒讓小朋友欣賞。 2. 老師請小朋友說存錢筒的用途？「可以存零用錢。」 發展活動（三十五分鐘） 1. 老師向小朋友介紹會使用到的材料名稱「這是用陶土做成的存錢筒，拿的時候要小心，因為掉在地板很容易就破了，請看老師是怎麼拿的（示範用雙手拿）、廣告顏料、水彩筆、調色盤、小水桶、抹布、報紙」。 2. 老師示範使用色筆，「首先要在桌上鋪上報紙，每位小朋友都有一枝水彩筆，桌上還會放廣告顏料及調色盤」。 3. 「怎麼擠廣告顏料？」「如：我喜歡黃色」老師示範拿黃色廣告顏料，打開蓋子，從後面往前擠，擠在調色盤上，然後將黃色廣告顏料放回盒子。「有沒有哪一位小朋友想試試看？」請小朋友出來示範。 4. 老師示範如何彩繪存錢筒，「將存錢筒放在桌子上，用水彩筆沾顏料在存錢筒身上塗顏色或是畫圖，水彩筆沾顏料時不要沾太多，不用了就在水桶裡洗掉，在抹布上吸一下水，再換下一個廣告顏料來用」。 5. 老師發下存錢筒讓小朋友彩繪。 6. 請小朋友自行創作完成作品。 7. 請畫完的小朋友來找老師，用吹風機把存錢筒上的顏料吹乾。 綜合活動（十分鐘） 1. 老師請小朋友輪流分享自己的作品。 2. 老師問小朋友「存錢筒是要做什麼的？」「是要把錢存起來的」。 3. 老師將小朋友的作品展示在教室中。	
活動評量	1. 能說出存錢筒可以存零用錢。 2. 能使用水彩筆沾廣告顏料在存錢筒上著色畫圖。 3. 能耐心等待作品的完成並與人分享。	
注意事項	指導用水彩筆沾廣告顏料的動作要確實，才不會有混色的情形發生。	
延伸活動	展示一星期後，可讓小朋友帶回家，以後可存下自己的零用錢。	

耐心品格教學活動教案 5-6-1

設計者：楊淑雅　　　　　　　　　　進行日期：　年　月　日 星期

活動名稱	耐心歌	教學領域	音樂律動（1）──品格主題歌
		活動時間	三十分鐘
品格主題	耐心	適用年齡	三～六歲
具體目標	1. 能唱出「耐心歌」並加上動作。 2. 能說出「耐心歌」歌曲所代表的意義。 3. 能說出生氣時的處理方法。		
活動資源	「耐心歌」歌詞大字報		
活動過程	引起動機（五分鐘） 1. 老師將小朋友集合在團討區。 2. 老師教小朋友玩手指的遊戲「二拇弟做伸直與彎曲的動作」待小朋友熟悉後，再多增加手指運動的難度。 發展活動（二十分鐘） 1. 老師將歌詞唸一次給小朋友聽： 　　　　　　　　　　　　　耐心歌 　告訴你個小秘密，改變一點都不難，下大雨天會放晴，小花小草多開心。 　慢點生氣別胡鬧，改變也許會更好，耐著性子等一等，學習耐心有快樂。 2. 老師請小朋友跟著唱。 3. 老師將歌詞加入動作，請小朋友跟一起做，也請小朋友想想有沒有別的動作會好看呢？「下大雨天會放晴，要怎麼做動作呢？」 4. 老師解釋「什麼叫做『改變』？」「改變就是不一樣，本來是這樣子的，但現在變得不一樣了，有的改變是好的，有的改變是不好的，像歌詞裡面說要改變生氣，要慢慢地生氣，不可以有胡鬧的情形，就是一種很好的改變喔！」 綜合活動（五分鐘） 1. 老師說「如果你真的很愛生氣，那該怎麼辦呢？」「要改變！」「怎麼改變呢？」「慢點生氣別胡鬧，改變也許會更好哦！」 2. 老師請小朋友上台表演「耐心歌」這首曲子讓大家欣賞。		
活動評量	1. 能完整唱出「耐心歌」的歌詞及動作。 2. 能說出歌曲內容，是要學習做好的改變。 3. 能說出生氣時要慢點生氣慢點鬧。		
注意事項	透過此曲希望能幫助小朋友轉化情緒，真的很生氣時要該怎麼處理呢？要提醒自己改變，可能剛開始會不習慣，但經常練習後就會使生氣平和下來。		
延伸活動	請小朋友可自創歌詞動作。		

耐心品格教學活動教案 5-6-2

設計者：楊淑雅		進行日期： 年 月 日星期
活動名稱	呼拉圈組合性遊戲	**教學領域**	音樂律動（2）── 遊戲活動
		活動時間	四十分鐘
品格主題	耐心	**適用年齡**	三～六歲
具體目標	1. 能說出呼拉圈有哪些玩法。 2. 能遵守遊戲規則。 3. 能從遊戲中獲得耐心。		
活動資源	大小呼拉圈數個、平衡木、木箱、軟墊（活動前已排列佈置完成）、輕音樂 CD		
活動過程	引起動機（十分鐘） 1. 老師請小朋友排隊玩搭小火車集合至活動教室。 2. 老師示範搖呼拉圈，問小朋友「有沒有人會搖呼拉圈？」請小朋友出來試 　 試看。 3. 老師放音樂，讓小朋友隨著音樂自由地搖呼拉圈。 4.「呼拉圈除了可以搖之外，還可以怎麼玩呢？」「還可以用跳的、轉的、 　 滑的……」 發展活動（二十五分鐘） 1. 老師介紹呼拉圈組合性遊戲的規則，「從這邊開始進行遊戲，先用雙腳跳 　 在呼拉圈裡，跳三個呼拉圈之後，再爬上木箱，走平衡木，跳在軟墊上， 　 拿起一個呼拉圈轉一圈再放下來，最後再用單腳跳在呼拉圈裡，單腳跳三 　 個呼拉圈後就結束，玩完的小朋友還可以重新排隊玩。」。 2. 老師說明遊戲規則，「我們要排隊進行遊戲，一個接著一個來玩，因為每 　 個人的速度不一樣，但是我們要學習等待喔！」 3.「等到音樂開始，遊戲就開始了，音樂結束時就停止遊戲。」 4. 老師放音樂，讓小朋友依序開始進行遊戲。 5. 等到音樂結束後，讓小朋友坐回集合區。 綜合活動（五分鐘） 1. 老師請小朋友分享玩「呼拉圈組合性遊戲」的感覺。 2.「要如何遵守遊戲規則呢？」「排隊、一個接著一個、學習等待……」 3. 老師向小朋友說明「學習搖呼啦圈是在培養自己耐心哦，當你從不會搖到 　 會搖的時候，就是耐心的表現哦，如果你因為不會搖就不搖了，就是沒有 　 耐心，所以做任何事都要有耐心才會成功」。 4.「玩呼拉圈組合性遊戲也是一樣嗎？」「也是訓練耐心，要等別人完成再 　 換我。」		
活動評量	1. 能說出兩種呼拉圈的玩法（如：可以用搖的、跳的、轉的……）。 2. 能遵守遊戲規則。 3. 能說出遊戲中耐心的重要性。		
注意事項	1. 如果有動作發展較慢的小朋友，老師可以從旁協助。 2. 注意每位小朋友是否都能排隊依序地進行活動，並給予機會教育。		
延伸活動	玩搖呼拉圈比賽。		

耐心品格教學活動老師評量表

日期：　　　　　　　　　　　　　　　　填表者：

編號	活動項目	優5	佳4	可3	普2	劣1
5-1-1 語文	品格典範：藝術博士——黃美廉					
5-1-2 語文	品格學習單：我的工作計畫表					
5-1-3 語文	品格口訣：耐心口訣					
5-1-4 語文	品格兒歌：零用錢					
5-1-5 語文	繪本分享：安娜的新大衣					
5-1-6 語文	討論活動：龜兔賽跑					
5-2-1 數學	數數活動：丟沙包					
5-2-2 數學	量與符號活動：鞭炮 1-10 量與符號配對					
5-2-3 數學	基本運算活動：花兒朵朵開					
5-2-4 數學	應用活動：辦年貨					
5-3-1 自然	品格觀察家：好忙好忙的蜘蛛					
5-3-2 自然	實驗活動：顏色慢慢爬					
5-3-3 自然	體驗活動：火鍋大團圓（說應景吉祥話）					
5-3-4 自然	踏青活動：雞南山之旅					
5-4-1 社會	品格劇場：胖國王					
5-4-2 社會	利己活動：耐心大考驗					
5-4-3 社會	利他活動：環保小尖兵（社區服務活動）					
5-4-4 社會	品格體驗：耐心表揚大會					
5-5-1 藝術	繪畫：點、線、面創作畫（奇異筆＋粉蠟筆）					
5-5-2 藝術	勞作：創意存錢筒					
5-6-1 音樂律動	品格主題歌：耐心歌					
5-6-2 音樂律動	遊戲活動：呼拉圈組合性遊戲					
	總分：110 分					

一、進行本次品格活動，我的想法：

二、我在帶領本次品格活動時，最有成就感的一件事：

三、我碰到的難處：

教學主管簽名：

耐心品格教學活動幼兒學習評量表

班級：　　　　　　　　幼兒姓名：　　　　　　　　日期：

說明：班上老師根據在品格教學活動期間，觀察幼兒學習「耐心」的表現，愈高分表示
　　　學習狀況愈好，並以√來表示。

六大領域學習內容		1分	2分	3分	4分	5分
語文	1. 能說出黃美廉耐心學習克服困難，最後成為成功的人					
	2. 能在學習單中畫下三～四個計畫內容					
	3. 能完成三個耐心的口訣及比劃出動作					
	4. 能說出存零用錢是要慢慢地、有耐心地存					
	5. 能說出兩個安娜得到大衣的過程					
	6. 能說出兩個成為有耐心的方法					
數學	7. 在練習玩丟沙包中有耐心，從慢慢玩到速度加快					
	8. 能完成鞭炮 1-10 量及符號配對					
	9. 能將數字卡和吸管、紙花瓣依序做配對					
	10. 能說出買過年會吃到的東西，就叫做辦年貨					
自然	11. 能說出蜘蛛耐心地結網和補網					
	12. 能從實驗活動中學習耐心等待與發現					
	13. 能說出三種圍爐中會說的應景吉祥話					
	14. 能按班上所設定的踏青活動路線圖來行進					
社會	15. 能說出耐心就是平靜忍受「等待」不怕挫折					
	16. 能利用調查表來學習最需要的耐心					
	17. 能用實際行動參與社區服務活動					
	18. 能積極參與耐心大會並接受表揚					
藝術	19. 能從繪圖中學習耐心地完成點線面作品					
	20. 能使用水彩筆沾廣告顏料在存錢筒上著色畫圖					
音律樂動	21. 能完整唱出「耐心歌」的歌詞及動作					
	22. 能說出兩種呼拉圈的玩法					

在本次品格活動中，小朋友最感到有興趣的活動為：

老師簽名：　　　　　　　　園長簽名：

耐心品格教學活動家長評量表

班級：　　　　　幼兒姓名：　　　　　　　　　　　　　日期：

請家長根據對幼兒的觀察，評量孩子「耐心」的表現，愈高分表示您愈贊同，請以√來表示，填完評量表，請隨親子手冊交回班上，謝謝！

學習態度	1分	2分	3分	4分	5分
1. 能說出黃美廉是耐心品格代表人物					
2. 能說出三個耐心的口訣及比劃出動作					
3. 能唸出兒歌內容給家長聽					
4. 會有耐心地玩丟沙包的遊戲					
5. 能分享自己創意的存錢筒					
6. 會說蜘蛛耐心地結網和補網					
7. 會分享自己點線面的創作畫					
8. 能分享自己的耐心獎卡					
9. 完成家庭作業：「我最想學的一件事」記錄表					
10. 能分享在學校的「我的工作計畫表」					
11. 會說出戶外教學活動地點					
12. 能練習搖呼拉圈					
13. 會唱品格主題歌：耐心歌					
家長的話：					

家長簽名：

給家長的一封信

親愛的家長平安：

　　學校希望透過「耐心」品格這個活動幫助孩子了解，學習某件新而困難的事情是需要時間和練習的，希望能培養孩子一顆會思考的心。因此，我們需要家長您的配合，在家園同心下，讓孩子有好的學習，請您配合以下事項：

（一）家庭作業：「我最想學的一件事」記錄表

　　以小朋友為主角，畫下他（她）最想學會的事（請家長評估是能力所及的，才不會有挫折感），由幼兒畫圖，再加上父母文字說明，並將此表放在家中記錄幼兒學習的過程。目的是為了幫助小朋友體會，<u>要學會一件事是要付出代價的，需要時間來學習它</u>。將隨親子手冊發回，請於兩星期後____交回。

（二）環保小尖兵──社區服務活動

　　在老師的帶領下參與社區服務活動，我們將以學校附近的公園為主，從過程中去培養孩子服務社區的實際行動，目的是做關懷社區服務並藉此勞動服務來幫助小朋友培養其耐心。

○○幼兒園啟

補充網路資料

1. 品格典範：藝術博士──黃美廉

　　(1) http://may.tworg.net/

　　(2) http://www.sinew.idv.tw

　　(3) http://luway.ho.net.tw/11_3.htm

2. 品格觀察家：好忙好忙的蜘蛛

　　(1) 蜘蛛博物學（朱耀沂／著；黃世富／繪圖）

　　(2) http://home.pchome.com.tw/education/aepa/91spider.html

　　(3) http://sujudy.1001.com.tw/judy/judy/3rd/content/eke/chap5/spider.htm

　　(4) http://www.chjh.hcc.edu.tw/~planck/111/phychem/010.htm

3. 與孩子玩丟沙包

　　(1) http://www.7t24.com/04/11.htm

　　(2) http://homepage.ntu.edu.tw/~b91106051/world.files/taiwan.files/shabao.files/
　　　　shabao.htm

國家圖書館出版品預行編目資料

幼兒品格主題之課程活動設計／楊淑雅，鄧蔭萍著.
- 初版. -- 臺北市：心理，2008.08
面；　公分. --　（幼兒教育系列；51118）

ISBN 978-986-191-174-8（平裝）

1.幼兒教育　　2.德育　　3.課程規劃設計

523.23　　　　　　　　　　　　　　　97013091

幼兒教育系列 51118

幼兒品格主題之課程活動設計

作　　　者：楊淑雅、鄧蔭萍
執 行 編 輯：高碧嶸
總 編 輯：林敬堯
發 行 人：洪有義
出 版 者：心理出版社股份有限公司
地　　　址：231 新北市新店區光明街 288 號 7 樓
電　　　話：(02) 29150566
傳　　　真：(02) 29152928
郵撥帳號：19293172　心理出版社股份有限公司
網　　　址：http://www.psy.com.tw
電子信箱：psychoco@ms15.hinet.net
駐美代表：Lisa Wu（lisawu99@optonline.net）
排 版 者：辰皓國際出版製作有限公司
印 刷 者：竹陞印刷企業有限公司
初版一刷：2008 年 8 月
初版五刷：2019 年 3 月
I S B N：978-986-191-174-8
定　　　價：新台幣 350 元